# STEPHAN ORTH

## COUCHSURFING
## IM IRAN

# STEPHAN ORTH

# COUCHSURFING IM IRAN

## Meine Reise hinter verschlossene Türen

Mit 48 Farbfotos,
30 Schwarz-Weiß-Abbildungen
und einer Karte

MALIK

Mehr über unsere Autoren und Bücher:
*www.malik.de*

MIX
Papier aus verantwor-
tungsvollen Quellen
FSC® C006701

ISBN 978-3-89029-454-4
© Piper Verlag GmbH, München 2015
Fotos/Bildteil: Stephan Orth (S. 4, 5, 8 unten, 9, 12–14, 17–21, 22 unten, 23);
Mina Esfandiari (S. 1, 2, 3, 6, 7, 8 oben, 10, 11, 22 oben, 24);
Samuel Zuder (15, 16)
Innenteilbilder: Stephan Orth; bis auf S. 102 (Mina Esfandiari)
Karte: Birgit Kohlhaas, kohlhaas-buchgestaltung.de
Herstellung und Innenlayout: Denise Sterr
Satz: Greiner & Reichel, Köln
Litho: Lorenz & Zeller, Inning a. A.
Gesetzt aus der Scala und der Aladin
Druck und Bindung: CPI books GmbH, Ulm
Printed in Germany

There is a crack in everything –
that's how the light gets in.

Leonard Cohen, »Anthem«

# AN DER GRENZE

Wenn du Schiss hast, so richtig Schiss, wenn du denkst, jetzt geht's dir an den Kragen, dann nimmst du plötzlich alles in doppelter Schärfe wahr. Das Gehirn schaltet in den Alarmmodus, in dem nur das Hier und Jetzt zählt. Für Dinge, die nichts damit zu tun haben, ist kein Platz mehr. Bei mir zeigt sich das daran, dass mir auf die Frage des Polizisten meine Postleitzahl nicht mehr einfällt.

Ich sitze in einem Verhörzimmer der iranischen Polizei. Die Einrichtung besteht aus einem großen Schreibtisch mit Samsung-Computer, einem flachen Glastisch in der Mitte und sieben Sesseln, deren braune Lederbezüge noch in Plastikfolie eingehüllt sind. Eine schmale Tür führt zum Eingangsbereich, eine andere zu einem Gang mit weiteren Bürotüren. Die hellgrüne Wand ist mit dem Landesemblem verziert, vier Mondsicheln und ein Schwert, daneben hängt golden gerahmt das obligatorische Diktatoren-Doppelporträt. Khomeini blickt finster drein wie immer, Chamenei dagegen grinst breit, noch nie habe ich ihn so lächeln sehen. Vielleicht ist er an Orten wie diesem besonders in seinem Element.

»Vor zwei Jahren wurden hier zwei Spione verhaftet«, sagt Yasmin\*, meine Begleiterin. »Die sind immer noch im Gefängnis in Teheran.«

---

\* Ein Großteil der Namen wurde geändert und auf Nachnamen verzichtet, um die beschriebenen Personen nicht zu gefährden.

»Was haben sie denn gemacht?«

»Weiß ich nicht.« Aber im Iran ist es ein Kinderspiel, in Spionageverdacht zu geraten. Ein paar Erinnerungsfotos von Flughäfen oder Regierungsgebäuden reichen da schon.

Oder der Umstand, dass man sich in der Nähe der Grenze zum Irak aufhält. Wir befinden uns in Nowsud im iranischen Kurdistan; nur zehn Kilometer sind es von hier bis ins Nachbarland.

»Wir haben den Hinweis bekommen, dass sich Ausländer hier aufhalten«, sagt einer der beiden Beamten. Er trägt eine kurdische Pumphose und ein khakifarbenes Hemd. »Eigentlich haben wir heute frei«, fügt er hinzu, um die fehlende Polizeiuniform zu erklären. Bulliges Gesicht, muskulöse Oberarme. Er scheint viel Zeit an Kraftgeräten im Fitnessstudio zu verbringen. Sein Kollege in Rosa dagegen wirkt sanfter, wohlwollender, er hat einen Bauchansatz unter dem breiten Gürteltuch und erweckt den Eindruck, als sei ihm die ganze Sache selbst unangenehm. »Bad cop« und »good cop«, die Rollen sind eindeutig verteilt.

Meine Postleitzahl?

Ich nenne vor lauter Angst eine falsche.

Der »good cop« fragt, ob wir Tee möchten, im Iran gibt es immer Tee. Kurz darauf bringt ein junger Mann in Militäruniform ein Tablett herein. Beim Trinken merke ich, dass meine Hand zittert, dabei wäre es jetzt wirklich besser, keine Nervosität zu zeigen.

»Guck lieber noch mal, ob du nicht doch deinen Pass findest«, sagt Yasmin. Vorher hatte ich nur eine Kopie gezeigt und behauptet, der Ausweis sei im Hotel. In Wirklichkeit habe ich seit Wochen keine Nacht in einem Hotel verbracht.

Ich wühle angemessen lange in diversen Rucksackfächern und fördere mit gespielter Überraschung das verlangte Dokument zutage. Ein Mitarbeiter im Anzug kommt durch die hintere Tür herein und nimmt den Pass mit in den Nebenraum.

»Er macht Kopien und ruft die Einreisebehörde an, ob alles in Ordnung ist«, erklärt Yasmin.

Weiter mit dem Verhör. Handynummer? Familienstand? Name des Vaters?

Der Khakimann hält meine Daten auf einem DIN-A4-Blatt mit Durchschlag fest, Typ Pelikan Handicopy 303H. Yasmin übersetzt die Fragen und Antworten.

Beruf?

»Er ist Student«, lügt sie, ohne mich zu konsultieren. Beim Visumsantrag hatte ich noch »Website Editor« angegeben, das ist näher an der Wahrheit.

Wie alt?

»34.«

»Was studierst du?«, übersetzt sie eine Nachfrage.

»Englische und amerikanische Literatur«, sage ich. Das war vor acht Jahren, das anschließende Journalismusstudium erwähne ich nicht.

Was machen Sie hier?

Wie ist euer Verhältnis?

»Er ist ein Freund meiner Familie. Er macht Urlaub hier«, sagt Yasmin.

Ein Soldat holt unser Gepäck von draußen aus dem Taxikofferraum und lehnt die Sachen an den Glastisch in der Mitte.

»Alles auspacken«, verlangt der Khakimann.

Staatsführer Chamenei scheint noch etwas breiter von seiner Wand zu grinsen. Gute Zähne für sein Alter, er ist über siebzig. Während ich die ersten Klamottentüten herausziehe und ein Handtuch, das nach nassem Hund riecht, gehe ich in Gedanken alles durch, was ich dabeihabe.

Reiseführer und Iran-Bücher? Nichts Kritisches im Gepäck, das einzige verbotene Buch, »Persepolis« von Marjane Satrapi, habe ich in Teheran gelassen. Zum Glück habe ich kein deutsches Nachrichtenmagazin dabei und keine Illustrierte, in der unverschleierte Frauen zu sehen sind.

Drogen, Alkohol, Schweinefleisch? Nicht vorhanden.

Die Notizbücher? Sehr verdächtig. Ich habe schon zweieinhalb Moleskine-Kladden vollgeschrieben. Auf der jeweils ersten Seite steht unübersehbar »Iran 1«, »Iran 2« und »Iran 3«.

Presseausweis? In der Geldbörse. Ich Idiot, den hätte ich zu Hause lassen sollen.

Die Kamera? Da wird es heikel. Militäranlagen, ein Atomkraftwerk, Mädchen ohne Schleier, Alkoholpartys, alles dabei. Ich könnte sogar ein paar meiner Freunde in Gefahr bringen damit. Wenigstens sind einige besonders brisante Bilder auf einer Speicherkarte, die sich nicht in der Kamera befindet, sondern etwas versteckt in der Fototasche.

Erstes Interesse erregt der Kulturbeutel mit meiner Reiseapotheke. Der Beamte in Pumphose schaut sich jede Tablettenpackung genau an. Imodium, GeloMyrtol, Aspirin, Paracetamol, Iberogast, Umckaloabo. Ein Drogenschmuggler bin ich offensichtlich nicht. Dann mein Netbook: einmal anschalten, auf dem Desktop findet er keine verdächtigen Ordner, ist alles mit unverfänglichen Dateinamen getarnt. Ich darf wieder ausschalten. Interessiert dreht und wendet er den E-Book-Reader, lässt ihn ungeschickt auf den Boden fallen, entschuldigt sich, dann schmökert er ein bisschen im »Dumont-Kunst-Reiseführer Iran«. Sehr touristisch, sehr harmlos, sehr gut.

Er findet einen Notizblock, einen iranischen allerdings, den mir ein Gastgeber geschenkt hat. »In the name of god, presented to Mr Stephan during his travel to Lorestan Province, 3. 2. 1393.« Der Polizist blättert alle Seiten durch: nach der Widmung vorn nur leeres Papier, ein besseres Geschenk habe ich nie bekommen. Zum Glück findet der Kerl die anderen Notizbücher nicht, die zwischen ein paar Eintrittskarten und Rechnungen verborgen sind.

Fertig. Alles wieder einpacken. Ich muss mich beherrschen, nicht tief durchzuatmen. Wäre auch deshalb nicht so klug, weil das Verhörzimmer unverkennbar nach feuchtem Handtuch riecht. Ich zurre die Rucksackgurte fest, setze mich wieder auf den Plastikfolienstuhl und greife nach meinem Teeglas. Die Hand zittert nicht mehr.

»Und jetzt zeigen Sie mal Ihre Kamera«, sagt der Khakimann, und hinter ihm an der Wand lacht Chamenei in seinen Riesenbart. Er lacht und lacht und hört gar nicht mehr auf damit.

# تهران

## TEHERAN

Einwohner: etwa 10 Millionen
Provinz: Teheran

# WELCOME TO IRAN!

*»Pass auf vor Terroristen und Entführern!« Ein Freund*

*»Das ist wie Saudi-Arabien, oder? Schau bloß keiner Frau in die Augen.« Ein Reisejournalist*

*»Lässt du dir einen Bart wachsen? Bringst du mir einen Teppich mit?«
Eine Freundin*

*»Du bist verrückt. Ich verstehe nicht, was du da willst.« Ein Arbeitskollege aus dem Iran*

Vier Wochen vorher. Sobald die Räder des Flugzeugs TK898 aus Istanbul den Boden berühren, gilt eine andere Zeitrechnung. Iranzeit, zweieinhalb Stunden vor, 621 Jahre zurück. Willkommen am Imam-Khomeini-Flughafen, wir schreiben den 7. Farwardin 1393, »happy Nowruz«, frohes neues Jahr. Ein rundlicher Mann auf 14B kippt sich den letzten Schluck einer mitgebrachten Flasche Efes-Bier in den Rachen, ein Teenagermädchen auf 17F zieht sich Socken über, um die Knöchel zu verbergen. Schwarze, blonde, braune, rote, graue, gefärbte, gestylte, gekämmte, verwuschelte, kurze

11

und lange Haare verschwinden unter schwarzen, braunen und roten Kopftüchern.

Ausländerinnen unterscheiden sich von Iranerinnen dadurch, dass bei ihnen das ungewohnte Stück Stoff schon beim Öffnen des Gepäckfaches in den Nacken rutscht und sie es neu binden müssen. »Respected Ladies: Observe the Islamic dress code«, steht auf einem Poster im Terminal, ohne »please« oder »thank you«, versteht sich.

Über einer Leuchtreklame für Sony-Handys am Gepäckband begrüßen mich die ersten Poster der beiden Bartträger, in zehnfacher Lebensgröße. Ruhollah Khomeini blickt listig und düster, selbst auf einem Foto scheinen seine Augen alles zu durchdringen. Mit großer Klugheit und unendlicher Kälte blickt der Revolutionsführer auf die Welt hinab. Der amtierende Oberste Führer Ali Chamenei dagegen wirkt mit seiner zu großen Brille und ausdruckslosen Augen einfältig und harmlos, was bemerkenswert ist, weil Chamenei zu den mächtigsten und brutalsten Staatsführern der jüngeren Geschichte gehört.

Aber vielleicht ist die Blässe nur relativ: Neben der dunklen Eminenz Khomeini würden selbst Saddam Hussein und Muammar Gaddafi wie nervöse Koranschüler beim Auswendiglerntest wirken. Der Blick der beiden Ajatollahs sagt: Ab jetzt beobachten wir dich, egal wo du hingehst. Die Porträts hängen in jedem Shop und jedem Restaurant, an Wohnhäusern und Regierungsgebäuden, in Moscheen, Hotels und Busterminals. Wer im Iran den Bildnissen von Khomeini und Chamenei entkommen will, muss sich in einer Wohnung einschließen oder blind sein.

7. Farwardin 1393. Auch was die Gesetzeslage angeht, muss ich um ein paar Jahrhunderte umdenken. Im Iran herrscht die Scharia, im Iran gelten Frauen gesetzlich halb so viel wie Männer und können für Ehebruch gesteinigt werden. Im Iran bin ich ein Verbrecher, weil ich 1,5 Kilo Lübecker Marzipan im Rucksack habe (mit ein bisschen Alkohol drin) und ein paar Kabanossi aus Schweinefleisch. Fehlen nur noch ein paar »Playboy«-Hefte, und ich hätte einen Pokal verdient mit der Aufschrift »Teherans größter Einreisedepp«. Andererseits: Ohne ein paar Gesetzesverstö-

ße ist das, was ich vorhabe, nicht zu machen. Warum also nicht gleich damit anfangen? Je früher ich mich an meine neue Rolle als Gauner, Schwindler und Schauspieler gewöhne, desto besser.

7. Farwardin 1393. Mein Handy weigert sich, die Jahreszahl einzustellen, unter 1971 (warum 1971?) geht nichts. Zur Strafe für seine Befehlsverweigerung führe ich dem rebellischen Gerät eine iranische SIM-Karte ein. Für ihren Erwerb muss ich gleich drei auf Persisch bedruckte Formulare unterschreiben. Ich frage den Verkäufer, was da draufsteht, er spricht nicht gut Englisch.

»No problem!«, antwortet er, und als er meinen zweifelnden Blick sieht, wiederholt er noch einmal in einem sanfteren, fast freundschaftlichen Ton: »No *problem!*«

Ich brauche unbedingt eine einheimische Handykarte, also unterschreibe ich. Vielleicht habe ich gerade mein Einverständnis erklärt, dass jedes Gespräch und jede SMS vom Geheimdienst überprüft wird, aber das wäre auch wurscht. Machen die sowieso, steht sogar im Sicherheitshinweis des Auswärtigen Amtes.

Mehr Freude habe ich beim Geldwechseln: Ein Mitarbeiter am Schalter der Melli Bank sagt, er könne 35 000 Rial pro Euro zahlen, aber ein Stockwerk höher sei eine Wechselstube, wo ich 40 000 bekäme. Tatsächlich kriege ich dort sogar 41 500, kein schlechter Kurs. Bis in den Iran musste ich reisen, um einmal von einem Bankangestellten gut beraten zu werden.

Ich werde es noch mit einigen Geldwechslern zu tun bekommen, weil die hiesigen Automaten keine europäischen Karten akzeptieren. Das ist unpraktisch für Langzeitreisende, ich habe für zwei Monate 2000 Euro und 1000 US-Dollar in kleinen Scheinen dabei, strategisch gut verteilt in verschiedenen Ecken des Gepäcks. Hoffentlich erinnere ich mich noch an die Stellen, wenn ich das Geld brauche.

Der Flughafen ist mit sechs Gepäckbändern kleiner, als man es bei einer Zehn-Millionen-Metropole wie Teheran erwarten würde. Hohe Säulen, viel Glas, viel Beton. Kein Starbucks, kein McDonald's, kein Louis Vuitton, nur einheimische Fast-Food-Läden, Banken und Souvenirshops. Ein riesiges Poster wünscht alles Gute zum neuen Jahr. Darauf ist ein Goldfischglas abgebildet, das steht für das Leben. Wahrscheinlich gibt es kein anderes Land auf der Welt, in dem ein Fisch im Glas ein Lebenssymbol ist.

Komplette Großfamilien warten mit Blumensträußen auf Neuankömmlinge. Mitten in der Nacht sind sie aufgestanden, um rechtzeitig hier zu sein. Jetzt ist es kurz nach vier. Bei ihrem Anblick fühle ich mich sehr blond und relativ groß. Sagen wir es mal so: Die Wahrscheinlichkeit, dass mich jemand auf der Straße nach dem Weg fragen wird, geht gegen null.

»Welcome to Iran«, sagen stattdessen zwei junge Frauen, die Tschadors tragen. Tschador heißt auf Persisch »Zelt«, und damit ist über Wesen und Weiblichkeit dieses Kleidungsstücks eigentlich alles gesagt. »Where are you from?«, wollen sie wissen. »Are you married or single?«, und schon schweben sie grinsend davon in ihren schwarzen Gespensterzelten.

Besonders verbreitet ist ihr Outfit am Flughafen nicht, die meisten Frauen tragen einfache Kopftücher. Je jünger die Trägerin, desto modischer die Farben. Und desto länger wirkt der Hinterkopf, weil Hochsteckfrisuren total angesagt sind: Mit Tuch drüber wirkt das ein bisschen so, als hätten viele junge Iranerinnen Schädel wie die Aliens von HR Giger. Die meisten Männer dagegen tragen keine Kopfbedeckung, die Kombination Turban und Vollbart ist viel seltener, als Iranklischees vermuten lassen. Ich sehe sie nur zweimal im ganzen Terminal.

Wenn nach Begegnungen mit einem wohlwollenden Banker und flirtenden Tschadormädchen jetzt noch der Taxifahrer davon absieht, mich zu bescheißen, muss ich schon nach einer Stunde Iran meinen Vorurteilskompass neu justieren.

Jeder Iranbesucher, der am Internationalen Flughafen ankommt, muss auf der Fahrt ins Zentrum an den Märtyrern vorbei und an Khomeini persönlich, es gibt keinen anderen Weg in die Stadt. Links vom Highway ruhen 200000 Opfer des Irakkriegs auf dem größten Friedhof des Landes. Und gegenüber, auf der rechten Straßenseite, ruht Khomeini selber, der Mann, der so viele von ihnen in den Tod schickte. Jeder der vier Türme um sein prachtvolles Mausoleum ist 91 Meter hoch, ein Meter für jedes Lebensjahr. Eine riesige goldene Kuppel reflektiert nächtliches

Scheinwerferlicht. Der erste religiöse Prachtbau, den Touristen zu Gesicht bekommen, ist der Schrein des Ajatollah. Dies ist mein Land, hier gelten meine Regeln, signalisiert Khomeini noch fünfundzwanzig Jahre nach seinem Tod jedem Gast.

Das Taxi stoppt, der Fahrer will kein Geld, für einen Freund wie mich sei die Fahrt umsonst. Ich lehne so entschieden ab, wie es das komplizierte Höflichkeitsprotokoll Irans verlangt, und er sagt: »70 000.«

»Rial oder Toman?«, frage ich. Es gibt zwei Währungsbezeichnungen, die sich um eine Null unterscheiden, was es für Touristen nicht einfacher macht.

»Toman natürlich.« Also alles mal zehn.

Ich drücke ihm zwei Hunderttausender und einen Fünfhunderttausender in die Hand. Knapp drei Euro mehr, als auf einer Tafel am Flughafen als angemessener Preis angeschlagen war. Charmanter Kerl, aber natürlich bescheißt er. Wenigstens auf die Taxifahrer ist Verlass.

## BEZAHLEN IM IRAN

**HOW TO**

ˇ Preis anhören

ˇ Sich wundern, dass es so günstig ist

ˇ Den genannten Betrag von Toman in Rial umrechnen: eine Null dazudenken

ˇ Begreifen, dass es doch nicht so günstig ist, aber billiger als zu Hause

ˇ Nach entsprechenden Geldscheinen suchen (hierfür anfangs 30 bis 60 Sekunden Zeit einplanen)

ˇ Bezahlen

Das Schönste an Teheran sind die Elburs-Berge nebenan, die im Norden der Stadt bis auf 4000 Meter ansteigen. Die meisten Wochen des Jahres sind sie unsichtbar, weil sich die Stadt in eine Smogwolke hüllt. Das tägliche Verkehrschaos ist legendär, auf zehn Millionen Einwohner kommen fast vier Millionen Autos. Die meisten ihrer fast vier Millionen Auspuffe können über Begriffe wie »Katalysator« oder »Euro-5-Norm« nur rußheiser lachen. Der Chef der Verkehrspolizei hat mal ausgerechnet, dass die Luftverschmutzung so hoch ist, als wären 48 Millionen Autos mit modernen Abgasanlagen unterwegs: Teherans Dreckschleudern erzeugen mehr Kohlenstoffmonoxid als alle in Deutschland rollenden Fahrzeuge zusammen. Jedes Jahr sterben Tausende an den Folgen des Smogs. Es soll gesünder sein, vierzig Zigaretten am Tag zu rauchen, als an vernebelten Tagen ein paar Stunden durch die iranische Hauptstadt zu laufen.

Frühmorgens während der Neujahrsferien schläft der graue Gigant Teheran allerdings noch. Kaum Verkehr, okaye Sicht. Hinter dem Milad-Fernsehturm sind die Berge zu sehen, sobald das erste Licht darauf fällt, oben liegt viel Schnee.

In so einer schlummernden Stadt, deren Geschäftsjalousien noch geschlossen sind und deren Menschen noch zu Hause, nimmt man als Erstes die Schilder wahr. Werbetafeln, Wegweiser, Logos. Noch ungewohnt sind die persischen Schriftzeichen mit ihren dekorativen Linien und Kringeln. Den höchsten Wiedererkennungswert hat die Ziffer fünf, weil sie aussieht wie ein umgedrehtes Herz.

Ein Friseurladen scheint nur acht Herrenhaarschnitte im Programm zu haben, jedenfalls sind die alle aufgemalt über seinem

Eingang. Nur die Haare, ohne Köpfe darunter. Weniger realistisch ist die Werbung eines Supermarktes. Sie zeigt einen Kunden, dessen Einkaufswagen komplett von einem Riesenapfel ausgefüllt wird, so groß wie ein Medizinball.

Ein paar Meter weiter steht ein Laden mit Mercedes-Stern an der Fassade. Er verkauft Peugeot und Hyundai und Saipa, die iranische Eigenmarke, aber keine Mercedes. Ansonsten scheint Teheran überproportional viele Banken zu haben. Bank Sepah, Bank Pasargad, Samen Credit Institution, Bank Saderat, Melli Bank. Die Namen bekannter internationaler Geldhäuser sucht man vergeblich, vor ein paar Jahren zogen sich UBS, Credit Suisse und HSBC aus dem Iran zurück.

Es ist noch zu früh, um meiner Gastgeberin für heute Nacht zu schreiben, also lasse ich mich in der Nähe der früheren amerikanischen Botschaft absetzen und mache einen Spaziergang. Auf beiden Seiten der Straße reihen sich Apartmentblocks aneinander wie überdimensionale graue Schuhkartons. Teheran versteckt sich: Zum Bürgersteig hin verbergen Mauern und Eisengitter die Vorhöfe, die Fenster sind mit Milchglas, Spiegelglas oder geschlossenen Vorhängen vor Einblicken geschützt.

Ich laufe zehn Minuten und finde kein Fenster, durch das sich auch nur das geringste Detail eines Wohnzimmers oder einer Küche erspähen ließe. Irans Wohnungen sind die Rückzugsorte von Menschen, die etwas zu verbergen haben, Trutzburgen gegen das Draußen. Denn nur wenn du von Mauern umgeben bist, so geht eines von vielen Paradoxen in Khomeinis Reich, kannst du frei sein.

Ich bin auf der Suche nach den kleinen und großen Freiheiten der Iraner. Ich will dem Land seine Geheimnisse entlocken und herausfinden, was hinter blinden Fenstern und verschlossenen Türen passiert. Meine Eintrittskarten dafür habe ich im Internet gelöst, auf Onlineportalen wie Couchsurfing, Hospitality Club oder BeWelcome, wo Menschen Schlafplätze für Reisende anbieten. Schon mehr als 10 000 Mitglieder gibt es im Iran, Tendenz stark steigend. Und das, obwohl Ärger mit der Polizei droht, wenn man Ausländer beherbergt.

Im Reisehinweis des Auswärtigen Amtes steht: »Iraner wurden aufgefordert, keine Kontakte mit Ausländern ›über das normale Maß‹ hinaus zu pflegen. In Einzelfällen wurden deutsche Staatsangehörige, die ihre Unterkunft in Iran über soziale Netzwerke im Internet organisiert hatten, von den iranischen Behörden überprüft und um sofortige Ausreise gebeten.« Und weiter: »Bei Übernachtungen bei iranischen Einzelpersonen oder Familien, deren Anschriften nicht bei Visabeantragung oder Einreise angegeben wurden, muss mit Passentzug und Gerichtsverfahren gerechnet werden.«

Ich habe etwa fünfzig Couchsurfer vor dem Abflug angeschrieben, ein paar weitere kenne ich von meiner ersten Iranreise vor einem Jahr. Die meisten antworteten schnell und gaben mir ihre Handynummer, damit ich sie von unterwegs kontaktieren kann. Niemanden von ihnen habe ich beim Visumsantrag genannt, weil so viele Privatkontakte verdächtig wirken würden. Einem Bekannten von mir wurde das Visum verweigert, weil er die Teheraner Adresse eines iranischen Freundes als Reiseunterkunft angab. Ein paar Jahre vorher konnte er noch ohne Probleme einreisen, weil er nur Hoteladressen in Touristenstädten auf das Formular geschrieben hatte.

Zwei Monate Schurkenstaat, Sommerfrische auf der »Achse des Bösen«. Ich mache da Urlaub, wo andere Diktatur machen. Ich werde nicht das Land von West nach Ost durchqueren oder von Nord nach Süd oder mich von Reiseführertipps und Must-see-Sehenswürdigkeiten leiten lassen. Wo ich hingehe, bestimmen die Menschen. Eine ungefähre Route habe ich geplant, bin aber jederzeit bereit, alles umzuschmeißen, wenn die Iraner etwas Besseres mit mir vorhaben. Und wenn sie schlechtere Ideen haben, mache ich auch mit. When in Qom, do as the Qomans. Oder so.

Mein Reiseziel ist Assimilierung: In den nächsten Wochen will ich abendländischer Blondschopf mich in einen Iraner verwandeln, zumindest ein bisschen. Ach so, und eine Hochzeit ist auch geplant. Die To-do-Liste sieht also folgendermaßen aus: 1. Geheimnisse aufdecken, 2. Iraner werden, 3. heiraten, 4. lebendig wieder rauskommen.

An: Yasmin Teheran

Hey Yasmin, how are you, my dear? This is my iranian number. When can I come to your place?

An: Masoud Kish

Hey Masoud,this is Stephan from CS,how are you? I will arrive on Kish in a few days,could you host me for 1 or 2 nights? Would be great!:)

# NIEDER MIT DEN USA

Frühstückszeit. Ich gehe in den erstbesten Laden, in dem ein paar Arbeiter einer Baustelle sitzen. Es gibt nur ein Gericht, fettige Suppe mit Kuhhirn. Zartes Fleisch ist normalerweise was Feines, aber das ist mir dann doch einen Tick *zu* zart. Erkenntnis des Tages: 8.30 Uhr ist keine gute Zeit für Essensexperimente. Aber den anderen schmeckt es offenbar. Ein Beleg, dass ich von der erwünschten Assimilierung noch so weit entfernt bin wie Isfahan von Iserlohn. Das gilt auch sprachlich: Außer »hallo«, »tschüs«, »Tee« und »danke« kann ich noch »almâni« sagen, das heißt »deutsch«, und »Man farsi balad nistam« (Ich spreche kein Persisch). Den Satz kann ich allerdings so gut, dass mir der Hirnrestaurantbesitzer nicht glaubt und eine umfangreiche Small-Talk-Salve auf mich loslässt. Das Gespräch verläuft einseitig, und schließlich glaubt er mir doch, dass ich nichts verstehe.

Wer in einem Hotel übernachtet, kann jederzeit einchecken, in Privatwohnungen ist das etwas komplizierter. Man muss sich danach richten, wann der Gastgeber zu Hause ist, muss sich dem Tagesrhythmus anderer anpassen. Weil ich meinen Flug sehr kurzfristig gebucht habe, konnte ich mit Yasmin keine Zeit vereinbaren. »Meld dich, wenn du gelandet bist«, schrieb sie bei Facebook. Solange keine Antwort auf meine SMS kommt, bin ich ein Obdachloser mit schwerem Gepäck.

Das Viertel ist bekannt für seine Propagandakunst. »DOWN WITH USA«, steht in schreienden Versalien an einer Wand vor der ehemaligen amerikanischen Botschaft. Ein paar Meter weiter ist eine Freiheitsstatue mit Totenschädel aufgemalt, sie trägt eine silberglänzende Krone mit langen Stacheln aus Metall. Daneben das Washingtoner Kapitol, über dessen Kuppel die Fahne Israels weht. Ich kenne diese Graffiti aus Reportagen über den Iran, sie sind häufig gezeigte Teheranmotive. Meist geht es in diesen Berichten um religiöse Fanatiker, Atombombenpläne und Hasstiraden gegen Amerika oder Israel. In einer Rangliste der Nationen mit dem schlechtesten Image spielt der Iran seit Jahren um den Weltmeistertitel mit.

»Welcome to Iran«, höre ich in dem Moment eine Stimme neben mir sagen. Der Fremde im Anzug passt so gar nicht hierher, denn er meint es herzlich.

Ein Anruf bei Yasmin, sie geht nicht ran. Ich laufe zum House of the Artists, einem Kulturzentrum nicht weit von der Todesfreiheitsstatue. Da komme man leicht mit einheimischen Künstlern ins Gespräch, heißt es im Reiseführer, und zwar nicht solchen, die amerikafeindliche Parolen an die Wände malen. Leider ist es geschlossen, auch das Café nebenan, wegen der Neujahrsferien. Ich suche mir im Park eine Bank, lehne mich an den Rucksack und döse ein.

Von: Yasmin Teheran

hi, i told you no problem with time, always welcome

Am Nachmittag antwortet sie auf meine SMS, und ich nehme ein Taxi in die Südliche Eskandari-Straße. Yasmin gibt mir die Hand zur Begrüßung. Sie trägt ein schwarzes Oberteil mit silbern glitzernder Eiffelturm-Applikation, eine Baseballkappe über dem Schleier.

»Wie geht's dir so? Was gibt's Neues?«, fragt sie. Ich hatte Yasmin vor einem Jahr auf meiner ersten Iranreise kennengelernt.

Wir biegen in eine schmale Seitengasse, gehen durch ein quietschendes Eisentor in den Vorhof, in dem zwei weiße Saipa-Kleinwagen stehen, dann durch ein Betontreppenhaus in den ersten Stock. Schuhe aus, Yasmins Mutter umarmen, Marzipanschachtel in die Hand drücken, Gepäck ins Zimmer. Ich weiß noch vom letzten Mal, wo alles ist.

Die Mutter trägt ein Trägertop und keinen Schleier, auch Yasmin nimmt das Kopftuch ab, sobald die Tür zu ist, trotz Herrenbesuch. Darunter kommen kurze blondierte Haare zum Vorschein.

Laut offiziellen Zahlen der Regierung sind 99 Prozent der Iraner Muslime, doch Yasmins Familie ist nicht religiös. Zu Hause muss sie nicht so tun, als sei sie es, ein dicker Vorhang vor dem Wohnzimmerfenster lässt weder Tageslicht noch neugierige Blicke herein. Es gibt heißen Tee, Nüsse und Chichak-Schokoriegel, deren Packungsdesign von Snickers geklaut ist. Ich fühle mich gleich wie zu Hause, Iraner sind Meister darin, es Besuchern so angenehm wie möglich zu machen.

Im Fernsehen läuft eine Rede von Staatsführer Chamenei. Der mächtigste Mann des Landes wedelt mit seinem Stichwortzettel und ruft in zwei Mikrofone, dass sich der Iran nichts von den USA bieten lassen solle. Die Amis würden das Öl stehlen, dagegen müsse angekämpft werden. Statt von seinen Stichworten könnte er auch von der Wänden der ehemaligen US-Botschaft ablesen. Wenn kein Khomeini daneben zu sehen ist, wirkt er tatsächlich eine Spur charismatischer. Aber nur eine Spur.

»Eine solche Rede gibt es jeden Freitag«, sagt Yasmin.

»Heute ist Donnerstag.«

»Das ist eine Wiederholung, damit sich alle erinnern, dass er morgen das Gleiche noch mal in etwas anderen Worten sagt.« Und dann, zu ihrer Mutter: »Schalt endlich um.«

Die Mutter wechselt den Kanal. Erst zu einer Ratgebersendung, in der es um die richtige Rosenbindetechnik geht, dann zu einem Musiksender, es läuft »G. U. Y.« von Lady Gaga. »Touch me, touch me, don't be sweet«, die Sängerin trägt Weiß, aber so wenig davon, dass »Farbe der Unschuld« kein sich aufdrängender Gedanke ist. Ich frage Yasmin, warum die Iraner die USA so hassen.

»Nicht die Iraner – die iranische Regierung«, sagt sie. »Viele junge Leute träumen davon, in die USA auszuwandern, weil es ein freies Land ist. Aber manche glauben auch, dass die CIA im Geheimen über das Schicksal Irans bestimmt, wie sie das schon mehrfach in der Geschichte getan hat. Bei Präsidentschaftswahlen kommen immer wieder Gerüchte auf, dass die USA das Ergebnis manipulieren.«

»Dann hätten sie diesmal doch einen ganz guten Job gemacht«, sage ich.

Bei meinem letzten Besuch war noch Mahmud Ahmadinedschad an der Macht, Spitzname »der Irre aus Teheran«, nun ist der gemäßigtere Hassan Rohani seit neun Monaten Präsident. Die Fäden im Hintergrund zieht jedoch weiterhin Chamenei, das wird oft vergessen, weil er auf internationalem Parkett kaum präsent ist.

»Warum findet ihr in Europa alle Rohani so toll?«, fragt Yasmin.

»Weil er gut reden kann und ganz vernünftig wirkt. Zumindest im Gegensatz zu seinem wahnsinnigen Vorgänger, der sich bei jeder UN-Vollversammlung um Kopf und Kragen redete. Seid ihr nicht von ihm überzeugt?«

»Es hat sich nicht viel geändert im letzten Jahr. Die Sittenpolizei ist immer noch unterwegs, die Preise steigen weiter. Und das Verhältnis zu den USA hat sich nicht spürbar gebessert.«

»Aber es gab diplomatische Erfolge – die Sanktionen gegen den Iran wurden gelockert, und seit fünfunddreißig Jahren haben erstmals wieder ein iranisches und ein amerikanisches Staatsoberhaupt miteinander telefoniert.«

»Es wird viel geredet und wenig getan. Rohani kommt aus der gleichen Klerikerkaste wie Chamenei und Khomeini. Er tut nur so, als sei er liberaler und moderner. Er ist ein Meister der schönen Worte, aber ansonsten hat er bislang noch nicht viel geschafft«, sagt sie.

Yasmin ist 31, ein bisschen rundlich, trägt Nagellack mit Marienkäfermuster und hat die Fähigkeit, in Sekundenbruchteilen zwischen ernsten Tönen und explosivem Gelächter zu wechseln. Sie wünscht sich sehr, dass die Handelsbeschränkungen gelöst werden. Seit der Iran im März 2012 vom Bankenverbund SWIFT ausgeschlossen wurde, ist das Land praktisch vom internationalen Zahlungsverkehr abgeschnitten. Mehr Güter als vorher werden seitdem aus dem Ausland nicht mehr geliefert, auch lebenswichtige Medikamente.

»Ich habe eine Knochenkrankheit und bin auf Tabletten an-
gewiesen. Die gibt's hier aber nicht. Ich hoffe, ich kann nächstes Jahr ein Stipendium in Deutschland kriegen und dort meine Doktorarbeit schreiben. Ich will einfach nur raus aus diesem
Land.«

Sie hat ein Studium als Softwareingenieurin abgeschlossen und
schreibt nun ihre Masterarbeit im Fach Tourismusmanagement.
Ihr Thema: die Schlachtfelder des Irakkrieges und die Besucher-
ströme dorthin. Millionen Iraner reisen jedes Jahr zu den Erinne-
rungsstätten. Ihr Vater konnte beim Schreiben vermutlich helfen.
Er war damals Offizier bei der Marine. Gerade macht er mit ein
paar Kriegskumpanen eine kleine Tour im Südwesten Irans, wo
sie damals gekämpft haben.

Ich muss noch ins Internet, ein paar Gastgeber in spe anschrei-
ben. Und einen Flug auf die Insel Kish buchen. Der Computer
steht in dem Zimmer, das für die nächsten Tage mir gehört – zwei
Betten mit Blümchendecken, ein Holzschrank, eine mit allerlei
Krimskrams vollgepackte Kommode, kein Fenster. Normalerweise schläft Yasmin hier, sie wird zu ihrer Mutter umziehen.

Yasmin schließt den Browser, auf dem sie Facebook geöffnet
hat. Offiziell ist Facebook verboten, nur mithilfe von Proxy-Ser-
vern kommt man rein. Ich habe noch keinen Iraner unter 35
getroffen, der nicht Mitglied ist. Yasmin hilft mir bei der Flug-
buchung, für Inlandsflüge ist das nicht so einfach.

»Willst du billig mit einer Fokker fliegen oder lieber was für
eine Boeing drauflegen?«, fragt Yasmin.

»Fokker ist okay«, sage ich. Da man Persisch von rechts nach
links liest, kommt es mir so vor, als stünden auf der Flug-Websei-
te die Zeitangaben in verkehrter Reihenfolge. Das sieht bei dem
Fokker-Flug am Sonntag so aus, als ob ich um 15.10 Uhr abfliegen
würde und um 13.15 Uhr da wäre. Sie reserviert ein Ticket, das ich
übermorgen in einem Reisebüro abholen kann.

»Willst du auch ein paar Schlachtfelder während deiner Reise besichtigen? Wir könnten zusammen hinfahren. In drei Wochen«, schlägt Yasmin vor. Erster Tag, erste Planänderung, ich
sage sofort zu.

Die Mutter rollt eine Plastikplane mit Blumenmotiv auf dem Wohnzimmerteppich aus, darauf drapiert sie Schüsseln mit Hackfleischbällchen und Kartoffeln, dazu Fladenbrot und Dugh, ein saures Milchgetränk, das dem türkischen Ayran ähnelt.

»Erinnerst du dich noch daran? Hat dir beim letzten Neujahrsfest einer über das T-Shirt gekippt«, meint Yasmin schmunzelnd.

**HOW TO**

## ZUM ESSEN EINGELADEN SEIN

˘ Im Schneidersitz auf den Boden setzen

˘ Startbefehl »Bokhor, bokhor!« abwarten

˘ Rechteckiges Stück vom Fladenbrot abreißen

˘ Hauptgericht einfüllen, zusammenrollen

˘ Zubeißen

˘ Herausgefallene Speisereste unauffällig vom Teppich entfernen (sie fallen *nie* auf die Tischfolie)

Der Fernseher läuft ununterbrochen, jetzt bringen sie einen Bericht über einen Reisebus mit Kriegsschauplatz-Pilgern, der auf eine Mine gefahren und explodiert ist. In der Region, wo Yasmins Vater gerade unterwegs ist. Sie macht sich Sorgen, weil er sich seit heute Morgen nicht gemeldet hat. Auf Anrufe reagiert er nicht.

»Wie kann ein Bus auf eine fünfundzwanzig Jahre alte Mine fahren? Sind die Straßen nicht längst von den Dingern geräumt?«, frage ich.

»Der Bus ist mit einem anderen Auto zusammengestoßen und dadurch von der Straße abgekommen. Dann ist er auf eine Landmine aus dem Krieg geprallt. Unglaubliches Pech.«

Yasmins Mutter ist verständlicherweise nicht begeistert von dem Plan, dass wir zusammen dort hinwollen. Sie versucht zum x-ten Mal, ihren Mann zu erreichen, keine Antwort. »Das ist ziemlich abgelegen, ist sicher schwierig mit dem Empfang«, sagt sie.

Yasmin wechselt das Thema.

»Willst du am Sonntag mitkommen zu einem ganz besonderen Treffen? Was total Verbotenes?«

»Klar, bin dabei. Worum geht's?«

»Um eine spezielle Art von Beziehung.«

»Wie speziell?«

»*Sehr* speziell.«

»Etwas präzisere Angaben wären hilfreich.«

»Schon mal was von BDSM gehört? Fesselspiele, Sadomaso? Verbotener geht es kaum im Iran. Wir treffen uns in einem Park. Sklaven, Master und Dominas.«

»Aha.«

»Wusste ich doch, dass du nicht Nein sagst!«

# LANG LEBE DER SCHAH

Doch zunächst steht ein wenig Geschichtsunterricht auf dem Programm. Am nächsten Tag besuchen wir das Nationalmuseum des Iran, das von denen, die sich auskennen, als »Mutter der Museen« angesehen wird. Behauptet zumindest eine Plakette an seiner Außenmauer. Die Ausstellungsstücke sind tatsächlich sensationell. Wer weiß schon, dass die Perser den ersten Trickfilm der Welt gedreht haben! »Gedreht« im wahrsten Sinn des Wortes. Es handelt sich um einen runden Tonkelch, auf dem ein Steinbock zu sehen ist, der zu den Ästen eines Baumes hochspringt. Aus fünf Einzelbildern besteht die Szene, wer das Gefäß schnell genug dreht, kann die Bewegung wahrnehmen wie bei einem Daumenkino.

Bei den Oscars 2300 vor Christus hätte »Bock frisst Blätter« in allen Kategorien abgeräumt, Drehbuch, Regie, Hauptdarsteller und Spezialeffekte sowieso, außerdem Soundtrack (Ton reibt auf Sandboden) und bester Nebendarsteller (der Baum). Leider gab es

die Oscars damals noch nicht. Das kulturelle Geschehen in Deutschland zur gleichen Zeit? Ein paar langhaarige Zausel, die abends in der Höhle von der Jagd erzählten. Die Kulturszene in den USA damals? Nun, Sie verstehen schon.

Filmreif ist auch eine in Stein gemeißelte Thronszene aus der Achämenidenzeit, die einen lebensgroßen König Darius mit seinem Sohn Xerxes zeigt. Beide haben sensationelle Bärte und halten Lotosblüten in der Hand. Betört vom Dampf zweier Weihrauchständer empfangen sie Vertreter ferner Provinzen. Als das Steinrelief um 500 vor Christus entstand, war Persien die erste

Supermacht der Geschichte, das Gebiet reichte von Indien bis zur Donau. Die heutigen Länder Türkei, Syrien, Ägypten, Libyen, Pakistan und Afghanistan gehörten allesamt zu Darius' gigantischem Reich. Ein Straßennetz über Tausende Kilometer entstand, dazu unzählige Karawansereien für Reisende. Und das erste Postsystem der Geschichte.

Bei der Entscheidung, auf welches Päckchen man Inlands- oder Auslandsporto klebte, musste man allerdings in den folgenden Jahrhunderten vorsichtig sein. Wieder und wieder verschoben sich die Grenzen durch diverse Kriege, diverse Schlachten und diverse Eroberer. Erst kam Alexander der Große. Dann die Parther. Dann die Sassaniden. Dann die Araber, Dschingis Khan, Tamerlan, die Safawiden. Gute Schahs, schlechte Schahs. Im 20. Jahrhundert die Schahs der Pahlawi-Dynastie. Schließlich: Revolution, Khomeini, Chamenei. Als 1979 die Mullahs an die Macht kamen, hatte Persien auf dem Weg vom Weltreich zur Religionsdiktatur schon mehr Jahre mit skrupellosen Gewaltherrschern durchlitten als die meisten anderen Nationen.

Die nächste Geschichtsstunde des Tages hätte nicht stattgefunden, wenn ich allein unterwegs gewesen wäre. Die wirklich interessanten Details am Bagh-e-Melli-Tor hätte ich schlicht übersehen. Der prunkvolle Eingang zu einem Militärexerzierplatz wurde von Schah Reza Pahlawi 1922 gebaut, mit riesigen Türen aus gusseisernen Blumenranken. Handbemalte Zierkacheln zeigen idyllische Landschaften und tödliche Waffen. Im Hintergrund Wiesen, Wälder, Seen und Landhäuser mit roten Dächern, davor Vickers-Maschinengewehre zwischen Iranflaggen.

»Fällt dir etwas auf?«, fragt Yasmin.

»Ohne die Knarren wär's ganz hübsch.«

»Das meine ich nicht, guck mal auf die Iranfahnen.«

»Da fehlt das Mondsichel-Logo auf dem weißen Streifen in der Mitte. Und auf dem roten Streifen unten sind abgeschnittene goldene Tierbeine.«

»Genau! Der Löwe wurde weiß übermalt – er war das Nationalsymbol Irans in der Zeit der beiden Pahlawi-Schahs.«

»Und für rote Farbe war kein Geld mehr da, deshalb sind die Löwenfüße geblieben?«

»Vermutlich. Und siehst du das Metallwappen über der Tür?«

»Da wurde die Hälfte rausgesägt.«

»Das war auch ein Löwe. Und darunter stand ursprünglich ›Lang lebe der Schah‹. Khomeini ließ ein Metallplättchen drüberhämmern, sodass nur noch ›Lang lebe‹ übrig ist.«

»Ist die Zensur immer so leicht zu erkennen?«

»Schön wär's. Aber zum Glück sind nicht alle so blind wie du«, sagt Yasmin.

Im Golestan-Palast und seinen Parkanlagen, der letzten Station im heutigen Geschichtstriathlon, haben sie keine Löwen weggemacht. Das wäre mit ein bisschen weißer Farbe nicht getan, so viele gibt es davon. Die meisten sind damit beschäftigt, über Drachen oder Steinböcke herzufallen. Solche Motive symbolisieren den Sieg Persiens über seine Feinde und waren beliebt bei den Schahs, die hier vom 18. bis 20. Jahrhundert residierten.

Von Yasmin erfahre ich, wer der dümmste Schah aller Zeiten war: Naser al-Din, zweite Hälfte des 19. Jahrhunderts. Der habe zum Beispiel die Idee gehabt, dass Rot seine Farbe sei, und niemand außer ihm durfte etwas Rotes anziehen. »Außerdem war er begeisterter Sammler – er tauschte ständig ganze persische Städte gegen Kunstwerke aus.« Vierzehn Vitrinen mit edelstem Porzellan stehen in einem der Räume seines Palastes, aus Russland, England und Deutschland. »Jede Vitrine war eine Stadt«, erläutert Yasmin. Sie hat immer eine Story parat, die nicht in den Geschichtsbüchern steht. »Einmal war er betrunken und wollte sogar Teheran eintauschen, das hat ein Ratgeber in letzter Sekunde verhindert mit dem Hinweis, das sei die Hauptstadt des Landes.«

Das Palastinterieur ist ein Beleg nicht nur für die Sammelwut, sondern auch für die Selbstverliebtheit des Herrschers: Mehrere Hundert Kacheln zeigen Naser bei der Jagd. Sein Grab steht nicht weit entfernt, das Relief auf dem weißen Marmorsarkophag zeigt den Verstorbenen mit eindrucksvollem Schnurrbart. Darüber wurde eine Schutzscheibe montiert, die voller Taubendreck ist. Täglich scheißen die Vögel auf Naser, die Augen seines Steinabbildes könnten jede Flugbahn verfolgen. Gibt schönere Arten, die Ewigkeit zu verbringen.

Der letzte Schah von Persien, Reza Pahlawi, wurde im Golestan-Palast gekrönt. Von 1941 bis zur Revolution 1979 leitete er die Staatsgeschäfte. Zwar ging er versöhnlicher mit den muslimischen Geistlichen um als sein Vater, zum Beispiel, indem er dessen Tschadorverbot aufhob. Doch sein prunkvoller Lebensstil, seine umstrittene Politik und seine Nähe zum Westen brachten ihm viele Feinde. Irgendwann war er nicht mehr tragbar, das Volk ging gegen ihn auf die Straße und ebnete den Weg für die Machtergreifung der Mullahs. Pahlawi musste ins Exil flüchten, Khomeini kehrte ins Land zurück und wurde als Volksheld empfangen.

Wer sich der golestanischen Reizüberflutung aus Spiegelsälen, Schatzkammern und Marmorgedöns aussetzt, kommt unweigerlich zu dem Schluss, dass Schahsein kein ganz schlechter Zeitvertreib gewesen sein kann. Ich frage Yasmin, wie sie meine Chancen für diesen Karriereweg einschätzt. Sie kriegt einen ihrer hochtönigen Lachanfälle, dann deutet sie auf einen Innenhof, wo eine Fotografin Bilder in authentischen Königskostümen anbietet. Touristenfolklore, aber die fünf Euro für zwei Bilder ist es wert.

Ich ziehe einen grünen Gehrock aus Seide an, einen blauen Mantel mit Blumenstickereien, eine runde Mütze mit Feder. Eine Mitarbeiterin erneuert noch schnell den Kleber für den Schnurrbart. Schon vorher hatte ich das Gefühl, mit viel Aufmerksamkeit bedacht zu werden, einige Besucher sprachen mich an und sagten: »Welcome to Iran!« Nun versammeln sich nach und nach mehr Schaulustige, um meine Fotosession zu verfolgen. Ob ich die Gunst der Stunde nutzen sollte, um ein paar potenzielle Untertanen zu gewinnen? Ich nicke ihnen zu, hebe langsam den Seidenmantelärmel zum Gruß und lächle würdevoll. Durch die Spannung der Haut fällt der Schnurrbart ab und mit ihm jede eingebildete majestätische Aura, die Leute amüsieren sich königlich. Meine Lektion für heute: Ein Schah lacht nicht.

# COUCHSURFING FÜR ANFÄNGER

Am nächsten Tag fahre ich mit der Einser-Metro in Richtung Norden. Ein gepflegter Mann in Hemd und Anzughose, Frisur Michael Ballack, setzt sich neben mich. Erst spricht er mich auf Persisch an, dann auf Englisch. Er braucht nur fünf Minuten Fahrzeit, um mir zu erklären, was mit seinem Land nicht stimmt.

Ich erfahre, dass er dreißig ist, als Elektriker für eine Firma arbeitet, die Maschinen herstellt, und 200 US-Dollar pro Monat verdient. »Davon kann man nicht leben, gerade mal die Miete zahlen. Heiraten ist auch nicht drin.« Und dann ist er erstaunlich offen und vertraut mir an: »Weißt du, für uns ist Sex echt ein Problem. Wer kein Geld hat, kann nicht heiraten, und vor der Hochzeit läuft sowieso nichts. Seit der Finanzkrise ist alles nur noch schlimmer geworden. Kaum jemand kann es sich leisten, mehrere Kinder zu haben. Und gleichzeitig kriegen wir den Arsch nicht hoch. Da bin ich keine Ausnahme. Ich sitze nach der Arbeit auf der Couch und schaue fern, weil es nichts Besseres zu tun gibt. Iraner sind wahnsinnig freundlich, aber wenn du sie näher kennenlernst, wirst du auch ihre schlechten Seiten sehen. Den Neid zum Beispiel, wenn jemand anders mehr hat. Und den mangelnden Kampfgeist: Man versucht, sich zu arrangieren und das Beste aus den Verhältnissen zu machen, aber nicht für oder gegen etwas zu kämpfen. Ich wünsche dir einen schönen Tag. Willkommen im Iran!«

An der Station Mofatteh steige ich aus und suche nach dem Café Raam, Ecke Mehrdad- und Aslipur-Straße. Ich bin etwas spät dran, etwa zwanzig junge Menschen sitzen in einem Stuhlkreis, die Vorstellungsrunde hat schon begonnen.

»Ich heiße Mehdi, bin 28, seit drei oder vier Tagen Mitglied und arbeite als Tourguide. Ich mag keine Hotels, weil die nichts Menschliches haben, nichts Individuelles. Ich reise gern ganz einfach, mit wenig Gepäck.«

»Ich bin Atafeh, 24 Jahre alt und seit ein paar Monaten dabei. Ich möchte Einheimische kennenlernen, die mir ihre Stadt zeigen. Und ich liebe Überraschungen.«

»Neda, 29. Ich bin seit vier Wochen angemeldet und habe Couchsurfing in Deutschland genutzt. Man schließt viele Freundschaften, wenn man so reist.«

»Stephan, 34, aus Deutschland. Ich bin seit mehr als zehn Jahren dabei, hatte ungefähr achtzig Gäste und 120 Gastgeber. Ich kann mir keine Reisen mehr ohne Couchsurfing vorstellen.«

Das Café ist voller Designerholzregale mit Büchern. Ein »Chinatown«-Filmposter hängt an der Wand, es gibt Nescafé und alkoholfreie Mojitos. Bibelstunden-Atmosphäre. Oder auch: Selbsthilfegruppe. Oder Sekte. Zwei Dutzend Menschen zwischen zwanzig und vierzig sind gekommen, um zu erfahren, wie Couchsurfing funktioniert. Ihr Guru heißt Pedram, ein charismatischer Glatzkopf mit MacBook und Adidas-T-Shirt, der in seinen seltenen Sprechpausen Wasser aus einer Fahrradflasche trinkt. Fast täglich organisiert er irgendein Treffen. Gratisstadttouren, Fotospaziergänge, Museumsbesuche. Und alle zwei Wochen macht er eine Veranstaltung für Einsteiger, heute zum vierzehnten Mal.

»Ich werde über die Basics sprechen, die Regeln, über Surfing und Hosting und über Sicherheit«, kündigt er an. Pedram muss nicht befürchten, dass seiner Veranstaltung der Nachwuchs ausgeht. »Vor einem Jahr hatte Couchsurfing 4000 Mitglieder im Iran, jetzt sind es über 13 000.«

Ein rothaariges Mädchen mit weit zurückgezogenem Kopftuch fragt: »Wenn wir Fremde besuchen, die wir nur aus dem Internet kennen – wie können wir ihnen vertrauen?«

»Eine sehr wichtige Frage. Vertrauen ist das Wichtigste«, sagt Pedram. »Eine Grundregel ist, sich Profile genau durchzulesen, bevor man jemanden trifft. Verlasst euch auf euer Bauchgefühl, euren Instinkt – manchmal spürt man schon, dass irgendetwas seltsam ist. Und es gibt Referenzen: Wer einen Gast hatte oder bei jemand untergekommen ist, schreibt einen kurzen Kommentar.«

Die Rothaarige fragt mich, was mein schlechtestes Erlebnis war bisher. Ich erzähle von einem Besucher aus Frankfurt, der die ganze Nacht reden wollte über technische Feinheiten von High-End-Stereoanlagen, obwohl ich am nächsten Morgen um acht eine wichtige Uniklausur hatte, und sich auch sonst aufführte, als sei er in einem Hotel mit 24-Stunden-Butlerservice.

»Das war das schlimmste?«, fragt sie ungläubig.

»Ja. Und das zweitschlimmste war ein Gast, der eine Rolle Klopapier klaute.«

Also eigentlich alles im Rahmen.

Von: Masoud Kish

Hello Stephan, I have the in-laws here, but might kick them out so I can host you. Just call me when you arrive ok?

# FOLTER

Sattgrüne Baumwipfel beugen sich im Wind, ein Springbrunnen plätschert, der Verkehr der Hauptstraße rauscht. Junge Paare schlendern Händchen haltend über frisch geteerte Asphaltwege. Teheraner Paare halten öffentlich Händchen im Park, wenn sie sich vor kritischen Augen sicher fühlen. Teenager mit Kapuzenpullis und Justin-Bieber-Frisuren brettern auf Skateboards über hohe Bordsteinkanten. Sie fallen hin und stehen auf, scheinen keinen Schmerz zu spüren, und die ganze Zeit hören sie Musik per Kopfhörer, weil Ghettoblaster verboten sind. Zwei ältere Männer quälen sich an bunt lackierten Open-Air-Trainingsgeräten aus Metall. Die gibt es hier in vielen Grünanlagen für Menschen, die sich kein Fitnessstudio leisten können oder wollen, Trimm-dich-Pfade auf Iranisch.

Es ist ein milder Frühlingssonntag im Goftegoo-Park; der Name bedeutet so viel wie »schwatzen« – genau das tun wir auch. Farshad erzählt, dass religiöse Namen für Kinder in den letzten Jahren weniger populär geworden sind. »Die Menschen hinterfragen den Glauben mehr, nicht jeder heißt heute Mohamad oder Hussein.« Er sei zufrieden mit seinem Namen, der »glücklich« bedeutet.

Amir fragt, wie mir der Iran gefällt, ich lobe die Freundlichkeit der Menschen und die Museen und Paläste. Yasmin erzählt den anderen, wie lustig ich im Schahkostüm aussah. Nur Kaveh läuft still nebenher, er spricht kaum Englisch und ist schlecht drauf, weil ihm heute Morgen in der Metro die Geldbörse geklaut wurde.

Wir schlendern zu fünft zu einem Café in der Mitte des Parks. Von der Terrasse haben wir einen herrlichen Blick auf die Elburs-Berge, deren weiße Gipfel hinter dem Häusermeer aufragen, und den spitzen Milad-Turm, 435 Meter, einen der höchsten Fernsehtürme der Welt. Unterhalb des Geländers befindet sich ein künstlicher See, am Betonufer glotzen Kleinkinder dicke Enten an und imitieren ihr Gackern. Wir stellen drei Plastiktische zusammen, sie sind knallgelb und nummeriert, 33, 34 und 35, es werden noch mehr Gäste erwartet. Dann setzen wir uns und bestellen Wasser und Tee.

Vorgestellt haben wir uns schon am Parkeingang. Jetzt folgt die zweite Runde: Yasmin deutet nacheinander auf Farshad, Amir, Kaveh und sich selber. »Sklave, Master, Master, Mistress«, sagt sie. Dann deutet sie grinsend auf mich und sagt: »Hat sich noch nicht entschieden.«

Yasmin hat das Treffen über ein Internetforum organisiert. Wenn die Polizei mitkriegt, worüber wir sprechen, werden wir festgenommen. Der Plan für die nächsten Stunden? »Wir fangen mit der Theorie an, und dann probieren wir mit dir was aus«, schlägt Sklave Farshad vor. »Wir könnten dich an den Tisch fesseln und dir zeigen, was iranische Gastfreundschaft ist.« Zwei Master und eine Mistress krümmen sich vor Lachen. Ich lache ein bisschen mit.

Besser gefallen mir Yasmins Ausführungen zum Tagesplan: »Wir treffen uns einmal im Monat, um über unsere Beziehungen, über Techniken ... ja, um über einfach alles zu reden«, sagt sie. Jedes Mal trifft sich die Gruppe an einem anderen Ort, den Yasmin erst wenige Stunden vorher bekannt gibt. »Zu Hause geht das nicht mit so vielen Leuten, das würde auffallen.«

Farshad ist 32, sauber gekämmte Gelfrisur, sanfte braune Augen, hellblaues Hemd. »Weißt du, wir sehen überall Anspielungen. Guck mal, dein Wasser heißt Oxub, das klingt wie eine verfremdete Abkürzung von ›submission‹, Unterwerfung. Aus der Flasche könnte man einen hübschen Strap-on-Dildo machen. Relativ groß, aber das tut nur am Anfang weh, bald bist du wie in Trance.«

Farshad fragt, was ich über BDSM weiß. Dass es um Dominanz und Rollenspiele geht und um Schmerzen. Und dass sich das Verständnis des iranischen Klerus in Grenzen hält, sage ich. »Das ist eigentlich verrückt, denn Imam Hussein kämpfte für die Freiheit, und nun gibt es keine Freiheit für uns«, schaltet sich Amir ein, ein durchtrainierter Mann mit runden Brillengläsern und Glatze. Irans Schiiten verehren Hussein, einen Enkel des Propheten Mohammed, der in einer legendären Schlacht bei Kerbala für seine Überzeugungen starb. Jedes Jahr im Sühnemonat Muharram weinen sie um ihn, zur Tradition gehören auch Selbstgeißelungen mit Peitschen.

»Hat das nicht auch was von Sadomaso?«, frage ich.

»Manchmal schon. Die Gläubigen wollen büßen, sich von ihren Sünden befreien durch den Schmerz«, erklärt Farshad. Die Selbstgeißelung sei inzwischen zwar offiziell verboten, doch das halte die Leute noch lange nicht davon ab. Jedes Jahr wiederhole sich das Ganze. Jedem sein eigenes Sadomaso-Vergnügen.

»Für mich geht es nicht um Buße, sondern darum, die Verantwortung an jemand anderen abzugeben«, sagt Farshad, der in einer Anwaltskanzlei arbeitet. »Das Wichtigste dabei ist Vertrauen. Man kann das mit einem Vogel in einem Käfig vergleichen: Er ist völlig abhängig von dem Besitzer, ihm komplett ausgeliefert. Diese Fremdbestimmung kann sehr entspannend sein, danach fühlt man sich wie neu.«

Gib mir einen Diktator, der mich überzeugt, dass er es gut mit mir meint, und ich werde ihm folgen.

Amir ergänzt: »Es geht darum, die Logik abzuschalten und einfach nur zu fühlen, dass einem auch etwas Irrationales gefallen kann«, sagt er. »Viele Menschen verspüren so etwas, lassen es aber nur nicht zu. Das hat der Erfolg von »Fifty Shades of Grey« gezeigt.«

»Ist das Buch im Iran denn überhaupt zu haben?«, frage ich.

»Natürlich nicht. Das soll hier keiner lesen.«

Zwischendurch wechselt das Gespräch immer wieder ins Persische. Ich verstehe dann nur ein paar englische Wörter wie »sadist«, »domination« oder »submission«, dafür scheint es keine Entsprechung zu geben. Farshad bemerkt, dass ich dem Gespräch nicht folgen kann: »Wir machen gerade einen Plan für dich«, erklärt er mit dem herzlichsten Lächeln, das man sich vorstellen kann.

Zwei Neuankömmlinge grüßen alle per Handschlag. Shahin, ein schüchterner Schriftsteller, »mein erster Sklave vor ein paar

Jahren«, flüstert mir Yasmin zu. Und Babak, Journalist bei einer Nachrichtenagentur. »Er ist ein Switch«, erklärt sie mir, »mal Master, mal Sklave.« Der junge Mann entschuldigt sich für die Verspätung, er sei von der Polizei aufgehalten worden. Nicht wegen des Treffens, sondern eher zufällig: Sein Auto wurde nach Drogen und Alkohol durchsucht, Kofferraum, Sitze, Handschuhfach, Fußmatten, alles.

Direkt vor dem Eingang stehen die Ordnungshüter mit Militärzelt und Maschinengewehren. Ab und zu patrouilliert ein Polizist durch den Park, von unserer Terrasse können wir alles beobachten. Aber gefilzt zu werden scheint einen wie Babak nicht aus der Ruhe zu bringen, nicht mal auf dem Weg zu einem verbotenen Sadomaso-Treffen. Schon bald wechselt er das Thema, um über Irans Sehenswürdigkeiten zu sprechen.

»Du willst dir das Land anschauen? Dann solltest du nach Kermanshah fahren, zum Berg von Farhad und Shirin«, empfiehlt Babak. Er kann kein Englisch, deshalb übersetzt Yasmin für mich.

»Wer sind Farhad und Shirin?«, will ich wissen, und er beginnt zu erzählen.

»In den Bergen von Kurdistan lebte ein einfacher Steinmetz, sein Name war Farhad, der verliebte sich in die Prinzessin Shirin. Als sie eines Tages sein Flötenspiel in der Natur hörte, fühlte sie sich gleichfalls zu ihm hingezogen, obwohl er nicht von ihrem Stand war. Auch Chosrau II., der damalige Großkönig von Persien, verehrte die Prinzessin. Als er Gerüchte über ihre Verbindung mit dem Handwerker hörte, ersann er einen Plan, um die beiden auseinanderzubringen. Er bestimmte, dass Farhad eine unmögliche Aufgabe erfüllen müsse, um sich der Hand Shirins würdig zu erweisen. ›Haue einen Kanal in den Fels zwischen zwei Tälern in Kurdistan, vierzig Meilen soll er lang sein, dann sollst du sie haben‹, ließ er Farhad mitteilen. Und schon schulterte der Steinmetz sein Werkzeug und begann mit der Arbeit.

Jeden Tag schlug er vom Morgengrauen bis tief in die Nacht mit Schaufel und Hacke auf den Fels ein, monatelang, jahrelang. Wenn er schlief, kam manchmal Shirin heimlich vorbei, um die Fortschritte zu begutachten. Er schlief auf nacktem Fels, mit seiner Schaufel als Kopfkissen. Shirin wurde warm ums Herz, als sie sah, dass er alle fünf Meter eine Statue von ihr in den Fels gemeißelt hatte, so groß war seine Liebe. Und so hart war seine tägliche Schufterei, dass es nach vielen Jahren ganz danach aussah, als würde er die unmögliche Aufgabe schaffen. Chosrau wollte das verhindern, also rief er seine Wesire zu sich, um einen Plan auszuhecken. Die Berater schlugen vor, eine alte Frau zu Farhad zu schicken, die ihm mitteilen sollte, dass Shirin gestorben sei. Dann würde er doch sicher von seinem Werk ablassen.

Am nächsten Morgen ging also ein altes Weib zu dem wackeren Steinmetz. Sie klagte und weinte, und Farhad fragte nach der Ursache für ihr Leid. Sie antwortete: ›Ich klage über den Tod. Und über dich.‹

›Warum denn das?‹, fragte Farhad erstaunt.

›Tapferer Mann, Ihr habt so gut gearbeitet, doch alles war vergebens. Das Ziel Eures Verlangens ist gestorben.‹

Farhads Herz wurde von Verzweiflung ergriffen, er warf seine Schaufel in die Luft, sie stürzte wieder herunter und traf ihn tödlich am Hals. Sein Blut floss in den mit so viel Mühe gehauenen Kanal. Als Shirin davon Kunde erhielt, machte sie sich sofort in die Berge auf. Sie sah den toten Geliebten, ergriff die Schaufel und richtete sich aus Verzweiflung selbst mit einem Schlag auf den Kopf. Bis heute liegen die beiden Liebenden tot nebeneinander, weit oben in den Bergen von Kurdistan. Und bis heute ist am Berg Bisotun die Stelle zu sehen, wo Farhad aus Liebe eine Schneise in den Fels schlug.«

Farshad seufzt hörbar, er wirkt bewegt, obwohl er die Erzählung bestimmt schon oft gehört hat. »Es gibt viele große Liebesgeschichten in der Literatur, aber das ist die einzige, in der es um eine vollkommene, bedingungslose Liebe geht«, sagt er. Erst jetzt fällt mir die Namensähnlichkeit zu dem Farhad der Legende auf.

Als Sklave sei es schwer, die richtige Partnerin zu finden. Denn im Iran, wo Frauen aus gesetzlicher Sicht Menschen zweiter Klasse sind, sind Dominas offenbar besonders begehrt. »Es gibt viel zu wenige von uns, ich kriege so viele Anfragen im Internet, dass ich zwanzig Sklaven gleichzeitig haben könnte«, sagt Yasmin. Sie hat jedoch keinen Bedarf, seit neun Monaten ist sie mit ihrem Freund zusammen. Regelmäßig postet sie Fotos von Fesselspielen im Dschungel oder Sessions in ihrem Folterkeller in einem Haus im Norden Irans. Auf Facebookseiten, die nur für Mitglieder zugänglich sind. In der Szene hat sie es damit zu einiger Bekanntheit gebracht.

»Wollen wir reingehen? Es wird langsam kalt«, meint sie dann.

»Macht mir doch nichts, ich bin Masochist«, witzelt Babak.

Wir wechseln trotzdem in das Restaurant im Untergeschoss, wo man ohne Schuhe auf erhöhten Podesten sitzt und Gemälde an der Wand hängen, die Basarszenen zeigen. Master Kaveh, Künstlername »Rough«, weil er als besonders brutal gilt, legt mir ein Kissen hinter den Rücken und macht Platz, damit ich bequemer sitze. Bei Istak-Malzbier und Kofte-Fleischbällen plaudern wir über Teherans Verkehrsprobleme, Franz Kafka und selbst geschnitztes Erotikzubehör aus Holz.

Politik ist kein Thema, nur einmal ganz kurz: »Bisher lassen sie uns in Ruhe mit unserer Online-Gruppe. Das wäre ganz anders, wenn wir ein staatskritisches Diskussionsforum machen würden«, sagt Farshad. »Ungewöhnliche Sexpraktiken sind schlimm im Iran, aber politisches Engagement ist zehnmal schlimmer.«

Zuletzt spazieren wir noch ein bisschen durch den Goftegoo-Park. Shirvin und Amir diskutieren über Schlagwaffen und Handschellen. Farshad erzählt mir von dem Brettspiel Femdomopoly, Femdom steht für »Female Domination«. Dabei entscheidet der Würfel darüber, welche Art von Schmerz oder Erniedrigung man über sich ergehen lassen muss. Yasmin setzt sich mit Schriftsteller Shahin von der Gruppe ab, sie reden und spazieren Hand in Hand durch den Park. Nur wer ganz genau hinsieht, bemerkt, dass sie dabei ihre spitzen Fingernägel in seine Handinnenfläche bohrt. Die beiden laufen an dem künstlichen See vorbei, in dem einige Goldfische schwimmen, hier sind die Goldfische frei. Und draußen am Parkeingang steht die Polizei mit MGs und Armeezelt, so als wäre das hier ein Grenzposten, den es zu überwachen gilt, und nicht ein ganz normaler Park, in dem sich Menschen zum Plaudern treffen, irgendwo in Teheran.

# STRASSEN ÜBERQUEREN IM IRAN

˅ Am Straßenrand warten, bis auf der nächstgelegenen Spur eine Lücke entsteht

˅ Erstaunt zur Kenntnis nehmen, dass einem plötzlich im Schnelldurchlauf herausragende Momente des eigenen Lebens durch den Sinn gehen

˅ Als Anfänger sich einer einheimischen Gruppe anschließen, im Windschatten Gehrhythmus genau anpassen

˅ Zügig, aber ohne Hast voranschreiten, den Kopf im 90-Grad-Winkel zur Laufrichtung

˅ Abrupte Bewegungen vermeiden

˅ Bei der Berechnung der Fahrtwege *niemals* Bremsmanöver einkalkulieren

˅ Schon gar nicht an Zebrastreifen. Zebrastreifen sind Fallen!

˅ Zu kleinen Schlenkern nach links oder rechts sind die Autofahrer bei wenig Verkehr durchaus bereit. Das Lenkrad kurz zur Seite zu reißen wird als weniger lästig empfunden, als den Fuß vom Gas- aufs Bremspedal zu setzen.

˅ Feedback auswerten: Werden Sie bei der Überquerung ein- bis dreimal angehupt, ist alles in Ordnung. Bei viermal oder mehr sind Tempo und Körpersprache verbesserungsbedürftig. Hören Sie dreißig Sekunden lang keine Hupe, sind Sie tot.

# KISH

Einwohner: 20 000
Provinz: Hormozgan

# FREIHEIT

Der Flieger auf die Ferieninsel Kish startet vom Inlandsflughafen Mehrabad, einem modernen Terminal mit blitzsauberen Hallen, Neonlicht und Werbetafeln für Luxusapartments. An kleinen Tischen befinden sich Ladestationen für alle Handytypen. Die Namen der meisten Fluglinien habe ich noch nie gehört. Mahan Air.

Caspian. Iran Aseman Airlines. Auf meinem Ticket, das eine Reisebüromitarbeiterin in Teheran per Hand ausgefüllt hat, steht »Kish Airlines«.

An einer Wand hängt ein Plakat, das einen besonders finster blickenden Khomeini zeigt, neben seinem Kopf steht »Have a nice trip«. Vor fünfunddreißig Jahren landete der Ajatollah mit einer Air-France-Maschine auf genau diesem Flughafen, Millionen Iraner bejubelten seine Rückkehr aus dem Exil. Sie hatten es tatsächlich geschafft, den verhassten Schah von seinem Pfauenthron zu stoßen. Doch viele Revolutionäre wurden in den folgenden Jahren bitter enttäuscht: Der Ajatollah erwies sich als kompromissloser

Despot, der seine Islamische Republik zwar ohne den Pomp und Exzess seines Vorgängers regierte, aber mit mindestens der gleichen Brutalität.

Ich laufe durch die Halle und versuche, einen unbeobachteten Moment abzupassen, um das Poster zu knipsen. An Flughäfen, Bahnhöfen und sämtlichen Regierungsgebäuden sind Fotos verboten.

Eine Passagierin mit Tschador und sauber gezupften Augenbrauen deutet mein Herumschleichen anders. »Hast du dich verlaufen, brauchst du Hilfe?«, fragt sie.

»Danke, ich sehe mich nur um«, sage ich.

»Willkommen im Iran«, meint sie dann und stellt sich als Solmaz vor, 35; sie hat einen Master in Philosophie und träumt davon, in Schweden zu promovieren. Jetzt fliegt sie nach Mashhad, um am Schrein von Imam Reza zu beten.

»Du bist allein unterwegs? Ist das nicht ein bisschen einsam?«, fragt sie.

»Kein bisschen. Hier fühlt man sich nie allein als Tourist.«

Angst vor einem Mangel an menschlichen Kontakten im Iran, das ist ungefähr so, als würde ein Weltumsegler sich Sorgen machen, ob er unterwegs auch ein bisschen Sonnenbräune abkriegt.

»Ja, zu Ausländern sind wir nett«, sagt sie nachdenklich. »Kommst du noch mal nach Teheran zurück?«

»Ja, so in sechs oder sieben Wochen.«

»Ich kann dir die Stadt zeigen, inschallah.«

Sie beglückwünscht mich noch dazu, dass ich Kish besuche, und empfiehlt eine Tour mit dem Glasbodenboot. Und den Warmwasserpark. Und das Delfinarium. »Da zeigen sie Delfine, die sich die Zähne putzen können.« Wir tauschen Handynummern aus, dann wird mein Flug aufgerufen.

Vom Flugzeugfenster aus sieht Irans Urlauberziel Nummer eins aus wie eine fünfzehn Kilometer breite Ellipse aus fast schneeweißem Sand. Und flach wie ein Badehandtuch. Doch was der Insel an natürlichen Erhebungen fehlt, macht eine ganze Schar Dominosteinhochhäuser im Nordosten wett. Kish braucht diese Hotelburgen, denn jedes Jahr kommen eineinhalb Millionen Touristen. Was für die Deutschen Mallorca, ist für die Perser Kish. Sie lieben die Insel und machen immer wieder gerne hier Urlaub. Die meisten Ausländer dagegen – in der Regel Gastarbeiter aus den Arabischen Emiraten – bleiben nur eine Nacht, um anschließend ein neues Visum für Dubai oder Abu Dhabi zu kriegen. Im Reiseführer steht: »Für Nicht-Iraner gibt es nicht viele Gründe, herzukommen.« Ein geeigneter Ort also, um meine Verwandlung in einen Iraner zu beginnen. Deshalb lande ich jetzt auf dem hitzeflirrenden Asphalt des Wüsteninsel-Airports.

Während Teherans Mehrabad-Flughafen das moderne Iran verkörpert, ist der Flughafen von Kish eine Teenagerdisco zwischen Mietwagenständen. Zu dröhnenden Technoklängen führen zwei komplett silbern angemalte Breakdancer ihre Pirouetten auf und bewegen sich dabei erheblich geschmeidiger als die Ferienjobber in SpongeBob- und Rosa-Elefant-Kostüm, die ein paar Meter weiter mit Kindern herumalbern. Sie müssen fürchterlich schwitzen in ihren Wollpuschen. Damit die Ankommenden erinnert werden, dass sie im Iran sind und nicht im Tigerenten Club, ist an einer Wand eine große Karte des umliegenden Meeres aufgemalt, flankiert von grimmigen Porträts von Khomeini und Chamenei. Darüber steht der Spruch »Persian Gulf Forever«, ein Sondergruß an Besucher aus arabischen Ländern. Denn um den seit Jahrhunderten bestehenden Namen gibt es Streit, die südlichen Anrainer wollen die Meerenge »Arabischer Golf« nennen. Wer sich nun fragt, wo das Problem liegt, ist doch nur ein Name, kennt den Nationalstolz der Iraner nicht. Für sie wäre es ein Schlag ins Gesicht, wenn man ihnen ihr einziges Meer wegnimmt, das Kaspische Meer im Norden ist ja in Wahrheit nur ein See.

Mein Gastgeber Masoud schrieb in seiner SMS, er werde versuchen, mich unterzubringen, und ich solle ihn nach der Landung anrufen. Also wähle ich seine Nummer. Eine freundliche tiefe Telefonstimme sagt »What's up, bro« in lupenreinem amerikanischen Slang, und dann sagt sie, er melde sich in ein paar Minuten zurück mit Anweisungen, wo ich hinmuss. Der macht ja einen ganz schönen Agentenkrimi aus meiner Anreise.

Die Wartezeit nutzt ein anderer Passagier, um mich nach fünf Minuten Small Talk zu seiner Hochzeit im Norden Irans einzuladen. Leider bin ich zu dem Termin schon mit Yasmin verabredet zum Schlachtfeldgucken, deshalb sage ich schweren Herzens ab. Und dann sage ich noch einmal ab. Und noch mal. Weil er seine Einladung dreimal wiederholt.

## TAAROF-HÖFLICHKEITSETIKETTE VERSTEHEN

HOW TO

˘ Iraner bieten einem manchmal die tollsten Dinge an. Gratistaxifahrten, geschenkte Teppiche, kostenlose Einkäufe am Basarstand. Wer das nicht als Höflichkeitsgeste erkennt, tappt knöcheltief ins Fettnäpfchen.

˘ Die Regel: Immer zweimal freundlich ablehnen. Erst wenn dann ein drittes Mal das Angebot kommt, kann man sicher sein, dass es wirklich ernst gemeint ist und ohne Gesichtsverlust für den anderen angenommen werden darf.

˘ Gemein: Auch die Phrase »Taarof nakone!« (Kein Taarof!) kann als Taarof gemeint sein.

Masoud schickt mir eine SMS mit Wegbeschreibung, die ich dem Taxifahrer zeigen soll. Leider kann mein Handy keine persischen Buchstaben darstellen, also gehe ich zum nächsten knallgelben Taxi, rufe Masoud an und reiche das Telefon an den Fahrer weiter. Das Taxi passiert Geröllbrachen mit Palmenreihen und Kreisverkehre mit sauber gestutzten Eukalyptusbäumen und Meerestierstatuen. Die Autos sind größer und moderner als in Teheran, weniger Saipa und Peugeot, dafür mehr Hyundai, mehr Toyota, einige Mercedes. Straßen und Bürgersteige sind so sauber, als wäre letzte Nacht noch gestaubsaugt worden, ein enormer Kontrast zur ungezähmten Kargheit drum herum.

Der Fahrer stoppt im Neubauviertel Arabar im Westen der Insel. Die Reihenhäuser aus gemaserten und polierten Steinblöcken sehen nach Geld und Kälte und Dubai aus. Es handelt sich um ein sehr neues Neubauviertel, die Hälfte der Straße ist noch Baustelle.

»Vor einem Jahr stand hier noch nichts«, sagt Masoud, der auf meinen erneuten Handyanruf zur Tür kommt, ein braun gebrannter Kerl im grauen Polohemd. Kantiges Gesicht, buschige Augenbrauen, ordentliche Fönfrisur. Er ist Flugdispatcher bei Iran Aseman Airlines, nebenbei jobbt er als Englischlehrer. »Willst du einen Tee?«

Er führt mich in den ersten Stock. Auf dem orange gepunkteten Sofa der Wohnung sitzt Masouds Schwester, die Friseurin Mahbube, mit ihren beiden Kindern Saler und Saba, dreizehn und elf Jahre alt. Masouds Frau bringt schwarzen Tee und sandfarbene Kekse. Sie heißt auch Mahbube, im Kopf speichere ich sie als Mahbube zwei. Sie ist Architektin und studiert nun Malerei und Zeichnen. Die beiden Frauen und das Mädchen tragen auch in der Wohnung die ganze Zeit Kopftuch. Nur wegen mir als männlichem Gast müssen sie es aufbehalten, weil der Rest der Anwesenden zur Familie gehört.

»Wir haben heute ein volles Haus, aber das geht schon irgendwie zu sechst«, meint Masoud fröhlich.

Die Wohnung misst etwa vierzig Quadratmeter. Sie besteht nur aus einem Wohnzimmer mit abgetrennter Küche, Schlafzimmer und Bad. Die Wände sind bis auf einen in Silberfolie geritzten Koranspruch schmucklos.

Ein LG-Fernseher, Made in South Korea, mit mindestens 42 Zoll Bildschirmdiagonale beherrscht den Raum. Gerade zeigt er einen Koranprediger, der so schief singt, dass nach und nach alle Männer in der Moschee anfangen zu weinen.

»Quatsch, die Geschichte ist so traurig. Er predigt über den Tod des Märtyrers Hussein«, erklärt Masoud auf meine diesbezügliche Frage.

Dann wechselt er das Thema. »Magst du ›Flight Simulator‹?« Und schon baut der 23-Jährige einen Spezial-Joystick im Flugzeugknüppel-Look und zwei Lautsprecher an seinen Laptop. »Lass uns mal in Deutschland herumfliegen. Welche Strecke ist schön kurz?«

»Hamburg–Berlin vielleicht?«, schlage ich vor.

Kurz darauf fliegen wir zusammen einen Airbus A330 nach Berlin, und ich bekomme einen Schnellkurs in Cockpitkunde. »Ground speed: 330 kilometers per hour, altitude: 6000 feet, direction: 110«, verkündet er und deutet auf die entsprechenden Anzeigen. »Berlin ist einfach, da gibt es ein Instrumentenlandesystem. Ihr habt's echt gut in Deutschland, hier sind nicht alle Flughäfen damit ausgestattet.« Wegen der Sanktionen sei es nicht möglich, die moderne Technologie zu importieren. Auch Ersatzteile für Flugzeuge seien ein Problem. »Darum passieren hier mehr Unfälle als in anderen Ländern«, sagt er. Zum Beweis lädt er die Strecke Orumiyeh–Tabriz im Nordwesten des Iran. Tolle Berglandschaften, heftige Turbulenzen. Beim Aufsetzen ohne Hilfe eines Instrumentenlandesystems haut er sich prompt das Vorderrad kaputt. »Siehst du? Daran sind die Sanktionen schuld.«

Kish ist eine Insel der Shoppingcenter. Den frühen Abend verbringen wir in riesigen Malls aus Stahl und Beton, die »Paradise I«, »Paradise II« oder »Kish Trade Center« heißen. Im Angebot sind viele ausländische Marken: Adidas, Puma und Zara, Samsung, Louis Vuitton und LG Electronics. Es gibt aber auch ganze Ladenzeilen mit Fake-Klamotten, zum Beispiel der Marke »didas« mit fehlendem »A« und zwei statt drei Streifen. Auch Calven-Kliem-Unterwäsche und Tommy-Dooyao-Hosen (der Schriftzug erinnert sehr an Tommy Hilfiger) sind im Angebot und Taschenrechner von Cetezen und Casho. Noch genauer hingucken müssen Kunden bei Sportschuhen, die angeblich von der US-Firma Columbia hergestellt wurden. Während das Originallogo aus acht Rechtecken besteht, sind die hiesigen Varianten mit einem Hakenkreuz verziert.

»Kish ist eine steuerfreie Zone, hier ist alles um 10 bis 40 Prozent billiger«, sagt Masoud und deutet auf die Menschenmassen, die sich in einem amphitheatergroßen runden Innenhof drängeln. In der Mitte ist eine gigantische Reebok-Werbung angebracht. »Wie du siehst, lieben die Iraner Shopping, vor allem die Frauen.«

Und sie lieben Fast Food, ganz besonders seine Frau. »Wenn ich traditionell iranisch essen will, kann ich auch selber kochen«, sagt die pragmatische Malereistudentin. Zum Abendessen gibt es also Greek Pizza und Pepsi bei »Iranwich«, gereicht auf einer Holzplatte mit weißer Wellpappe drauf. Der Laden sieht aus wie ein ziemlich großer McDonald's und ist voll bis zum letzten Tisch, wir müssen warten, bis ein Platz frei wird. Wände, Stühle und Speisekarte sind allesamt rot wie das zu jedem Gericht gehörige Ketchup (Iraner essen Pizza immer mit Ketchup). Auf einem Fernsehbildschirm laufen Trickfilme mit niedlichen Bibern und Raupen. Das Wortgefecht, wer die Pizza bezahlt, kann ich nur mit großer Mühe und Überredungskunst für mich entscheiden. Es ist schon nach 22 Uhr, ich bin so hungrig, dass ich fast zwei der von Käse und Fett triefenden Kalorienbomben bestellt hätte.

»Essen Iraner immer um diese Zeit zu Abend?«, frage ich Masoud.

»Nein, manchmal auch erst um elf oder um Mitternacht. Ich hatte vor ein paar Monaten einen Gast aus der Schweiz, der wollte immer schon um sechs Uhr essen, verrückter Typ.«

Gerade will ich zu einem Kurzreferat über von Ernährungsforschern empfohlene Essenszeiten ansetzen, da klingelt Masouds Handy. Er spricht kurz, danach fragt er: »Wollen wir angeln gehen, die ganze Nacht bis zum Sonnenaufgang?«

Ich bin müde von der Hitze und schlapp von der Pizza, aber ich habe mir ja vorgenommen, auch auf nicht so gute Ideen meiner Gastgeber einzugehen. »Klar, sehr gerne«, schwindle ich.

»Muss das sein?«, fragt Mahbube zwei, meine wahren Gedanken aussprechend. Ich spüre, dass sie nicht viel von seinem Angelhobby hält, er jedoch genauso wenig von ihrer Meinung dazu. Sie sind seit fünf Jahren verheiratet.

Von: Kian Qeshm

> Hey Stephan! I'm kian from qeshm island.
> I'm really waiting to meet you. At the moment
> because of holidays I am in Tehran but on Friday
> I am going to go to my lovely island. See you soon
> Cheers

Wir fahren mit dem Taxi nach Hause. Masoud betet noch kurz in Richtung Mekka, Mekka liegt gegenüber vom Fernseher. Auf dem Flachbildschirm läuft »Kolah Ghermezi«, rote Mütze. Das ist eine populäre persische Puppen-Comedyserie, die sesamstraßig harmlos anmutet, aber wegen angedeuteter Gesellschaftskritik wenige Fans unter den Mächtigen des Landes hat. Mahbube zwei dreht den Ton lauter, die Akteure haben penetrante hohe Stimmen. Drei Meter weiter wirft sich Masoud auf den Boden und skandiert sein »Allahu akbar«.

Ich gehe noch schnell duschen. Eine der selten ausgesprochenen Wahrheiten des Couchsurfens ist die, dass vor allem im Badezimmer stattfindende Aktivitäten diejenigen sind, mit deren Kollateralschäden man es sich am leichtesten mit dem Gastgeber verderben kann. Höflichkeit, gleiche Wellenlänge, ein besonderes Geschenk – alles fürn Arsch, wenn der Besucher mit rotem Kopf vermelden muss, dass nun wohl ein Notruf beim Klempner ansteht.

Dabei lauern nirgendwo in einer fremden Wohnung mehr Fallen als im Badezimmer. Bockige Klospülungen, von der Wand fallende Armaturen und rebellische Duschkopf-/Wasserhahn-umschalthebel sind noch vergleichsweise harmlos. Ein iranischer Gastgeber im Vorjahr hat mir bei der Ankunft nahegelegt, bloß nicht den Schalter für warmes Wasser anzuknipsen, ein Kabel sei defekt, ich würde damit in Minuten einen Schwelbrand auslösen (Zum Glück nie geschriebene Online-Referenz: »Danke für die Unterkunft. Sorry noch mal, dass ich deinen Wohnblock abgefackelt habe. Das Omelett zum Frühstück war köstlich.«)

Tückisch sind auch die interkulturellen Unterschiede bei der Toilettenbenutzung. Im Iran sind Hockklos der Standard, zur Selbstreinigung wird ein Wasserschlauch verwendet, der sich an einem kleinen Haken neben dem Becken befindet. Manchmal hängt daneben eine Rolle Papier, manchmal auch nicht. Manchmal steht ein kleiner Mülleimer in der Nähe, manchmal nicht. Am Eingang steht immer ein Paar Badelatschen bereit, der Boden ist meist noch an etlichen Stellen nass. Es sollte mal ein Soziologe hundert westeuropäische Probanden auf so ein Klo loslassen und sehen, wie viele mögliche Varianten es gibt, diese paar vorhandenen Artefakte zu verwenden.

In manchen Ländern darf das Papier mitgespült werden, in manchen gehört es in den Mülleimer. Andernorts ist beides falsch und zu empfehlen, möglichst wenig vollgeschissenes Klopapier an potenziell für andere einsehbaren Stellen zu hinterlassen. Zu letzteren Ländern gehört der Iran. Die Wasserschlauchbenutzung sollte deshalb täglich trainiert und perfektioniert werden, bis immer weniger ergänzendes Papier notwendig ist. Die Meisterschaft ist erreicht, wenn öffentliche Toiletten der höchsten Schwierigkeitsstufe (dreckig, papierlos, Geruchsstufe Ammoniaksynthese-Reaktor) halbwegs angstfrei besucht werden können. An denen gibt es meistens nicht einmal Papierhandtücher am Waschbecken.

Ein typischer Anfängerfehler sei noch erwähnt, weil ein deutscher Freund nach seinem Iranbesuch anmerkte, er habe nie zuvor so gutes Training für die Oberschenkelmuskeln gehabt. Wenn Iraner, Chinesen und Inder nicht spätestens als Dreijährige kapiert hätten, dass die vorteilhafteste Hockstellung diejenige ist, bei der man so weit wie möglich runtergeht, hätten alle Iraner, Chinesen und Inder Oberschenkel wie Gewichtheber.

In Masouds Nasszelle warten zwei Herausforderungen: Zum einen gibt es nur einen winzigen Haken an der Wand für Handtuch und Klamotten. Das ist in vielen iranischen Wohnungen ähnlich, es scheint nicht üblich zu sein, im Bad etwas aufzuhängen, außer an der Türklinke. Zum anderen ist der Boden der Dusche nicht abgetrennt, also flute ich zwangsläufig das komplette Bad, dessen

Bodenfliesen nicht abschüssig genug gebaut sind, um das Wasser von selber in den Kloabfluss zu lenken.

Wahrscheinlich wäre es vertretbar, in Anbetracht dieser Umstände ein Bad mit einem Zentimeter Wasserpegel zu hinterlassen. Aber als Gast will ich es immer besonders gut machen. Werkzeug zum Wasserkehren ist leider nicht vorhanden, deshalb würde jemand, der versehentlich die nicht abschließbare Tür öffnet, folgendes Bild vorfinden: Ein seltsam auf allen vieren verrenkter Ausländer, nur mit einem Handtuch und der rechten Klosandale bekleidet, balanciert den nackten linken Fuß auf der schmalen Türschwelle, während er versucht, mit der zweiten Klosandale in der Hand Wasser in Richtung Ausguss zu schieben. Ich glaube, einige meiner neuen BDSM-Freunde aus Teheran würden das herrlich erniedrigend finden.

# PERSISCHER GOLF

Masoud und ich holen Jacken und ein paar Snacks, dann gehen wir mit Saler zur Hauptstraße, um auf den »fishing buddy« zu warten. Mir fällt ein, dass ich meine Stirnlampe vergessen habe. Masoud gibt mir den Schlüssel. Ich laufe zurück, klopfe kurz und finde eine fremde Frau auf der gepunkteten Couch vor, in Jogginghose, sehr hübsch und mit der opulenten Haarpracht einer Soulsängerin aus den Siebzigern. Sie guckt erschrocken, nach einem Sekundenbruchteil realisiere ich, dass es sich um die unverschleierte Ausgabe von Mahbube zwei handelt. Sie sieht völlig anders aus. Ich ziehe mich schnell wieder vor die Tür zurück. »Komm rein«, sagt sie kurz darauf, und ich entschuldige mich mehrfach. Sie wirkt nicht sehr glücklich, ich hoffe, es liegt zumindest zur Hälfte an dem Angelausflug und nicht nur an meinem dummen Fauxpas.

Masouds Freund Darius kommt etwas verspätet mit Rucksack und Angelrute. Er ist etwa Mitte fünfzig, hat weiße Haare, einen weißen Schnurrbart und schwarze Augenbrauen und kann auf Deutsch »Guten Tag« sagen. Wir nehmen ein Taxi zum Fischereihafen, fahren bis zum Ende eines langen Piers. Der Mann am Steuer fragt mehrmals nach, ob das wirklich unser Ziel sei.

Wir klettern über ein paar schwarze Felsen, es riecht nach Salzwasser und Wind, dann bereiten Masoud und Darius ihre Angeln vor. »Bringe einem Mann einen Fisch, und er wird einen Tag keinen Hunger leiden. Bringe einem Mann das Fischen bei, und er wird sein Leben lang nicht hungern«, verkündet Masoud. Also bringt er mir das Angeln bei. Zumindest partiell. Meine Aufgabe für die Nacht besteht darin, nach Befestigung des Köders eine Klammer mit zwei Glöckchen an der Rute anzubringen. Sein Klingeln zeigt an, dass sich die Angelspitze stark biegt, also wahrscheinlich ein Fisch angebissen hat. Manchmal reicht allerdings auch ein Windstoß, um einen Ton zu erzeugen.

Während die beiden Angeln zwischen Felsen eingeklemmt auf Fische und wir aufs Bimmeln warten, frage ich Masoud, woher sein perfekter amerikanischer Akzent kommt. »Ich bin ein großer Fan von dem amerikanischen Motivationscoach Anthony Robbins«, antwortet er. »Einmal habe ich auf Skype nach seinem Namen gesucht und tatsächlich jemanden gefunden. War nicht der echte, aber ich hab ihn trotzdem angeschrieben. Jetzt sind wir Freunde, und wir haben sehr viel Englisch zusammen geübt.«

Ich habe mir Nachtangeln immer als eine Tätigkeit vorgestellt, bei der Männer ihre Konversation auf das Nötigste zurückfahren, über Sterne, Wellen, Leben und Tod nachdenken und ab und zu an ihrem Flachmann nuckeln. Nichts davon trifft auf unsere ersten Stunden am Ufer zu. Ich habe Masoud bislang für nicht allzu gesprächig gehalten und werde nun eines Besseren belehrt.

Er erzählt von einer dreißigminütigen Online-Session, die er bei einem der Trainer von Anthony Robbins buchte. »Er fragte, was mein Ziel im Leben ist, und ich sagte, ich will Millionär werden. Darauf er: Das ist der falsche Ansatz, einfach so ein Ziel zu formulieren. Du musst erst den Fokus auf dich selber richten. Kennst du irgendeinen Flugdispatcher und Teilzeit-Englischlehrer, der Millionär geworden ist? Nein. Dann musst du etwas ändern im Leben, zum Beispiel ein Unternehmen gründen.« Masoud hat schon eine Idee für ein Geschäft, er will bald nach Shiraz ziehen, wo seine Schwiegereltern wohnen, und dort ein Sprachcafé für Iraner und Ausländer eröffnen.

»Und damit Millionär werden?«, frage ich.

»Nein, das wohl nicht. Aber es geht darum, ein Ziel zu haben im Leben. Ein Beispiel: Meine Oma ist 85 und kauft von manchen Lebensmitteln einen Vorrat für zehn Jahre ein. Wahrscheinlich wird sie auch so alt, weil sie fest davon ausgeht.«

Masoud empfiehlt mir Bücher, die »Think and Grow Rich« heißen und »The Seven Habits of Highly Effective People« und »Awaken the Giant Within«. Er habe viele der darin beschriebenen Prinzipien verinnerlicht und wende sie nun täglich an. Dann klingelt es, ganz leise gegen den Lärm der Brandung, aber unüberhörbar. Masoud greift nach der Angel und beginnt zu kurbeln. Die Schnur spannt sich, parabolmäßig biegt sich die Rute, er schürzt die Lippen vor Anstrengung. An der Wasseroberfläche ist plötzlich ein wild um sich flösselndes Etwas zu sehen, bestimmt über einen halben Meter lang. Doch dann federt die Angel zurück. »Verdammt, der ist entwischt«, flucht Masoud. »Keine Ahnung, was das war, irgendwas Großes. Aber das ist gerade das Tolle beim Angeln: Man weiß bis zum letzten Moment nicht, was für ein Fisch angebissen hat.«

»Ein bisschen wie beim Couchsurfing«, sage ich.

Am Horizont leuchten die Hotels und Hotelbaustellen, hier leuchten unsere Stirnlampen. Wir knabbern Tochme (Sonnenblumenkerne), Pistazien und trockenen Zitronenkuchen. Ansonsten beißt mehrere Stunden lang nichts an, es ist schon halb drei, allmählich hätte *ich* einen Motivationstrainer nötig, um nicht vorzuschlagen, dass wir abhauen und schlafen gehen. Aber wer braucht einen Coach, wenn er Masoud hat?

»Fehler sind gut, denn sie sind Chancen, um daraus zu lernen«, doziert er, und wir wechseln die Position, gehen etwa fünfzig Meter zurück Richtung Pier. Eine gute Entscheidung: Schon nach wenigen Minuten klingelt es.

Darius kurbelt einen etwa sechzig Zentimeter langen silbernen Wels an Land. Saler steigt mit dem Fuß drauf und haut ihm mit der Zange so lange auf den Schädel, bis er nicht mehr zappelt. Wenige Minuten später hat auch Masoud Glück, nach kurzem Tauziehen landet ein weiterer Wels auf dem Stein. Er hat auffällige Barteln wie die Schnurrhaare einer Katze, deswegen heißt er auf Englisch auch »catfish«. Jetzt läuft es!

Bis zum ersten Licht eines milchig trüben Sonnenaufgangs liegen vier Welse, ein Hamour (eine Art Zackenbarsch) und ein Großkopfschnapper am Ufer.

Wir laufen ein paar Minuten zum nahe gelegenen Fischmarkt und lassen dort den Fang filetieren. Bei den Welsen wird der Verkäufer sehr unwirsch, schneidet mit Absicht besonders große Stücke weg und entsorgt die Reste schnell draußen im Container, als würde er sich davor ekeln. »Fische ohne Schuppen sind laut Islam nicht ›halal‹, Gläubige dürfen die nicht essen«, erklärt Masoud. Die Tüte mit den Filets gibt er an Darius weiter. Der hält es nicht so streng mit der Religion.

Nach einer durchgemachten Nacht und nur ein paar Stunden Schlaf auf dem Teppich erholt man sich auf Kish am besten mit einem Faulenztag am Wasser, denn die Insel soll die schönsten Strände des Iran haben. Masoud muss arbeiten, also fahre ich allein in den Nordosten. Ich brauche Koffein, deshalb trinke ich in einem Imbiss erst mal eine Zam-Zam-Cola, Made in Iran, schmeckt wie Coca-Cola mit mehr Zucker und weniger Kohlensäure. Der Name ist interessant, denn Zamzam heißt die heiligste Quelle am Heiligtum von Mekka. Eine lustige Idee, ausgerechnet etwas Uramerikanisches wie Cola so zu nennen.

Auf einem Radweg strampeln Mädchen auf Zweirädern mit zu tief eingestellten Sätteln vorbei. Hier müssen Frauen fürs Radfahren keinen Ärger mit der Sittenpolizei fürchten, auf Kish gelten weniger strenge Regeln als im Rest des Landes. Urlauberinnen laufen barfuß am Strand, tragen Sandalen oder knallenge Leggins. Ich sehe sogar eine, die überhaupt kein Kopftuch trägt, was in jeder anderen iranischen Stadt undenkbar wäre. Motorboote ziehen runde Schlauchboote voller kreischender Urlauber über die Wellen, ein paar Jungs und Mädels spielen Strandfußball, Kameltreiber warten auf Kundschaft. In einem Holzpavillon bearbeitet ein Musiker mit Kevin-Kuranyi-Bart artistisch seine Daf, eine flache Rundtrommel. Als ein Polizeistreifenwagen in der Nähe hält, packt er das Instrument aber eilig weg.

Zwei Tische neben mir sitzt eine etwa 50-jährige Dame mit hellgrünem Hidschab, Seidenschal mit Leopardenmuster und einer riesigen silbernen Armbanduhr. Sie hört »Wind of Change«, ihr Handy hat sie schräg auf ihr Sonnenbrillenetui gelegt, damit der Lautsprecher auf ihre Ohren gerichtet ist. Auf dem Tisch befinden sich außerdem eine Schale Chips, eine Packung Kent-Zigaretten und ein Papierbecher mit Tee. »The future's in the air, can feel it everywhere, listening to the winds of change«, singt Klaus

Meine. Mehr Fahrräder rollen vorbei, und die Palmen biegen sich in einem ganz ordentlichen Lüftchen. Kish ist bekannt für seinen Wind. Häufig müssen die Katamarane zum Festland wegen hohen Seegangs ausfallen.

Wir kommen ins Gespräch, sie heißt Afsaneh und ist vor sieben Jahren von Teheran auf die Insel gezogen.

»Ich mag die frische Luft, das Meer, die entspannte Stimmung«, sagt sie. Zweimal pro Woche mache sie einen Spaziergang zum Strand. »Ich laufe so gern – Teheran ist zu dreckig, zu viel Smog.«

Als wäre das ihr Stichwort gewesen, zündet sie sich eine Zigarette an. Frauen dürfen eigentlich nicht rauchen im Iran. »The wind of change blows straight into the face of time, like a storm wind that will ring the freedom bell«, kommt aus dem Handy, und zu gern würde ich das glauben. Aber Kish ist wohl kaum das moralische Zukunftslabor des Iran, sondern lediglich ein temporärer Fluchtort. Eine isolierte Exklave der kleinen Freiheiten. Wie Urlaub bei Oma und Opa, wo die Kinder länger toben und mehr Schokolade essen dürfen. Doch sobald es zurückgeht zu den Eltern, gelten wieder strengere Regeln.

Damit die Iraner nicht merken, dass die zusätzliche Freiheit das Beste war an ihrem Kishurlaub, gibt es Shoppingcenter, Motorboote, Geisterbahnen und den Siebzig-Hektar-Vergnügungspark

mit Vogelgarten und Delfinarium.

Ich frage Afsaneh nach dem zähneputzenden Delfin.

»Ja, den gibt es. Und einen, der malen kann. Seine Bilder kosten zwischen 1000 und 8000 Dollar«, meint sie.

Spontan erwäge ich, mir einen Delfin zu kaufen. Wie viel man für so ein Tier wohl bezahlen müsste?

»Eine Million Dollar«, sagt sie. Bei durchschnittlich 4500 Dollar pro Bild würde sich ein Delfin also nach 200 Gemälden amortisieren. Ich verwerfe die Geschäftsidee und kaufe mir stattdessen ein Eis.

Dann gehe ich Mesut Özil besuchen. Und Messi, Ronaldo und Neymar. Als überlebensgroße Karikaturen-Plastikaufsteller flankieren sie eine Straße, die zum Strand führt. Bald ist Fußball-WM, und der Iran hat sich erstmals seit vielen Jahren wieder qualifiziert. Messi und Neymar haben sehr viel Frisur und sehr wenig Gesicht. Der mit »Mahsood Ozil« bezeichnete Athlet dagegen erinnert mit kleinem Haarbüschel, Riesennase und Riesenglupschaugen an etwas, das man beim Ausflug mit dem Glasbodenboot zu Gesicht bekommt. Vielleicht hat ihn ein Delfin gemalt.

Am nächsten Morgen wecken mich Pitbull und Masoud, eine höllische Kombination. Mein Schlafplatz ist direkt unter dem Fernseher auf dem Teppich, um halb acht hat mein Gastgeber die Idee, ein Musikvideo des amerikanischen Proll-Rappers in Nachtclublautstärke laufen zu lassen. Wie ein Aerobictrainer mit ADHS tanzt er durchs Wohnzimmer und singt aus voller Kehle mit: »Aeeyayay, aeeyayay, let it rain over me.« Mit dem Lärm könnte man vermutlich tote Fische wecken und ganz bestimmt schlafende Touristen. In dem Clip rast ein BMW Z4 durch eine karge Wüstenlandschaft, die ein wenig an Kish erinnert.

»It's time for breakfast, and time for Nature Day!«, ruft Masoud fröhlich. Im Gegensatz zu mir ist er offenbar kein Morgenmuffel. Mit »Nature Day« meint er Sizdah Be-dar, den Abschluss des zweiwöchigen Nouruz-Neujahrsfestes, einen iranischen Feiertag, den das ganze Land mit Picknicks im Freien begeht.

Hastig breiten Mahbube eins und zwei eine Plastikfolie auf dem Boden aus, darauf drapieren sie Fladenbrot, Ziegenkäse und selbst gemachte Karottenmarmelade. Nach dem Schnellfrühstück füllen wir ein paar Sachen aus dem Kühlschrank in Picknickkörbe und laufen zur Straße, um ein Taxi zu nehmen. Kein Z4, sondern ein Toyota, aber aufs Rasen versteht sich der Fahrer. Wir halten an einem Uferabschnitt mit Felsstrand und Holzpavillons mit Solarpanels auf dem Dach; sind alle schon belegt, wir sind spät dran. Also breiten wir eine Picknickdecke auf dem Sandboden aus. Masoud legt Hühnchenteile in Safran-Zitronen-Marinade auf einen der Grills, die zu jedem Pavillon gehören.

Die besten Sprachlehrer der Welt sind Kinder. Mit Saler und Saba entwickle ich ein Spiel, bei dem es darum geht, auf Dinge zu zeigen und sie auf Englisch und Persisch zu benennen. Den Kids macht es großen Spaß, sie wollen gar nicht mehr aufhören. Wir wiederholen die Begriffe so oft, bis ich Meer (daryâ), Himmel (asemân), Wolke (âbr), Fisch (mâhi), Sonne (chorschid), Apfel (sib), Ohr (gosch), Nase (bini), Auge (tscheschm) und Auto (mâschin) sagen kann. Salers Sprachkenntnissen tut unser Uferspaziergang auch gut, denn bislang bestand sein Englischrepertoire nur aus »How are you?« und »Get out of my face, asshole«, beides immerhin mit perfekter Aussprache.

Vor genau einem Jahr war ich auf meiner ersten Iranreise auch beim »Nature Day«. Ich feierte mit Yasmin und ihrer Familie. Etwa fünfzig Leute waren in einem von einer hohen Mauer umgebenen Garten außerhalb von Teheran zusammengekommen. Wir spielten Volleyball und tanzten verbotene Tänze zu Persienpop, drinnen im Haus gab es Whisky. Die Straßen außerhalb der Hauptstadt waren komplett von Picknickdecken und Zelten umrahmt, jede Brachfläche wurde zum Outdoor-Esstisch umgewandelt. Wenn dreißig oder fünfzig oder gar sechzig Millionen Menschen ihre blicksicheren Wohnungen verlassen, um einen Tag lang Party zu machen, herrscht im Iran der Ausnahmezustand.

Im Urlaubsparadies Kish hätte ich noch mehr Exzess erwartet als in Teheran. Doch Masoud muss um eins arbeiten, Flugzeuge fliegen auch am Feiertag. Wir knabbern also unsere Safranhühnchen, schauen den Wellen zu – und packen kurz nach Mittag schon alles zusammen, um nach Hause zu fahren.

Meine Zeit auf Kish geht zu Ende. An meinem letzten Abend tischt Spitzenköchin Mahbube zwei noch ein weiteres Festmahl auf: selbst gefangenen Zackenbarsch und Großkopfschnapper mit Reis.

# LOST IN TRANSPORTATION I

Das populäre Reisespiel Schalterpingpong geht so: Der Tourist (meist schwer bepackt, schwitzend und mit minimalen Sprachkenntnissen ausgestattet) drückt pantomimisch seinen Wunsch aus, ein Ticket für einen Bus oder Zug, ein Schiff oder Flugzeug zu erwerben, und wird irgendwo hingeschickt. Am Zielort wird er woandershin geleitet, um von dort erneut weitergereicht zu werden. Das kann einige Zeit so gehen, jedoch tröstlicherweise nicht unendlich lange, da kein Terminal der Welt über eine unbegrenzte Anzahl von Schaltern verfügt.

Wenn am Ende der Rennerei der Tourist ein Ticket in der Hand hält und abreisen kann, hat er gewonnen. Sobald eine Anlaufstelle zum zweiten Mal genannt wird, hat er verloren. Endlosschleife, game over. Varianten des Spiels bieten übrigens auch Finanzämter und Telefon-Hotlines von Internetanbietern an.

Meine Runde beginnt am Eingang der Raumstation von Kish, zu der mich der Taxifahrer gebracht hat, obwohl ich »Bootsterminal« gesagt hatte. Ein kleiner Mann in blauer Uniform deutet nach rechts: »Old terminal«, sagt er.

Ich gehe 150 Meter nach rechts, dort steht ein Soldat, der übertrieben verständnislos mit den Schultern zuckt und dann auf zwei kleine Holzhäuschen deutet, ein blaues und ein gelbes, die sich in etwa 200 Meter Entfernung gegenüber befinden. Laut den Bildern neben den Verkaufsfenstern gibt es links kleine Boote und rechts große Boote. Der linke Schalter ist geschlossen, also stelle ich mich rechts an, sechs Leute sind vor mir. Sie scheinen ihre Fahrscheine mit einem Bericht über das Wohlergehen sämtlicher Familienmitglieder statt mit Geld zu bezahlen, so lange, wie die immer quatschen. Nach gefühlt dreißig Minuten bin ich dran.

»You cannot get ticket now«, sagt der Verkäufer. Aber ich sei hierher geschickt worden, verteidige ich mich.

»No. Passport first, passport«, sagt er und zeigt hinüber zum alten Terminal, von dem ich gerade komme.

Mist. Dritte Anlaufstelle, Spiel vorbei. Doch so schnell gebe ich nicht auf. Zurück zum Soldaten. »Passport, passport«, sage ich, mit selbigem wedelnd.

Er blickt mich aufgrund meiner überraschenden Rückkehr an wie einen Außerirdischen und zuckt mit den Schultern, etwas übertriebener als vorher. Dann deutet er auf die Holzhäuser hinter mir. Die folgenden Augenblicke verbringen wir damit, uns gegenseitig für doof zu halten.

Plötzlich erscheint wie aus dem Nichts ein rundlicher Hafenmitarbeiter in der Dunkelheit des verlassenen alten Terminals: »Mister, come here.« Er führt mich in ein Büro, in dem zwei weitere Männer in Hemden und Anzughosen sitzen, einer von ihnen holt mir einen Becher Wasser. »Passport, please. Wo kommen Sie her? Wie gefällt es Ihnen im Iran? Setzen Sie sich. Möchten Sie einen Tee? Wo wollen Sie hinfahren?«

»Germany«, »sehr gut«, »ja gerne« und »Charak«, antworte ich, das ist der nächstgelegene Ort auf dem Festland, laut Reiseführer etwa vierzig Minuten per Boot entfernt.

»Und wo wollen Sie danach hin?«

»Bandar Abbas.« Das sind von Charak etwa vier Stunden per Bus.

»In drei Stunden geht ein großes Schiff nach Bandar Lengeh, das ist näher an Bandar Abbas«, sagt er.

»Wie lange braucht das?«

»Vier Stunden. Und von dort sind es nur zwei Stunden bis Bandar Abbas.«

»Dann geht es doch sicher schneller über Charak. Fährt da bald was?«

»Das weiß ich nicht.«

Ein Kollege ist besser informiert. »Charak jetzt«, sagt er, holt meinen Pass aus dem Kopierer und bedeutet mir, ihm zu folgen. Er läuft zügig durch die Halle, dann raus zu den Anlegern, gerade löst ein Matrose das Tau. Ein kleines Schiff tuckert los, so langsam, dass ich es mit einem beherzten Sprung noch hätte erwischen können. Der Mitarbeiter winkt und ruft, doch die Maschinen stoppen nicht mehr.

Also bringt er mich in die Raumstation, ins neue Terminal, das dreißig Meter hoch und in edlem Silber, Grau und Beige gehalten ist. Auf Flachbildschirmen laufen Werbespots für Eigentumswohnungen und Sehenswürdigkeiten, für die Ancient City of Harireh, Underwater World und ein anscheinend sehr berühmtes Pferderennen. Ich habe die meisten Attraktionen der Insel verpasst, aber die Stunden mit Masoud und seiner wunderbaren Familie waren besser als jeder Delfinpark.

Der Warteraum ist voller Passagiere, durch den Umweg über den Pier habe ich die Sicherheitskontrolle umgangen.

»In fünfundvierzig Minuten geht das nächste Schiff nach Charak«, sagt mein Helfer, dann verschwindet er auf Nimmerwiedersehen. Die Umsitzenden halten Fahrkarten in der Hand, ich habe immer noch keine. Warten. Zweifeln. Ob ich doch noch mal an den Holzhausschalter draußen zurückmuss?

Endlich wird Charak aufgerufen, eine Schlange bildet sich vor der Ticketkontrolle am Ausgang zum Pier. Und tatsächlich kann ich dort in bar bezahlen, 27 000 Toman, knapp sieben Euro. Einen Fahrschein bekomme ich dafür nicht, der Angestellte sackt das Geld ein und winkt mich einfach durch.

Kein Ticket, eine Station doppelt besucht und trotzdem am Ziel: Diese Partie Schalterpingpong geht an mich.

Von: Kian Qeshm

Good morning Today I will arrive qeshm at 3p.m.
Unfortunanately because I live in company's accommodation
I can't host but maybe we can meet.

# ARIER

Im Gegensatz zum Terminal ist die »Pelikan« alles andere als futuristisch. Zerfledderte Sitzpolster, durchgelatschte Perserteppiche und ein Getriebe, das nach sterbendem Presslufthammer klingt. Als ich gerade darüber nachdenke, ob vor seinem Ableben noch die zwanzig Kilometer zum anderen Ufer drin sein werden, geht wie aufs Stichwort der Motor aus. Ein nach Wut und konsequentem Anabolikakonsum aussehender Riesenkerl versucht, seinen Schwergewichtsboxerkörper die Stahlleiter zur Brücke hochzuwuchten. Seine beiden Mitreisenden sind zum Glück a) ähnlich türsteherhaft gebaut und b) der Ansicht, dass ein verprügelter Kapitän die Lösung des technischen Problems nicht erleichtern würde. Sie halten ihn mit vereinten Kräften zurück.

»Arabs«, sagt mein Sitznachbar verächtlich. Auch er ist so gebaut, dass mir mein Kreuz plötzlich eher schmal vorkommt und mein Bizeps übersichtlich. »Almâni: high, Irani: high. Arabs: low«, verkündet er in gebrochenem Englisch, ich habe ihm vorher schon erzählt, dass ich aus Deutschland bin. Er deutet erst auf mich und dann auf sich, sagt »Arians« und lässt einen oberschenkeldicken Oberarm auf meine Schulter plumpsen.

Innerhalb einer Sekunde fallen mir 300 Gründe ein, aus denen ich lieber gemocht werden würde. Aber das Arierthema ist ein großes Ding im Iran, der Landesname selbst ist eine Abkürzung für »Volk der Arier«. Hier verbindet man das Wort nicht mit rassenideologischem Sündenfall und Holocaust, sondern gebraucht es so selbstverständlich, wie sich ein Chinese als Asiate bezeichnen würde oder ein Kroate als Slawe. Jahrtausende bevor dubiose europäische Wissenschaftler Attribute wie »blond«, »blauäugig« und »nordischer Typ« erdachten, nannten sich die Iraner schon Arier. Bis heute sind sie überzeugt, mit germanischen und indischen Völkern die Herkunft zu teilen. Und sind damit das einzige Land der Welt, wo Deutsche im Jahr 2014 als Arier geschätzt werden.

Nach zehn Minuten Pause geht der Motor mit einem empörten Rumpeln wieder an, und die altersschwache Pelikan müht sich weiter auf die graue Steilküste des Festlandes zu. Mein Sitznachbar stellt sich als Nader vor, er kommt aus Kerman. Seine beiden Freunde, die fast identische T-Shirts mit riesigem »Abercrombie & Fitch«-Aufdruck tragen, einer in Grau, einer in Weiß, sind Moshtaba aus Bandar Abbas und Ismail aus Isfahan. Alle drei haben sehr neue Sportschuhe an den Füßen und sehr neue Smartphones in der Hand. Keiner spricht gut Englisch, deshalb nutze ich den besten Small-Talk-trotz-Sprachbarriere-Trick der Welt und wechsle das Thema von Rassenlehre zu Fußball. Gibt man unser Gespräch im Wortlaut wieder, lässt sich die dabei entstehende emotionale Nähe nur unzureichend darstellen, es klingt nämlich etwa so:

»Mehdi Mahdavikia!«

»Ooh, goood!«

»Ali Daei!«

»Ali Daei! Bayern Munich good! Schwains-Tiger! Ballacke! Lahm!«

»Yes, very good players!«

»World Cup! Brazil!«

»Iran against Argentina, oooh!«

»Messi! Oooh no!«

Nach diesem Austausch sind wir Freunde. Die drei fragen, ob ich eine Mitfahrgelegenheit bis Bandar Abbas brauche. Das Schiff legt in Charak an, und bald sitzen wir in Ismails weißem Peugeot 405, der auch schon einmal bessere Tage gesehen hat. Wir knabbern Nüsse, hören Gipsy Kings und rasen gen Osten. Unter dem Rückspiegel pendelt ein Würfel aus Schaumstoff hin und her.

Wie stark doch das Reisen einem Würfelspiel gleicht. Hätte ich das frühere Schiff erwischt oder an Bord woanders gesessen, wäre ich jetzt nicht in diesem Auto. Hätte ich in Teheran statt Yasmin einen der tausend anderen potenziellen Couchsurfing-Gastgeber kontaktiert, würde ich nicht bald die Schlachtfelder an der irakischen Grenze gezeigt bekommen.

Am Fenster zieht eine hitzeflirrende Wüstenlandschaft vorbei mit vom Wind geformten Sandbergen und Kamelwarnschildern. Auffällig sind die vielen kegelförmigen Wasserspeicher, die aussehen wie die Spitzen vergrabener Raketen aus Stein. Nach den ganzen Fußballern ist nun ein weiterer Sportler unser Thema. »Ismail Schumacher«, sagt Nader und deutet grinsend auf seinen Freund am Steuer. Der fährt tatsächlich so, als seien Mika Häkkinen und Damon Hill in Formel-1-Boliden hinter ihm her.

Die Rennfahrerpose wäre perfekt, würde er nicht Kette rauchen und dadurch ständig nur eine Hand am Lenkrad halten. An zwei Bremsschwellen hebt unser Wagen fast ab, bei den folgenden geht der Fahrer es vorsichtiger an und bremst unmittelbar davor, dass die Federung kracht. Ich kenne kein anderes Land, in dem so viele Bremsschwellen an den Straßen angebracht sind. Der Iran ist ein Bremsschwellenland, und wahrscheinlich ist das eine Metapher für irgendwas.

Kürzlich wurde eine Statistik veröffentlicht, dass im Vorjahr 25000 Iraner in Verkehrsunfällen starben, das sind 68 Tote pro Tag. Die Regierung hat nun das Ziel ausgegeben, die Zahl auf 20000 zu senken.

Der Benzinpreis jedenfalls hält niemanden vom Gasgeben ab. Wir tanken für 7000 Rial pro Liter, das sind siebzehn Cent. Nach halber Strecke stoppen wir an einem Strand, um Tee mit heißem Wasser aus der Thermoskanne zu trinken. Ich nehme keinen Zucker dazu, was mir drei irritierte Blicke einbringt.

Nader betrachtet unglücklich seinen Teebeutel. »Ahmad Tea London«, steht auf dem Etikett. »English bad!«, sagt er und kreuzt seine beiden Zeigefinger übereinander. »English against Iran.« Die Briten machten in der ersten Hälfte des 20. Jahrhunderts einen Reibach mit iranischem Öl und Gas, weil sie die Schahs mit ausbeuterischen Verträgen über den Tisch zogen. Ich spüre Naders Hand auf meiner Schulter. »Hitler good. Hitler help Iran.« Hitler wollte nie Öl von den Persern, im Zweiten Weltkrieg waren sie Verbündete. Dieses Thema ist jetzt wirklich keines, das ein Englischlehrer mit Sprachanfängern in der ersten Kurswoche diskutieren würde.

Ich radebreche: »Hitler not good!«

Er fragt: »Merkel good?«

Ich denke kurz nach und sage den denkwürdigen Satz: »Hitler bad, Merkel good«, was zugegebenermaßen eine grobe Vereinfachung ist, aber in dieser Gegenüberstellung nicht falsch. Den Rest der Fahrt reden wir nicht mehr viel, aber ich wünsche mir, mehr als »Fisch« und »Sonne« auf Persisch sagen zu können.

In der Hafenstadt Bandar Abbas verabschieden wir uns, ich nehme ein Schiff zur Insel Qeshm, das doppelt so groß und dreimal so modern ist wie die Kish-»Pelikan«. Ich hatte gehofft, dort einen Gastgeber zu haben. Doch Kian schrieb heute, er könne mich leider nicht unterbringen, weil das Apartment seinem Arbeitgeber gehört, der zurzeit keine Gäste erlaubt.

An: Kian Qeshm

> Hey Kian, no problem, would be great to meet!
> Can you recommend a hotel to stay?

Von: Kian Qeshm

> Ask the taxi driver for Hafez guesthouse,
> its not expensive but I m not sure if it's clean

Von einem offenen Deck aus beobachte ich die riesigen Öl- und Gastanker des Persischen Golfs. Viele sind alte Seelenverkäufer, von denen man nicht weiß, ob sie stehen oder fahren, bis man die Ankerleine im Wasser sieht. Das Reisewürfelglück will es, dass hinter mir eine Familie sitzt mit einer Tochter, die ich auf zwanzig schätzen würde, und zwei kleineren Söhnen, vielleicht sechs und acht Jahre alt. Die Kleinen starren mich mit ihren riesigen dunklen Augen an, ich blättere in meinem Persisch-Phrasenbuch und lese den Satz »Esme tan tschi ast?« vor – Wie heißt du? Die Eltern sind Reza und Ehsan, das Mädchen heißt Mobina, die Familie kommt aus der Nähe von Yazd. Der Rest der Konversation besteht aus »Welcome to Iran« und »Do you like Iran?« und vor allem aus freundlichen und neugierigen Blicken. Mobina fragt nach meiner Handynummer, wir wünschen uns gegenseitig eine gute Zeit auf der Insel, sie macht noch ein Foto von mir, dann verabschieden wir uns.

Ein Taxifahrer bringt mich im prähistorischen Toyota Corolla durch gesichtslose Stadtstraßen mit endlosen Ladenzeilen zum Hafez Guesthouse. Als ich ihm von meiner Herkunft berichte, reißt er die rechte Hand gen Windschutzscheibe, brüllt »Heil Hitler!« und lacht freundlich. Irgendwie ist heute der Wurm drin.

## QESHM

Einwohner: 114 000
Provinz: Hormozgan

# DER FLASCHENGEIST

Im Eingang des Hafez Guesthouse lungern ein paar Halbstarke herum. Sie wirken amüsiert, als ich eintrete, endlich passiert hier mal was. In Zeichensprache gebe ich einem Jungen in Barcelona-Trikot hinter dem Tresen zu verstehen, dass ich ein Zimmer suche. Er blickt mich etwas hilflos an.

»Double room 40 000, no single room«, sagt ein Mann mit keinem einzigen Haar auf dem Kopf, dafür aber üppigem Bewuchs auf der Brust, was nicht zu übersehen ist, denn er trägt nur eine abgewetzte Trainingshose und Badesandalen. Er ist auch Gast hier, doch das hält ihn nicht davon ab, den gesamten Eincheckvorgang zu übernehmen.

»Iss hier lieber nichts, die Küche ist nicht gut«, sagt er noch. Aber die Zimmer seien sicher. Meins ist exakt so breit wie zwei Betten, für die Feststellung brauche ich kein Zentimetermaß, weil sich zwei aneinandergestellte Betten darin befinden. Auf ihnen liegen fleckige Decken mit Cinderella-Motiv. Ein nach Industrialisierungszeitalter aussehender Schlauch der Klimaanlage wird mitten durchs Milchglasfenster nach draußen geführt. Das nötige Loch scheint jemand mit einem Hammer in die Scheibe gehauen zu haben, an einer Stelle ist es zu groß, sodass eine Lücke entsteht und ein einzelner Sonnenstrahl hereinfällt. Die metallene Doppeltür zum Gang hat ebenfalls ein Fenster, das wurde aber mit einem T-Shirt-Werbeposter der Firma »Deluxe Diamond« überklebt. Ansonsten ist hier wenig Deluxe. Die Einrichtung besteht aus einem winzigen Röhrenfernseher von Konka (kaputt), einem Kühlschrank von Super General (laut) und einem fleckigen Teppich.

Nach ein paar Minuten klopft es an der Tür. Der Glatzkopf noch mal, seine plötzlichen Auftritte lassen an einen gutmütigen Flaschengeist denken. Er hat seinen Namen und seine Handynummer auf eine Hotelvisitenkarte geschrieben, er heißt Mehran. »Wenn du Hilfe brauchst, ruf mich an.« Ob es wohl doch nicht so sicher ist hier?

Dann zeigt er mir noch das Bad, zu dem man über einen kleinen Innenhof gehen muss. In der Männerdusche geht das Licht nicht. »Du kannst auch morgen die Frauendusche benutzen«, sagt Mehran.

Er stammt aus Teheran und war kurz vor dem Mauerfall mal in Westberlin für einen Monat. »Willst du einen Drink?«, fragt er. »Ich habe iranischen Wodka. Absolut verboten!« Er winkt mir, ihm zu folgen. »Ich habe alle Apotheken abgeklappert und gesagt, ich brauche Ethylalkohol gegen Insektenstiche.« Nach einigen Versuchen hatte er Erfolg: Ob er eine kleine oder große Flasche wolle, habe der Angestellte gefragt. Klein, habe er gesagt, um keinen Verdacht zu erregen, und dann nach dem Preis gefragt. Natürlich war die große günstiger. Er habe so getan, als würde er kurz nachdenken, und dann die große genommen. 20 000 Toman, fünf Euro. »Das mache ich immer so. Komm rein.«

Er öffnet die Tür zu seinem Zimmer, es hat das gleiche Gefängniszellenformat wie meins. Auf einem der Betten schläft ein kleiner Junge. Vom Boden neben dem Kühlschrank hebt Mehran eine wuchtige Einliterflasche auf, die mit ihrem runden Bauch und kurzen Hals nach Apothekenmuseum aussieht. »Ethyl Alcohol 96%« steht auf dem Etikett neben einem »Leicht entzündlich«-Hinweis. Die Menge würde für ziemlich viele Insektenstiche reichen. »Wir können das mit Wasser oder Pepsi mischen«, sagt Mehran. »Zu Hause trinke ich so eine Flasche in fünf Tagen. Keine Sorge, du wirst deswegen nicht verhaftet. Und das Zeug ist gut, kommt ja aus der Apotheke, medizinische Qualität.«

Der Begriff weckt Erinnerungen, ich kenne ihn von der letzten Reise. »Medizinische Qualität«, sagte die Studentin Samira aus Tabriz, als sie vor fast genau einem Jahr eine Flasche Ethanol aus dem Schrank holte. Alkoholgehalt: 70 Prozent, ein Teufelszeug. Gemischt mit Orangensaft schmeckte das wie in Benzin aufgelöste Nimm-2-Bonbons. Wir lagen auf Decken auf dem Boden ihrer Studentenbude und guckten auf dem Laptop »The Exorcist«. Drei Tage lang reisten wir zusammen durchs wilde Kurdistan, betranken uns mit Longdrinks aus der Hölle und rauchten Wasserpfeife mit Melonengeschmack. Wir sprachen viel über Freiheit, also über ihre Möglichkeiten, das Land zu verlassen.

Natürlich wollte ich sie wieder treffen. Doch vor ein paar Wochen schrieb sie mir, dass sie es geschafft hat: Samira studiert jetzt Maschinenbau in Shanghai mit einem Stipendium, eine Rückkehr in den Iran plant sie nicht.

Geschmäcke und Gerüche sind stärkere Erinnerungen als erlebte Episoden. Der Nimm-2-Geschmack ist also wieder da, ich meine sogar, ein leichtes Kratzen im Hals zu spüren. Und so angenehm die damit verbundenen Erlebnisse waren, ich verzichte auf Etyhlalkohol-Cola oder Ethylalkohol-Soda oder was immer Mehran heute kredenzen will.

Am nächsten Morgen geht das Licht in der Dusche immer noch nicht, ich schleiche mich also in die Damenabteilung. Was wohl im Iran passiert, wenn ein Mann in der Frauendusche erwischt wird? Ich glaube, ich hätte einfach gesagt, ein Flaschengeist hat mich geschickt.

Couchsurfer Kian hat erst abends Zeit, um mich zu treffen, also erkunde ich mit einem Taxifahrer die Insel. Qeshm ist berühmt für seine Schmuggler, die auf Holzbooten Zigaretten und Benzin-kanister auf die omanische Halbinsel Musandam bringen oder in die Arabischen Emirate. Aber auch für Canyons und Tafelberge aus Sandstein, die man eher in Utahs Westernfilmkulissen er-warten würde als im Iran. Ansonsten viel Staub, einige brennende Gasschornsteine und Mangrovenwälder am Ufer. Anders als das fünfzehnmal kleinere Kish ist Qeshm noch nicht für den Massen-tourismus hergerichtet.

Aber das soll sich ändern, wie mir Kian beim Fischeintopf-Abendessen in einem schmucklosen Buffetrestaurant mit wack-ligen Tischen und Designerlampen erzählt. Er ist ein gemütlicher rundlicher Typ, 1,90 Meter groß, rotes Nike-Polohemd, randlo-se Brille. Zwei neue Fünfsternehotels würden gerade gebaut und vier Shoppingcenter, erzählt er. Tatsächlich, in Sachen Hotels gäbe es noch Luft nach oben, geht mir durch den Kopf. Die Vo-raussetzungen für den Aufschwung schafft der Staat: Unterneh-mer zahlen keine Steuern, ebenso wenig Angestellte wie Kian, der als Ingenieur für ein Gaskraftwerk arbeitet.

Er erzählt, dass heute ein wichtiger Tag für den Iran sei. We-gen der Atomverhandlungen seien die Sanktionen gelockert wor-den, ab heute dürften erstmals seit fünfunddreißig Jahren Flug-zeugteile aus den USA eingeführt werden. Außerdem könnte der Iran wieder Öl exportieren, und 4,9 Milliarden von insgesamt 100 Milliarden US-Dollar auf eingefrorenen Konten im Ausland seien freigegeben worden. »Wir hatten 200 Flugzeugunglücke im Iran in den letzten Jahrzehnten mit mehr als 2000 Toten – oft lag es an fehlenden Ersatzteilen«, erzählt Kian. Auch bei Medikamenten gebe es Probleme durch die Sanktionen, dadurch seien viele Men-schen im Iran gestorben, Krebspatienten etwa. »Es trifft nie die Regierung, sondern immer die einfachen Leute.«

Im Sommer will er nach Europa reisen. Erst nach Italien, weil er gehört hat, dass es dort zurzeit am leichtesten sei, ein Schengen-Visum zu kriegen. Dann nach Paris ins Disneyland und zuletzt nach Deutschland. Ein Onkel wohnt in der Nähe von Stuttgart. Drei Vokabeln hat er Kian schon beigebracht, die er mit Stolz auf-sagt: »Tschuss« und »Guts Nächtle«.

## BAM

Einwohner: 77 000
Provinz: Kerman

# LOST IN TRANSPORTATION II

Am nächsten Morgen nehme ich ein Schiff zurück zum Festland. Im düsteren Busterminal von Bandar Abbas pingponge ich von einem Schalter zum nächsten, bis mir schließlich eine kichernde Frau im Tschador ein Ticket nach Bam verkauft. Sie fragt nach meinem Pass, um den Namen aufs Ticket einzutragen. Während ich im Rucksack danach suche, überlegt sie es sich aber doch anders und schreibt einfach »Mr. Price« auf die Fahrkarte. Nur Allah weiß, wie sie auf diesen Namen kommt. Vom Wandposter hinter dem Verkaufsschalter blickt mich Khomeini prüfend an.

Ich habe noch eine Stunde bis zur Abfahrt und kaufe einen Kebab: angebrannte Hühnchenteile, schwarzrote Tomaten und Zwiebeln im Fladenbrot.

»Wo kommst du her?«, fragt der Verkäufer.

»Germany«, sage ich.

»Almâni! Germany! Arian! Klinsmann!«, sagt er.

»Ali Daei! Mehdi Mahdavikia!«, sage ich.

Fußball-Esperanto geht immer. Wir lachen beide, aber ich komme mir vor wie ein Vollidiot, zu dem alle nur aus Mitleid nett sind, weil sie denken: So ein Horst, der hat's sicher nicht leicht im Leben, also sind wir mal freundlich. Wird Zeit, Persisch zu lernen.

71

Natürlich tue ich mit diesen Gedanken dem herzlichen Verkäufer unrecht. Aber jeder Vielreisende weiß, dass man sich unterwegs pro Tag drei- bis zehnmal so oft zum Deppen macht wie zu Hause. Beim Obstkauf, am Fahrkartenschalter, beim Fragen nach dem Weg. Wenn Alltäglichkeiten, die zu Hause im Autopiloten ablaufen, plötzlich eine kreative Lösung fordern, dann ist das eine gute Erfahrung, weil sie Demut vor den kleinen Dingen lehrt. Und weil sie dir verrät, ob du über dich selber lachen kannst oder nicht. Du darfst wieder das fünfjährige Kind sein, das zur Mutprobe antritt, mit Mamas fünfzig Pfennig eine Kugel Erdbeereis zu kaufen. Simple Übung, Scheitern und Tränen nicht ausgeschlossen. Personaler fragen in Vorstellungsgesprächen manchmal, wann ein Bewerber zuletzt bis an seine eigenen Grenzen gegangen ist. Ich glaube, es wäre viel aufschlussreicher zu fragen, wann er sich zuletzt so richtig als Depp gefühlt hat.

Mögliche Antwort: bei der Suche nach dem richtigen Bus auf dem riesigen Terminalparkplatz von Bandar Abbas. Dass ich mir dabei nicht gerade sloterdijkesk vorkomme, liegt aber hauptsächlich am Namen meines nächsten Reiseziels. Ich spreche Fahrer und Gepäckhelfer an, frage »Bam?«, und sie sagen »Bam!«, »Bam!« und nicken und deuten und nehmen mich an der Hand, und bald sitze ich in einem blauen Bus, im Bam-Bus; hintendrauf steht »Allah« und an den Seiten »Adidas«. Kannste dir jetzt aussuchen, wer dein Gott ist.

Außer Mr. Price aus Germany sind nur fünf weitere Fahrgäste an Bord, Bam scheint kein besonders beliebtes Reiseziel zu sein. Sie alle tragen weite Kittelhemden und weite Hosen und sehen eher pakistanisch als iranisch aus.

Je weiter der Bus nach Norden vordringt, desto grüner wird die Landschaft und desto höher werden die Berge ringsum. Palmen und Gewächshäuser säumen die Straße, viele Tanklaster sind heute unterwegs. Ich lese in einem Sprachführer und murmle persische Sätze vor mich hin. Mein Handy klingelt. Unbekannte Nummer mit 0098-Vorwahl, also iranisch. Der Empfang ist fürchterlich. Eine Frauenstimme, ich verstehe kein Wort. An einer Stelle bilde ich mir ein, den Satz »I love you« herauszuhören, aber das ist wohl nur der Tagtraum des einsamen Buspassagiers an einem schwülheißen Reisetag. Besetztzeichen. Dann noch ein paar Anrufe von derselben Nummer, doch immer wenn ich rangehe, legt die andere Person auf.

An einem Polizei-Checkpoint steigt ein kräftiger Soldat mit schusssicherer Weste und Maschinengewehr ein. Die anderen Fahrgäste ignoriert er, aber mich fragt er nach dem Pass und bedeutet mir, mit nach draußen zu kommen. Am Trennzaun zwischen den Fahrspuren steht ein Podest, auf dem ein zerquetschter Autokadaver drapiert wurde. Von der Motorhaube ist fast nichts mehr übrig, die Scheiben sind herausgebrochen, Karosserieteile schwarz verbrannt. Das Fahrzeug muss mit enormem Tempo auf ein Hindernis geprallt sein. Jetzt dient es als Warnschild für Raser, ein metallenes Gegenstück zu Krebslungenbildern auf Zigarettenschachteln. Davor steht der Soldat mit zwei neugierigen Kollegen und blättert interessiert durch Visa einiger Länder, die ich besucht habe. Offensichtlich ist er begeistert davon, wie viel ich rumgekommen bin.

»China?«

»Yes, kheili khub«, sage ich, das heißt »sehr schön«.

»Nepal?«

»Kheili khub.«

»Ghana?«

»Kheili khub.«

Er reicht mir den Pass zurück und wünscht mir eine gute Reise. Ich habe mein erstes offizielles Verhör im Iran überstanden. Auf dem Rückweg in meine Sitzreihe spüre ich die Blicke der anderen auf mir. Der Fahrer gibt wieder Gas, doch etwa eine halbe Stunde später hält der Bus erneut. Ein paar verwegen aussehende Männer mit Bärten und langen Haaren steigen ein. Seltsamerweise haben sie außer handtaschengroßen Bündeln kein Gepäck dabei, obwohl es noch Hunderte Kilometer sind bis zum Ziel der Fahrt, Zahedan an der pakistanischen Grenze.

Hello, where is you? I want. Telphon nambr almani please you calling now. I am mobina

An: Mobina

Hi mobina, i m on a bus to bam, tomorrow kerman. Are you still on qeshm? Have a nice day!

Ich hatte Mobina schon fast vergessen, das Mädchen von der Bootsfahrt nach Qeshm. Ihre Nummer ist allerdings eine andere als die, von der vorhin der Anruf kam.

Von: Mobina

Yes. I have nice day. Can you speak pershin? I want tell phone.almani you

Shafa please.cam yazd

Es ist nicht ganz einfach zu erraten, was sie will. Also erst mal: Höflich bleiben, etwas distanziert, unverbindlich, aber nicht unfreundlich.

An: Mobina

Sorry i dont speak persian. I dont use almani phone now. I will go to yazd in 3 days

Ein weiterer Anruf kommt von der Nummer von vorhin, die Pose des lässig im Bus lümmelnden Backpacker-Reisenden scheint eine magnetische Wirkung auf die Damenwelt zu haben. Ach nein, die Damenwelt kann mich ja gar nicht sehen. Diesmal legt die Frau am anderen Ende nicht auf. Ich meine, die Sätze »I love you« und »where are you?« zu verstehen, breche aber nach zwei Minuten wegen der vielen Störgeräuschedas Gespräch ab und antworte per SMS.

An: unbekannte Anruferin

> Hi, how do i know you?
> I m traveling to bam and kerman now

Von: unbekannte Anruferin

> Hi.Iammina.myfriendseeyouinbander.iamiran.
> plese come hear Harat.icannotmanyspeakenqlish

Sie scheint eine starke Abneigung gegen Leerzeichen zu haben. Die einzigen Menschen, die ich in »bander«, also Bandar Abbas getroffen habe, waren Ismail Schumacher und die Hitler-Fans, was, aber das sei nur am Rande bemerkt, wie ein ziemlich beschissener Bandname klingt. Seltsam. Aber ihr »I am Iran« gefällt mir so gut, dass ich die Nummer unter »Iran« in meinem Handy speichere.

Von: Iran

> ILoveyou. Whataboutyou?

Noch Fragen zur lässigen Buslümmelpose? Iran liebt mich, obwohl Iran mich kaum kennt. Jetzt bloß keinen Fehler machen. Kühlen Kopf bewahren. Eine halbe Stunde warten mit dem Zurückschreiben. Nicht zu emotional werden in der Antwort, gleichzeitig aber auch nicht zu abweisend. Das Absurde und auch das Spielerische der Situation berücksichtigen. Bloß nicht den Eindruck erwecken, man sei leicht zu haben.

An: Iran

I think i love you too

Mittlerweile ist es draußen dunkel geworden. Ein Straßenschild zeigt an, dass die Ortschaft Abareq heißt, und ein zweites, dass es noch vierzig Kilometer sind bis Bam. Der Bus wird langsamer, fährt in eine Seitengasse, dann auf einen kleinen Parkplatz, auf dem er mehrmals vor und zurück manövriert, bis er eine Parkposition gefunden hat. Der Fahrer schaltet Motor und Lichter aus, es ist völlig dunkel und still.

Ich habe mir angewöhnt, in solchen Situationen ganz genau die Reaktionen der einheimischen Reisenden zu beobachten, statt schnell nervös zu werden. Niemand schimpft, niemand diskutiert mit dem Fahrer, niemand wirkt überrascht. Scheint also keinen Grund zur Besorgnis zu geben. Nach ein paar Minuten sind draußen zwei Scheinwerfer zu sehen, ein Pick-up mit einem großen Tank auf der Ladefläche hält neben dem Bus.

Der Mann, der aussteigt, sieht aus wie die afghanische Version von Johnny Depp in »Fluch der Karibik«, allerdings mit Turban statt Piratenhut und noch viel hagerer. Beim Casting für einen al-Qaida-Kinofilm würde man ihn vor allen anderen Kandidaten reinlassen, schon aus Angst, dass er sonst wütend werden könnte. Es rumpelt ein bisschen im hinteren Bereich des Busses, es riecht nach Benzin, ein Tankstopp also. Der zieht sich allerdings hin. Zehn Minuten, zwanzig. Trotzdem wirkt niemand überrascht oder beunruhigt.

Ich gehe raus zum Pinkeln, ein paar Passagiere sitzen auf dem Boden im Kreis, rauchen Zigaretten und warten. Männer mit Stirnlampen laufen umher. Neben dem Bus befindet sich ein Holzverschlag mit rostigen Tanks, einer Art Pumpe darin und dicken Schläuchen. Fast renne ich Johnny Depp um, er sagt »Chetori?«, Wie geht's?, ich sage »Khubam«, Mir geht's gut, was nicht ganz stimmt, weil wir nach Plan schon vor drei Stunden am Ziel sein sollten. Dann macht er sich weiter an den Schläuchen zu schaffen.

Bis endlich wieder Motor und Licht angehen, vergeht eine Stunde. Im Innenraum stinkt es so ätzend nach Benzin, dass sich zwei Frauen die Schleiertücher vor die Nase halten. »Bam 15 km«, »Bam 5 km«, verkünden die Straßenschilder. Vorhin ging es mir zu langsam, jetzt geht es mir zu schnell. Der Bus hält nicht, obwohl ich dem Fahrer am Anfang mein Ziel gesagt habe. Also nach vorn.

»Bam?«, frage ich.

»Bam!«, sagt der Mann am Steuer und macht eine halbkreisförmige Armbewegung, die ich wegen seines entspannten Tonfalls so interpretiere, als würde er bei der nächsten Gelegenheit wenden und mich ein Stück zurückfahren. Doch in den nächsten Minuten fährt er stur geradeaus. Ich versuche ihm klarzumachen, dass ich nach Bam muss, er deutet hinter sich. Er redet ein bisschen mit dem Beifahrer, beide wirken unpassend heiter und nicht besonders betroffen von meinem Schicksal.

Im Sicherheitshinweis des Auswärtigen Amtes steht, dass im Osten der Provinz Kerman und beim östlichen Nachbarn Sistan-Belutschistan ein »erhebliches Entführungsrisiko« besteht. Wir sind jetzt im Osten von Kerman. Noch vor meiner Abreise in Deutschland habe ich überlegt, wie weit ich gehen würde, um diese Geschichte über den Iran zu erzählen. Ich beschloss, Ärger mit der Staatsgewalt in dem Maß zu riskieren, wie es die Einheimischen auch tun, aber beim Thema Entführungsgefahr lieber übervorsichtig zu sein.

Ich sage: »Stop here please.« Keine Reaktion. Ich frage mich, was der nächste planmäßige Halt ist. Ab hier geht es durch die Wüste Lut, der nächste größere Ort ist Zahedan, 250 Kilometer entfernt.

Endlich wird der Bus langsamer und hält. Die Tür geht auf, der Fahrer deutet auf ein Restaurant auf der anderen Straßenseite, sein Beifahrer drückt mir meinen Rucksack aus dem Gepäckraum in die Hand.

Ich bin müde, habe Kopfschmerzen von den Benzindämpfen und bin seit zehn statt sechs Stunden auf der Straße. Langsam schleppe ich mich auf das Rasthaus zu. Ich will jetzt einfach nur noch ins Bett und meine Ruhe haben. Ich drücke die Tür auf. Und dann: Luftschlangen, Tröten und Papphüte, »for he's a jolly good fellow«, war doch alles nur Spaß, Mr. Price, hahaha, bescheuerter Name, und aus der Küche kommt Guido Cantz und deutet auf die versteckte Kamera neben dem Khomeini-Porträt.

So jedenfalls kommt mir der plötzliche Stimmungsumschwung vor. Von dem Moment an, in dem ich die Türschwelle passiere, bin ich von Menschen umringt, die Erinnerungsfotos knipsen wollen, mich willkommen heißen und Fragen über mein Befinden, den Iran, über Europa und die ganze Welt an mich richten. Mich dagegen interessiert vor allem die Frage, wie ich nach Bam komme, bald ist Mitternacht. Aber gut, erst mal hinsetzen und ein Hoffenberg-Zitronenmalzbier trinken, spendiert vom Wirt. Willkommen im Iran. Mehr Gruppenfotos, mehr gute Wünsche.

Und irgendwann fährt draußen in der Dunkelheit tatsächlich ein Bus in Richtung Bam, auch er riecht so, als hätte jemand ein paar Kanister Diesel in den Mittelgang gekippt. Aber das macht jetzt auch nichts mehr, er bringt mich ans Ziel, und ich brauche nicht einmal zu zahlen dafür.

# ERDBEBEN

»Ach, du warst in einem von den Stinkebussen?«, sagt Akbar Pan-
jali fröhlich, als er mir spätnachts einen Teller Reis mit kaltem
Hühnchen vorsetzt. »Das sind Benzinschmuggler: Wo sonst die
Fächer fürs Gepäck sind, haben die Tanks, auch unter den Sitzen,
2000 Liter gehen da rein.« In Pakistan zahlen sie den siebenfa-
chen Preis für Diesel aus dem Iran, strikte Kontrollen gibt es bislang nicht. Auch in die andere Richtung läuft das Geschäft, von
Bandar Abbas wird die Ware in die Golfstaaten verschifft. Die Dörfer um Bam liegen als Auftankstationen sehr günstig, etwa auf
halbem Weg zwischen Küste und Grenze.

»An den Checkpoints kannst du beobachten, wie die Busfah-
rer ganz schnell zum Polizeichef gehen, um ihm ein paar Millionen Rial zuzustecken«, sagt Akbar. »Viele der Passagiere sind
gar keine Reisenden, sondern ihre Komplizen.« Vor ein paar Wochen sei in Pakistan einer der iranischen Schmugglerbusse mit
einem Lastwagen zusammengestoßen. Riesiges Feuer, 38 Tote.
Doch das Risiko, Hunderte Kilometer mit einer Bombe auf Rädern unterwegs zu sein, gehen die Kriminellen ein. Weil sich mit
Benzin immer noch erheblich be-
quemer Geld verdienen lässt als
mit Heroin oder Opium. Denn gegen Drogentransporte geht Irans
Grenzpolizei mit äußerster Härte
vor, den Tätern droht der Strick,
und immer wieder kommt es deswegen zu Schusswechseln an der
Grenze.

Akbar ist 71, ein heiterer Zeitge-
nosse mit Lachfalten und wirrem
Haar. Er hat persische Literatur
studiert und lange als Englisch-

lehrer gearbeitet, weshalb ihn hier alle »Akbar English« nennen. Heute betreibt er »Akbar's Guest House«. Auf dem Werbeschild draußen sind Eiffelturm und Kolosseum abgebildet, ein seltsames Lockmittel angesichts der Tatsache, dass eines der berühmtesten Bauwerke des Iran nur ein paar Fußminuten entfernt steht.

Ich hatte zwei Couchsurfing-Mitglieder in Bam angeschrieben, doch keiner meldete sich zurück. Man braucht immer einen Plan B zur Gratisbleibe, und Akbar ist ein guter Plan B, das spüre ich jedes Mal, wenn er »you're veeery welcome« sagt, wobei er das »e« grotesk in die Länge zieht. Seit sechzehn Jahren ist er offiziell Zimmeranbieter, vorher machte er das unter der Hand und setzte auf Traveler-Mundpropaganda, weil er keine Lizenz hatte. »Ich bin jetzt berühmt«, verkündet er. »Es ist gut, in allen Reiseführern zu stehen.«

Momentan scheint der Ruhm allerdings wenig zu bringen. Ich bin der einzige Gast, die Anlage wirkt zur Hälfte ein wenig heruntergekommen und zur Hälfte wie eine Baustelle. »Früher waren 70 Prozent meiner Touristen Auto- und Motorradfahrer auf dem Weg nach Indien, aber seit ein paar Jahren gibt es Probleme mit Pakistan, und es kommen nicht mehr so viele«, sagt Akbar.

Ob das auch an der Entführungsgefahr liegt, will ich wissen. »Überall kann dir was passieren, auch in Hamburg oder London«, sagt er. Wer in diesem Teil des Iran ein Hostel betreibt, braucht ein etwas entspannteres Verhältnis zu Gefahren als jemand, der selbiges in der Normandie oder in Bayern tut. Die letzte Entführung sei drei Jahre her, ein Japaner, sagt Akbar. »Einen Monat haben sie ihn festgehalten. Und ich werde nie vergessen, was er nach seiner Freilassung sagte. ›Das war eine schöne Zeit, es gab sehr viel Haschisch umsonst.‹«

An: Hussein Kerman

Hi Hussein, how are you? Would it be possible to host me from tomorrow for one or two nights? Would be great!

Von: Hussein Kerman

Yes you can sleep, no problem

Von: Mobina

Hi. Where is you? Please cam citi Harat.
When cam back to alman?

An: Mobina

I will be in yazd in a few days.
Where exactly is harat?

Von: Laila Hamburg

Schatz! Hurraaaa, nur noch ein paar Tage!
Wie ist die Reise bisher? Bis ganz bald in Yazd!

Vielleicht lassen Touristenängste Akbar auch deshalb kalt, weil er selbst den Weltuntergang erlebt hat. Weil es ein Ereignis gab, das alles veränderte und sein Leben in ein Davor und Danach zweiteilte. Denn tief unter dem Bett mit seiner etwas zu harten Matratze, in dem ich die Nacht verbringe, schiebt sich die Arabische Platte unter die Iranische. Am 26. Dezember 2003 um 5.28 Uhr erzeugte sie dabei so viel Druck, dass die Erde bebte. 6,3 auf der Richterskala, eine Jahrhundertkatastrophe. Mehr als 30 000 Menschen starben, in wenigen Augenblicken wurde die halbe Stadt ausgelöscht.

»Ich war zum Glück im Haus meiner Eltern, als es passierte, zehn Minuten von hier«, sagt Akbar. Sonst wäre er vielleicht tot, sein »Tourist House« stürzte in sich zusammen. Zwei Gäste und der beste Freund seines Sohnes starben in den Trümmern.

Noch heute, mehr als zehn Jahre später, sind die Spuren des Unglücks in Bam nicht zu übersehen. Nicht nur in meiner Unterkunft, die immer noch unfertig aussieht. Mitten im Ort steht eine

Moscheeruine, manche Häuserzeilen sind unterbrochen von Geröllhalden, im alten Basargebäude liegt Bauschutt, und die Ladenzellen stehen leer.

Doch das wahre Mahnmal ist die Altstadt mit der Zitadelle Arg-e Bam, die größte Ansammlung von Lehmziegelgebäuden der Welt. Mehr als tausend Jahre lang überstanden die meisten der hellbraunen Mauern und Wachtürme jedes Wetter und jede Schlacht, dann bebte die Erde und zerstörte eine der größten Touristenattraktionen des Iran.

Beim Rundgang zwischen Wänden, die aussehen, als seien sie aus gepresstem Stroh zusammengesetzt, hat man das Gefühl, dass die Katastrophe den Ort nicht nur seiner Türme, sondern auch seiner Aura beraubt hat. Trotz einer phänomenalen Lage am Rande der Wüste, wo einen die schattenlose Mittagshitze fertigmacht und Sandstaub die Kehle zuschnürt und doch am Horizont Viertausender-Schneegipfel aufragen.

Viele Gebäude wurden bereits restauriert. Doch auch heute noch klettern Arbeiter auf abenteuerlichen Holzgerüsten herum, die UNESCO-Weltkulturerbe-Stiftung zahlt für den Wiederaufbau. Doch diese Mischung aus sauberem Nachbau und völligem Chaos beeindruckt zwar durch ihre Dimensionen, löst aber sonst nichts aus. Nur Melancholie, wenn man die Poster betrachtet, die denselben Ort vor dem Erdbeben zeigen, tausendundeinenachtromantisch im Abendlicht. Die historische Altstadt von Bam ist ein schweigender Ort wie ein Friedhof, nur das Hämmern der Arbeiter und das Summen der Fliegen durchbrechen die Stille.

# كرمان

## KERMAN

Einwohner: 734 000
Provinz: Kerman

## KUNST

Fernreisen sind die Statussymbole meiner Generation. Früher parkte man einen neuen Sportwagen vor der Garage, um die Nachbarn neidisch zu machen. Heute schafft man das Gleiche mit sechs Monaten Rucksacktrip durch Indien oder einer VW-Bus-Tour durch Neuseeland. Dabei gibt es unter Vielreisenden eine Hierarchie der Reiseziele, von der die Bewunderung für ein Abenteuer abhängt und die Aufmerksamkeit, die jemand für seinen Bericht bekommt. Eine Individualreise in den Iran liegt derzeit hoch im Kurs und bringt mehr Punkte als beispielsweise Albanien, Mosambik oder Kuba und etwa gleich viele wie Nordkorea und Tibet. Nur Kriegsgebiete und Länder mit Reisewarnungen schlagen das Backpacker-Kneipen-Prestige eines Iranberichts: also Afghanistan, Jemen, Syrien und Somalia.

Dabei ist das Reisen an sich verhältnismäßig komfortabel: Die Straßen sind ausgezeichnet, Busse fahren meistens pünktlich (Schmugglerbusse ausgenommen). Man kommt problemloser von A nach B als in vielen asiatischen oder südamerikanischen Ländern. Auch, weil die Einheimischen sofort helfen, wenn ein Reisender auch nur eine Minute an einem öffentlichen Ort herumsteht und ein bisschen verloren wirkt.

Zwei Stunden dauert am Nachmittag die Fahrt nach Kerman in einem Savari, einem Sammeltaxi, das festgelegte Strecken fährt, sobald sich drei oder vier Fahrgäste gefunden haben. Nur wenig teurer als eine Busfahrt, aber komfortabler und schneller. So schnell, dass ich eine Stunde vor meinem vereinbarten Treffen mit Hussein ankomme, er ist noch bei der Arbeit. Ich setze mich mit meinem Gepäck auf eine Parkbank am Tohid-Platz. Vor mir befinden sich der Eingang zum Basar der 700 000-Einwohner-Stadt und ein Denkmal, das aussieht wie eine 25 Meter hohe Heftklammer aus Marmor.

Von: Iran

> Tomorrow come here in yazd. harat

Endlich kapiere ich, dass »Iran« und Mobina zusammengehören, sie kommen aus demselben Ort Harat. Mobina auf dem Boot war also mit »my friend in Bander« gemeint, keiner von den drei Nazis. Laut Landkarte ist Harat etwa 120 Kilometer von Yazd entfernt und würde nicht allzu weit abseits meiner geplanten Route nach Shiraz liegen. Wäre eine Überlegung wert. Nicht, weil ich mich geschmeichelt fühle und wegen eines kleinen SMS-Flirts gleich auf dumme Ideen komme. Es geht lediglich um die Einhaltung der Maxime, mich unterwegs nach den Ideen der Einheimischen zu richten. Geschmeichelt? Unsinn! Aber wie erkläre ich das Laila?

An: Laila Hamburg

> Hallo Hasi, Reise läuft bestens bisher, soo viel erlebt:) Und bald sehen wir uns, ick freu mir! Bussi aus Kerman!

Ich habe Bauchschmerzen, und mir ist schwindelig. Nicht von der Liebe, schuld ist eher Kashk-e Bademjan, eine an sich köstliche Auberginenpampe mit Joghurt, die es in Bam zum Mittagessen gab. Ob damit etwas nicht stimmte? Entsprechend leidenschaftslos bestreite ich ein Fußballgespräch mit drei Ingenieursstudenten, die mir erklären, warum Persepolis geil ist und Esteghlal scheiße, schon Minuten später habe ich ihre Argumente vergessen. Ein bisschen wie Bayern gegen Dortmund. Mein Gastgeber Hussein ruft an und sagt, ich solle ein Taxi zum Azadi-Platz nehmen, an der Ecke Shariati-Straße würde er mich mit dem Auto abholen.

Stellen Sie sich mal an den Azadi-Kreisverkehr in Kerman, Abzweigung Shariati, und warten Sie auf einen Menschen, den Sie bisher nur auf einem kreditkartengroßen Schwarz-Weiß-Foto im Internet gesehen haben. Jedes zweite Auto hält und will mich mitnehmen, alles Profi- oder Hobby-Taxifahrer. (Im Iran ist es normal, sich auch ohne Lizenz ein paar Rial zu verdienen, indem man Menschen mitnimmt. Sehr praktisch, weil dadurch in Städten niemand lange auf ein Beförderungsmittel warten muss.) Natürlich verwirre ich sie komplett, weil ich kein klares Winkzeichen gebe, aber immer genau hingucke.

Zweimal frage ich Männer am Steuer, ob sie eventuell Hussein heißen, worauf sie grußlos Gas geben. Ich suche nach jemandem, der aussieht wie eine Mischung aus Beduine und Jesus: Das Couchsurfing-Profilfoto zeigt Hussein als ernst dreinblickenden Bartträger mit einem schweren Tuch, das er um Oberkörper und Kopf gewickelt hat. Ein sehr ästhetisches Bild, richtig »National Geographic«-mäßig, aber nicht unbedingt einladend. Außerdem weiß ich, dass er an der Uni Grafikdesign unterrichtet, dreißig Jahre alt ist und davon träumt, um die Welt zu reisen und viele Fotos zu machen.

Endlich hält ein weißer Saipa, dessen Fahrer mit Jeans und Hemd und Hornbrille zwar wenig nach Beduine, aber stark nach Designer aussieht. Der Bart zumindest passt.

»Stephan, steig ein«, sagt Hussein und schiebt ein paar Ordner und Plastiktüten auf dem Rücksitz zur Seite. Neben ihm sitzt eine junge Frau. »Wir sind auf dem Weg zu einer Party. Ist das okay für dich?«

»Na klar«, sage ich.

Er erklärt, dass er zum ersten Mal seit zwei Wochen seine Freunde wiedersehen wird, weil mit dem Ende der Nouruz-Ferien alle von ihren Familien zurück sind. Bis gerade war er an der Uni, er unterrichtet in diesem Semester Kurse über Logos, Designgeschichte und Postergestaltung. Ich frage ihn, wie er das Saipa-Logo auf seinem Lenkrad findet, das ungefähr so wie das Innere eines Mercedessterns mit ein paar Ergänzungslinien aussieht.

»Das ist echt gut, hat ein berühmter iranischer Designer gemacht. Das Symbol hat er auf einer Moschee in Shiraz gefunden«, sagt Hussein. »Hast du morgen Lust auf eine Wüstentour? Eine Freundin von mir kann dich mitnehmen.«

Wir fahren zur Malerin Anis, die in einem schicken Neubauviertel lebt. Die Wohnung besteht aus einem großen Wohnzimmer mit Küchenecke, Holzstreifenjalousien vor allen Fenstern und einem Bad. An der Wand hängen großformatige Bilder von traurig verkrümmten Menschen, auf dem Küchentisch liegen Ohrringe und Haarnadeln aus Kupferdraht. So viel handgemachte Kunst, dass ich das Gefühl habe, auf einer Vernissage gelandet zu sein und nicht bei einem Abendessen unter Freunden.

»Willkommen in Kerman, wie geht es dir?«, fragt eine strahlende Anis mit Wuschelkopf und Wollpulli in fließendem Deutsch, während sie Kamillentee eingießt. »Ich lerne die Sprache seit einem halben Jahr, dreimal in der Woche. Ich will bald mit meinem Mann nach Österreich ziehen und dort Malerei studieren.«

Ich mag ihren Namen. Gibt man bei Wikipedia »Anis« ein, heißt es dort, das sei »eine lichtliebende Pflanze, die reiche Böden bevorzugt«, und außerdem »Heilpflanze des Jahres 2014«. Ich schenke Anis eine Packung Lübecker Marzipan, sie will wissen, ob Lübeck in der Nähe von Lüneburg liegt. »Ja, gar nicht weit weg, warum?« »Da habe ich gerade ein paar Bilder.« Auf ihrem Tablet zeigt sie mir Facebook-Fotos von ihrer Ausstellung in Lüneburg, die vor ein paar Tagen eröffnet wurde. »Ich kenne einen

Künstler in Deutschland, der hat das vermittelt.« Gerne wäre sie selbst hingereist, doch sie bekam kein Visum.

Trotz Kamillentee geht es meinem Magen weiter nicht gut, fünf Minuten nach der Begrüßung renne ich aufs Klo. Als ich zurückkomme, öffnet Hussein auf seinem iPad ein Persisch-Englisch-Übersetzungsprogramm und deutet mit einem fragenden Blick auf das Wort »diarrhea«. Ich nicke unglücklich. Immer mehr Gäste treffen ein, Anis' Mann Reza, Mina und Taher, Moien, Hamed und Nazanin, alles Designer und Künstler. Die Frauen tragen weite Hosen und weite kurzärmlige Shirts, das Kopftuch nehmen sie ab, sobald sie die Türschwelle passieren. Iranerinnen werden schöner, wenn sie eine Wohnung betreten, männliche Iraner werden hässlicher. Die einen, weil sie sich entschleiern, die anderen, weil sie zu Hause häufig ihre schicke Jeans gegen eine bequemere Trainingshose oder gegen Hawaiishorts in Signalfarben austauschen.

Anis macht für mich einen Tee mit Zimt, »der ist gut für den Magen«. Dann drückt mir Hussein eine Gitarre in die Hand, in meinem Online-Profil steht, dass ich spielen kann.

Bis auf ein paar spanische Klassikstücke trage ich an diesem Abend wenig zur Unterhaltung der Runde bei. Ich habe Schweißausbrüche und Magenkrämpfe. Ein zweites Mal schlage ich mit nicht geringer Eile den Weg zum Klo ein und verbringe dort ein Vielfaches der üblichen Nutzungsdauer. Bei der Rückkehr das gleiche Ritual wie vorher: Husseins Übersetzungs-Tablet, ein ernster fragender Blick. Diesmal lauten die Worte auf dem Bildschirm »Vomit, throw up«, und das Häuflein Elend formerly known as Mr. Price nickt resigniert. Mina ruft ihre Schwester an, die ist Ärztin. »Sie sagt, wenn du auch Fieber hast, brauchst du eine Spritze.« Taher fühlt meine Stirn. Kein Fieber, meint er. Um mich herum wird ein Festmenü mit einer Art Reibekuchen, Joghurt, Salaten und selbst gebackenen Plätzchen aufgetischt. Für mich gibt's Zimttee, Cola und einen Apfel, von dem ich nur eine Hälfte schaffe.

Anis schaltet den Fernseher ein, im ZDF läuft die »Tagesschau«, Jürgen Klopp sagt was zum anstehenden Champions-League-Rückspiel, Dortmund gegen Real Madrid. »Das gucken wir manchmal, um Deutsch zu lernen«, sagt Anis. Der Wetterbericht, 17 bis 20 Grad Höchstwert in den nächsten Tagen, anschließend Werbung für ein Abführmittel, sehr witzig, ZDF.

Teller klappern, Menschen lachen, nur ich dämmere die meiste Zeit schweigsam vor mich hin. Ich komme mir vor wie eine der traurigen Figuren auf den Gemälden an der Wand, leidende einsame Gestalten, den Kopf in die Hand gestützt, die so gar nicht zum sonnigen Gemüt ihrer Malerin zu passen scheinen. Als wir zusammenräumen, stolpere ich zu allem Überfluss noch über ein Glas am Boden, das zu Bruch geht. Was für ein unmöglicher Gast ich doch bin. Und Anis? Schenkt mir zum Abschied eines ihrer Halsbänder, mit einem blütenförmigen Bronzeornament und einer roten Holzperle. »Ich hoffe, dir gefällt es im Iran«, sagt sie.

# WÜSTE

Ich erwache auf einem harten Wohnzimmerteppich, eine Neon-röhre flackert träge an der Decke, meine Füße berühren fast den Gasofen an der Wand. Die Zimmerdeko bestreiten zahlreiche Schwarz-Weiß-Fotos, Gemälde und Völkerkundemuseumszeug. Der Wecker klingelt um sieben, Hussein macht Tee und drückt mir seinen Schlüssel in die Hand. »Mach dich bereit, Nasrin holt dich gleich ab«, sagt er. Nasrin ist eine Freundin von ihm, die mit ihren beiden Couchsurfing-Gästen heute in die Wüste fährt. Was ich als Rucksackreise geplant hatte, entpuppt sich immer mehr als all-inclusive mit Abholservice und Rund-um-die-Uhr-Betreuung.

Es klingelt an der Tür, ich gehe runter auf einen staubigen Park-platz, der von sechsstöckigen Wohnhausblöcken eingerahmt wird. Zum ersten Mal sehe ich die tristen Fassaden bei Tageslicht. Nasrin ist eine temperamentvolle Mittdreißigerin, groß und rund-lich, komplett schwarz vertschadort bis auf weiße Handschuhe und blaue Turnschuhe.

Auf dem Rücksitz ihres Peugeot begrüßen mich die Australier Richard und Sally, die ich auf fünfzig und dreißig schätze. Sie sind seit vier Jahren auf Weltreise, die meiste Zeit in Südostasien, sehr häufig nutzen sie dabei Couchsurfing. Zwischen ihnen kau-ert Kiana, Nasrins siebenjährige Tochter. Nasrin gibt Computer-kurse an der Uni und arbeitet als Englischlehrerin, hat sich aber heute krankgemeldet, um ihren Gästen die berühmte Wüste vor Kerman zu zeigen. So sind die Prioritäten im Gastfreundschafts-Weltmeisterland Iran.

Sie brettert über die Schnellstraße zwischen Bergen mit Schnee-kuppen, während Michael Jackson und Beyoncé aus dem Auto-radio plärren. Als uns ein Geisterfahrer entgegenkommt, der nicht kapiert hat, dass es für die andere Richtung dreißig Meter links eine weitere zweispurige Straße gibt, inspiriert sie das zu einem Kurzreferat über Männer am Steuer. »Die glauben alle, sie sind die besten Fahrer der Welt. Und wenn sie eine Frau fahren sehen, drängeln sie besonders gern, um zu zeigen, wer der Boss ist.«

Als wir durch einen Bergtunnel kommen, erklärt Nasrin einen landestypischen Brauch: »Im Iran ist es üblich, in einem Tunnel zu schreien.« Sie brüllt los, drei Ausländer und ein Mädchen stimmen ein. Im Wettbewerb um die größte Lautstärke liegt die kleine Kiana mit so großem Abstand vorn, dass ich froh bin, nicht neben ihr zu sitzen.

Wir verlassen die Hauptstraße, in Serpentinen geht es durch eine Berglandschaft und ein paar Dörfer. Bald führt die Route schnurgerade durch eine immer kargere Steppe, die lediglich durch einzelne Palmen etwas freundlicher wirkt. Wir sehen Dünen, die von Nebkabäumen stabilisiert werden, einem ganz schön widerstandsfähigen Grünzeug, das im Sand genug Nahrung zum Überleben findet.

Nasrin kennt die Gegend wie ihre schwarze Lederhandtasche, sie hat lange als Touristenführerin gearbeitet. Bis ihr die Lizenz entzogen wurde, weil sie Couchsurfer bei sich beherbergte. »Das ist illegal, weil der Staat befürchtet, dass wir damit Spione bei uns unterbringen«, sagt sie. Vor zwei Jahren fuhr sie mit einem Chinesen, einem Franzosen und einer Polin genau die gleiche Route wie wir heute. Nach einem Stopp an einem Salzfluss sprang der Wagen plötzlich nicht mehr an, es wurde schon langsam dunkel. »Ich habe bei der Polizei angerufen. Die haben gesagt, sie können niemanden schicken. Ab und zu kam ein Lastwagen vorbei, aber keiner der Fahrer konnte uns helfen.« Also wählte sie noch einmal die Nummer der Polizei. »Ich habe die angebrüllt: ›Hätte ich euch gesagt, hier sind ein paar junge Leute, die Alkohol trinken und tanzen, wärt ihr in fünf Minuten vor Ort! Aber bei einer Autopanne rührt ihr keinen Finger!‹ Dann haben sie mir immerhin die Nummer eines Abschleppservice gegeben, der uns da rausgeholt hat.«

Interessant fand die Polizei es schließlich aber doch, was Nasrin mit den Touristen zu schaffen hatte. Als herauskam, dass sie ihre Gastgeberin war, entzogen sie ihr die Lizenz als Guide. »Einen Bekannten von mir hat es noch schlimmer erwischt. Der war Soldat und brachte seine Gäste immer zu militärischen Anlagen. Er wurde erwischt und musste zwei Monate ins Gefängnis.«

Just nach diesen Ausführungen hält Nasrin im Ort Shadad vor einer Polizeiwache. »Wir müssen uns hier anmelden«, sagt sie. »Falls die fragen, wer ihr seid und woher ihr euch kennt: Ihr drei habt euch zufällig in Bam getroffen, ich bin eure Touristenführerin«, bestimmt sie.

Die Polizisten sind jedoch weniger inquisitiv als befürchtet. Als Nasrin unsere Pässe zeigt, scherzen fünf mit Maschinengewehren bewaffnete Männer in Tarnkleidung darüber, dass da »so ein alter Mann mit einer jungen Frau auf Reisen geht. Will sich wohl noch mal jung fühlen.« Richard hat nämlich keine Haare mehr auf dem Kopf, man sieht ihm die zwanzig Jahre Vorsprung auf Sally an. Vor lauter Begeisterung über den alten Knacker auf Abenteuerreisen übersehen die Beamten, dass Nasrins Guide-Lizenz schon seit mehr als zwei Jahren abgelaufen ist. Sie fragen noch, wie viel Geld sie von uns nimmt. Ihre Antwort, gar kein Geld, glauben sie ihr nicht. Wir dürfen trotzdem weiter.

»Adventurous Area«, steht auf einem Verkehrsschild, und wie zur Bekräftigung kurz danach »Nehbandan 275 km« auf einem weiteren. Das ist die nächste Ortschaft, aber »eigentlich sind das nur drei Häuser und eine Tankstelle«, sagt Nasrin. Bis dahin gibt es als Zivilisationsspuren nur die oft fast schnurgerade Straße, auf der man Gegenverkehr schon zwei Minuten vor der Begegnung sieht, und eine Stromleitung daneben. Der Asphalt flimmert in der Hitze, der Boden scheint von Wasser überflutet zu sein, doch wenn man näher kommt, stellt sich das als optische Täuschung heraus. Die schnurgerade Wüstenstraße ist wie das Reisen selber: Sobald man den Punkt erreicht, der so geleuchtet hat, sieht man das verlockende Fernwehglitzern ein Stück weiter vorn.

Immer bizarrer werden die Sandformationen ringsum, immer höher türmen sich am Straßenrand Pulverberge zu den Festungen und runden Kuppeln der »Kaluts« auf. »Erinnert ein bisschen ans australische Outback«, sagt Richard.

Ein weiteres Verkehrsschild kündigt an: »Welcome to Gandom Beryan, the hottest area of the world«. Die Wörter »hottest area«

und »world« wurden nachträglich durchgestrichen, vermutlich ist es doch woanders wärmer.

»Aber über siebzig Grad wurden schon gemessen. Wir sagen, dass man hier Eier auf dem Boden braten kann«, berichtet Nasrin.

Bald erreichen wir den Shur-Salz-fluss, an den sie wegen der Autopanne vor zwei Jahren schlechte Erinnerungen hat. Er ist etwa fünf Meter breit und an keiner Stelle tiefer als ein paar Zentimeter. Das Salz bildet am Ufer Klumpen, die wie Schneematsch aussehen. Auf dem weiter entfernten Sand haben sich brüchige weiße Platten gebildet, Touristen haben darin Fußspuren und Botschaften auf Persisch hinterlassen und ein Lkw-Fahrer einen riesigen Reifen. Das Autothermometer zeigt 37 Grad an, zum Glück ist es windig heute.

Auf dem Rückweg halten wir an einigen besonders spektakulären Sandbergen mit senkrechten Wänden, die so wirken, als würden sie aus dem Boden wachsen und seien nicht von Wind und Erosion über die Jahrhunderte geformt worden. Wir können nur einen Bruchteil der natürlichen Sandburgen sehen, sie ziehen sich über eine Strecke von 145 Kilometern von Norden nach Süden, einige haben das Format von zehnstöckigen Gebäuden. Am Horizont dieses Wüstenwunderlandes können wir einen Schneegipfel ausmachen. Unten die zweit- oder drittheißeste Region der Welt, oben Eiseskälte – eine ziemlich kontrastreiche »Adventurous Area« ist das.

Beim Spaziergang über den Sand sagt Richard, der Nachteil von Couchsurfing sei, dass man selten Zeit für sich habe und sich immer nach anderen richten müsse. Deshalb würden sie zwischendurch auch mal im Hotel schlafen. »Aber die Vorteile überwiegen um ein Vielfaches«, wirft Sally ein. Sie empfiehlt einen Gastgeber in Chabahar im Südosten Irans, falls ich da hinkommen sollte. Der habe sehr selten Gäste und kümmere sich deshalb um so rührender. Er nahm die Australier sogar auf eine traditionelle Balutschi-Hochzeit mit. »Bunte Gewänder, komplette Geschlechtertrennung und Salutschüsse mit der Kalaschnikow«, erzählt Richard begeistert.

Zurück in Shadad kaufen wir Eis und Istak-Apfelmalzbier, dazu serviert Nasrin köstliche Kolompeh-Dattelkekse, die ihre Schwiegermutter gebacken hat. Dann müssen wir uns bei der Polizei abmelden. Auch der zweite Behördengang verläuft anders als erwartet. Zunächst durchwühlen sie den Kofferraum von Nasrins Peugeot. »Die suchen nach Alkohol und Opium«, erklärt unsere lizenzlose Führerin. Vielleicht wollen sie aber nur checken, ob wir noch Stauraum haben. Ein Polizist fragt, ob es uns sehr große Umstände machen würde, ein paar Sachen zur nächsten Wache in Sirche zu bringen. Kurz darauf schleppen fünf schwer bewaffnete junge Männer Gemüse-Konserven und große Kartons mit Hühnerfleisch an. Zwanzig Kilometer weiter liefern wir die Ware bei einem jungen Polizisten ab, dessen träge Bewegungen vermuten lassen, dass wir ihn aus dem Mittagsschlaf gerissen haben. Oder ist er einfach ein typischer Kermani? »Die Menschen hier gelten als besonders faul. Wir schieben es auf den Sauerstoffmangel, die Stadt liegt ja auf 1700 Metern«, erklärt Nasrin. Es gibt aber noch eine andere Erklärung: Im Iran scherzt man, in Kerman werde so viel Opium geraucht, dass sogar die Passagiere in Flugzeugen high werden, wenn sie über die Stadt fliegen.

Zwei Highlights hält Nasrin noch für uns bereit: einen Hügel mit einem Schild, das darauf hinweist, dass hier einst der »oberste Anführer der gesamten islamischen Welt« Khomeini hochspaziert sei und sich auf einen Felsen gesetzt habe, Allah segne den Steinbrocken. Und einen Laden, der Vanilleeis mit Karottensaft verkauft, was besser schmeckt, als es klingt. Dann bringt mich Nasrin zurück zur Wohnung meines Gastgebers. Ich gönne mir ein Nachmittagsnickerchen. Nachmittagsnickerchen sind etwas sehr Iranisches, normalerweise kann ich um die Uhrzeit nie schlafen. Muss an der sauerstoffarmen Luft von Kerman liegen, dass ich so müde bin.

Von: Hussein Kerman

Hello Stephan,
I'll come home late, a friend had an accident

Erst um halb elf ist Hussein zurück. Er hat Pilze und Hackfleisch eingekauft und macht damit eine Füllung für Sandwiches. »Tut mir leid, dass es so lange gedauert hat«, sagt er. »Ein Freund von mir wurde am Azadi-Platz von einem Taxi überfahren und hat sich das Bein gebrochen. Er musste operiert werden, aber jetzt geht es ihm besser. Willst du ein Bier?«

Hussein holt eine 0,7-Liter-Flasche Delster-Malzbier. Er öffnet den Verschluss, es zischt laut, eine Menge Gas muss entweichen. Das Eigengebräu schmeckt ziemlich süß und schaumig, aber gar nicht schlecht. »Zum Malzbier füge ich Hefe hinzu und 100 Gramm Zucker pro Flasche. Dann drei Tage neben der Gasheizung stehen lassen und in Flaschen umfüllen. Nach ein paar weiteren Tagen, an denen ich immer wieder das Gas aus den Flaschen lasse, habe ich Bier«, erklärt der Mann, der in seinem Profilfoto aussieht wie Jesus und der Limo in Bier verwandeln kann. »Aber ich muss aufpassen damit – wenn ich erwischt werde, gibt's achtzig Peitschenhiebe.«

# BÜROKRATIE

Am nächsten Tag frage ich mich auf dem Weg zum »Management of Foreigners Affairs Office«, wie viele Peitschenhiebe wohl auf Schwindeln beim Visumsantrag stehen. Wenn ich nicht bald zurückfliegen will, muss ich meine Aufenthaltsgenehmigung verlängern. Im Konsulat in Deutschland haben sie mir nur zwanzig Tage gegeben. Vor dem grünen Stahltor mit Iranflagge, das zu der Behörde führt, hat sich eine Menschenschlange gebildet, doch ein Mitarbeiter winkt mich vor. Ich muss Handy und Kamera an einer Art Rezeption abgeben, bekomme dafür eine Messingmarke mit einer dreistelligen Nummer und einem Handy darauf. Ein Soldat führt mich über einen Innenhof zu einem Zimmer, in dem ein paar Sitzschalen montiert sind und ein eiernder Metallventilator für Kühlung sorgt. Hinter einem Holztresen nehmen zwei Angestellte, ein Mann und eine Frau, Antragszettel und Pässe in Empfang.

Das Visumsformular fragt nach meinem Beruf und meiner Adresse im Iran. Ich trage »Website Editor« und »Omid Guesthouse, Esteghlal Lane, Kerman« ein. Wenn ich »Journalist« schreiben würde, könnte ich das mit dem Visum gleich vergessen, und eine private Unterkunftsadresse würde Fragen aufwerfen. Ich fühle mich beim Ausfüllen wie bei einer Klassenarbeit in der Schule. Mit dem Unterschied, dass ich bei einem einzigen Fehler keine schlechtere Note kriege, sondern das Land früher als geplant verlassen muss oder gar Ärger mit der iranischen Justiz riskiere, die nicht für ihren zimperlichen Umgang mit Straftätern bekannt ist. Unter »Reisegrund« trage ich »Tourism« ein. Im Reiseführer steht, ein Antragsteller habe dort mal leichtfertig geschrieben, »to visit my Iranian girlfriend« – ihm wurde das Visum wegen moralischer Bedenken verwehrt.

»Sie müssen 30 000 Toman bei der Melli Bank einzahlen. Kommen Sie danach mit dem Beleg und zwei Passfotos wieder«, sagt die Angestellte. »Die Bank ist gleich um die Ecke, Edalat-Straße.« Sie deutet vage nach links und drückt mir einen handgeschriebenen Zettel in die Hand, auf dem die Kontonummer 217 115 395 5007 steht.

## NACH DEM WEG FRAGEN

HOW TO

˘ Fußgänger zwischen 20 und 45 suchen (je jünger, desto höher die Wahrscheinlichkeit, dass er oder sie Englisch spricht)

˘ Falls keine Englischkenntnisse vorhanden, den Satz aufsagen: »Salam, Melli Bank kodja ast?« Statt »Melli Bank« kann ein beliebiger Orts- oder Straßenname eingesetzt werden.

˘ Der Passant wird in eine bestimmte Richtung gestikulieren, Sie können davon ausgehen, plus/minus 90 Grad richtig zu sein

˘ Nach 200 Metern erneut jemanden fragen, er wird vermutlich eine etwas abweichende Richtung angeben (wahrscheinlich ein besserer Näherungswert)

˘ Immer bedenken, dass Iraner lieber eine falsche Antwort geben als gar keine

˘ Beim dritten bis fünften Helfer sollten Sie eine gute Angabe erhalten. Taxifahrer machen das übrigens genauso – sie verlassen sich nie auf den ersten Informanten.

Am Bankschalter muss ich eine Nummer ziehen. Rote LED-Zahlen zeigen an, wer als Nächster dran ist. Ich reiche dem Angestellten den Zettel mit der Kontonummer, gebe ihm 300 000 Rial, er gibt mir eine Bestätigung. Auf dem Rückweg lasse ich mich in einem Fotoladen ablichten. Dessen Spezialität sind Porträts, auf denen Menschen die rechte Faust unter dem Kinn platzieren, einen anderen Schluss lassen die Beispielbilder an der Wand nicht zu. Das sieht immer ein bisschen nach mittelmäßigem Schlagersänger aus. Zum Glück darf ich die Hände unten lassen. Mit Fotos und Bankbeleg laufe ich zurück zur Visastelle, gebe Handy und Kamera ab und dann die verlangten Dokumente und meinen Reisepass. »Kommen Sie um zwölf Uhr wieder«, sagt die Mitarbeiterin, es ist jetzt zehn.

»Kommen Sie um zwei wieder«, sagt sie um zwölf, »mein Chef ist in einer Sitzung, der muss das unterschreiben.« Das bedeutet: mehr Zeit, um durch einfaches Googeln herauszufinden, dass ich als Journalist arbeite. Im Reiseführer steht, die Visabehörden googeln manchmal. Um mich abzulenken, laufe ich ein bisschen durch den Basar. Einen orientalischen Basar in allen Details zu beschreiben, hieße Kreuzkümmel nach Kerman tragen, es gibt da halt viele Shops, viele Waren, viele Düfte und viele Verkäufer. Und in diesem Fall ein wunderschönes Teehaus, eingerichtet wie ein alter Hamam. Wasserpfeifengeruch, Springbrunnen, Ziersäulen. Ein Mann spielt Santur, eine Art Hackbrett mit zwei Klöppeln. Als ich hereinkomme, blickt er mich an und stimmt eine berühmte Melodie aus »Der Pate« an. Ich nehme an, weil das europäische Musik ist, und nicht, weil er mich für einen Verbrecher hält.

Um kurz vor zwei nächster Besuch beim Amt, Handy und Kamera abgeben, Marke entgegennehmen, alles längst Routine. Nach ein paar Minuten werde ich als »Mister Estefan« aufgerufen und kriege meinen Pass zurück. Mit einem neuen Stempel: »The Visa is extended up to 17. 5. 2014«. Ich freue mich, als hätte ich soeben in einem Preisausschreiben eine vierwöchige Traumreise gewonnen, und in gewisser Weise stimmt das ja auch. Aber natürlich lasse ich mir nichts anmerken. Jubelposen und Tänze aller Art würden im Ausländeramt als unpassend empfunden werden.

Von: Iran

iammina,frendsmobina.came hear inHarat.
Emamstreet

Von: Laila Hamburg

Hey honey, mein flieger landet um 21 h in Yazd.
Bis morgen abend!

Den Nachmittag verbringe ich mit einem Ausflug in die Kleinstadt Mahan, zu Recht berühmt für das eindrucksvolle Mausoleum für einen Sufiderwisch namens Schah Nimatollah Wali und zu Unrecht für den Garten Bagh-e Shahzde. Iraner werden immer ganz wuschig, wenn sie die Farbe Grün sehen, deshalb ist die Anlage mit ihren paar Kirschbäumen, welken Pflänzchen und matschfarbenen Wasserkaskaden ein beliebtes Ausflugsziel. Spektakulär ist aber eigentlich nur die Lage am Fuß der Berge. Mehr Charakter hat der Taxifahrer, der mich zurück nach Kerman bringt. Sieht mit weißem Schnurrbart aus wie ein braun gebrannter Armin Mueller-Stahl, trägt Anzug und Hut, fährt einen uralten Paykan und füttert mich mit süßer Halva-Sesampampe, während über den Berggipfeln im Westen die Sonne untergeht. Natürlich zockt er mich am Ende der Fahrt ab, aber den Euro extra ist mir das Erinnerungsfoto wert.

# يزد

## YAZD

Einwohner: 486 000
Provinz: Yazd

## ZWECKEHE

Sportliche fünfeinhalb Stunden braucht der Bus für die 400 Kilometer bis Yazd. Nach der Ankunft buche ich ein Doppelzimmer im Orient-Hotel und kaufe in einem Krimskrams-Shop eine Plastikrose, auf deren Plastikblättern »I love you« steht. In den Straßen der Wüstenstadt herrscht hektisches Gewusel. Obstläden, Fast Food, Teppichhändler. Zwei europäische Touristengruppen kommen mir entgegen, aus Italien und aus der Schweiz, ein ungewohnter Anblick nach Wochen unter Einheimischen. Sie wirken sehr fremd und ein bisschen plump, vor allem den Frauen sieht man aus fünfzig Metern Entfernung an, dass sie nicht so recht in ihre islamische Kostümierung passen.

An: Laila Hamburg

> Hey baby, sag dem taxifahrer, er soll dich zum orient-hotel bringen, neben masjed-e jameh. bis später!:*

Das Zimmer ist nicht gerade eine Honeymoon-Suite: getrennte Betten, schmuckloses Interieur, Moscheefoto an der Wand. Das

Einzige, was Gedanken auslöst, die entfernt mit Romantik verwandt sind, ist die Tatsache, dass die Badezimmertür nicht richtig schließt und manchmal von selber aufgeht. Dafür ist der Innenhof toll, mit Plätscherbrunnen, Sitzpodesten, karawansereimäßigen Arkaden und Nachtblick auf den Sternenhimmel.

Ich habe die Halbiranerin Laila vor mehr als einem Jahr über Couchsurfing in Hamburg kennengelernt. Ich suchte nach Mitgliedern in meiner Stadt, die etwas mit dem Iran zu tun haben, um mehr über das Land zu erfahren. In ihrem Profil beschreibt sie sich als »spontan und verträumt« und als jemand, der ohne Musik nicht leben kann. Wir trafen uns ein paarmal und stellten fest, dass sie zufällig zur gleichen Zeit wie ich herkommen wollte. An einem bierseligen Abend im Februar beschlossen wir, eine Woche zusammen zu reisen. Und zu heiraten. Also nicht so richtig. Die Vereinbarung, die sie per Kugelschreiber auf einer Kneipenserviette festhielt, war eine zehntägige Scheinehe aus rein praktischen Gründen: weil Iranurlauber nur als Mann und Frau ein Zweierzimmer im Hotel kriegen. Weil es viel Erklärungsbedarf in Gesprächen mit Einheimischen erspart. Und nicht zuletzt, weil Laila sich unliebsame Flirtversuche ersparen will. Sie war schon ein paarmal im Iran und kennt das Gefühl, sich bei Ausflügen ohne Begleitung wie Freiwild zu fühlen. Der lustige Nebeneffekt unserer Verlobung liegt darin, dass wir uns seitdem ständig »Hasi« und »Schatzi« nennen und uns aufrichtige Mühe geben, Macken zu kultivieren, die man sonst nur von echten Paaren kennt.

Statt mit dem Taxi kommt Laila im Privatauto. Ihr Sitznachbar im Flugzeug bot an, sie zum Hotel zu bringen. »Da lässt man dich ein paar Tage allein, schon fährt dich ein anderer Kerl«, sage ich, als wir uns auf der Straße vor dem Hotel per Handschlag begrüßen. Ich frage, ob sie trotz ihrer Flugzeugbekanntschaft weiterhin gewillt sei, mich zu heiraten. »Ja, können wir machen«, ist die Antwort. Dann ist auch gut mit dem förmlichen Quatsch: »Schön, dich zu sehen!« Wir fallen uns um den Hals, mitten auf der Straße, mitten im Iran, egal jetzt. Laila ist 29, rotes Kopftuch, rosa Überkleid, arbeitet als Grafikdesignerin. Ihr Vater stammt aus Teheran, ihre Mutter ist Deutsche. Sie hat ihr ganzes Leben in Hamburg verbracht, spricht aber ein bisschen Persisch. Wir bringen das Gepäck ins Zimmer. Falls sie sich über meine Plastikrose auf ihrem Bett freut, lässt sie sich nichts davon anmerken, sie befördert das Geschenk unverzüglich in den Papierkorb. Dann machen wir einen Spaziergang durch ein Labyrinth aus sandfarbenen Gassen. Dabei erzählen wir von unserer bisherigen Reise, ich von Fisch auf Kish und Dominas und Schmugglerbussen, sie von ihrer überfürsorglichen Familie in Teheran und von anstrengenden Couchsurfing-Gastgebern. »In Chalus im Nordiran war einer, mit dem habe ich eine Bergtour gemacht. Er wollte unbedingt, dass ich den Schleier abnehme, kein Problem, und er hat Fotos gemacht. Wenn der Weg schwierig wurde, hat er meine Hand genommen. Aber als er mich küssen wollte, wurde es echt unangenehm. Nicht dass ich Angst vor ihm gehabt hätte oder so – er war total unsicher und wollte, glaub ich, einfach nur mal eine Frau berühren.«

Hinter einer halb offenen Holztür führt eine Treppe auf ein Flachdach mit runder Kuppel. Ein paar Iraner sitzen schon oben, zwei Jungen und zwei Mädchen rauchen Slimline-Zigaretten und halten Händchen. Wir wollen nicht stören und setzen uns auf die andere Seite der iglugroßen Halbkugel.

Es gibt Momente auf Reisen, wo plötzlich das Fernwehglitzern nicht mehr ein Stück vor dir ist, sondern auf dich wartet und plötzlich genau da bleibt, wo du bist. Wo Zukunft und Vergangenheit egal sind und du denkst, der bisherige Weg war nur die umständliche Anreise im Zickzack zu genau diesem Punkt, und was jetzt noch folgt, ist nicht mehr als die umständliche Abreise. Wo du schon Sehnsucht bekommst, während du noch da bist.

Dabei bin ich eigentlich nicht so der Rumsitz-und-glotz-Typ. Fast alle Momente, die ich in meine Top-Ten-Liste unvergesslicher Reiseerlebnisse aufnehmen würde, haben etwas mit Aktivitäten zu tun.

Aber in Yazd lerne ich dazu: Auf einem Dach sitzen und glotzen ist die schönste Sache der Welt. Wir alle sollten mehr auf Dächern sitzen und glotzen.

Im bestmöglichen Fall blicken wir dabei auf einen Ort wie Yazd. Einen lehmziegelfarbenen Ort mit lila angeleuchteten Moschee-kuppeln und prachtvollen Minaretten, wo kein Hochhaus die Sicht trübt und am Horizont eine Bergkette thront. Yazd ist so schön, dass selbst die Klimaanlagen Prachtbauten sind: Die wie gigantische Uraltmikrofone aussehenden Badgir-Windtürme sor-gen mit ihren Öffnungen an der Spitze für natürliche Ventilation. Lediglich die Lockrufe von Muezzinen, die tatsächlich singen kön-nen, durchbrechen die Stille in der kühlen Abendwüstenluft. Man muss nur ein paar Treppen hochsteigen, und schon fühlt man sich frei, weit weg von den ganzen Einschränkungen und Geset-zen. Doch dieser Frieden täuscht, Yazd ist eine sehr religiöse und konservative Stadt. Eine Couchsurfing-feindliche zudem: Vor ein paar Monaten lief der Chef des Silk-Road-Hotels zur Polizei und beschwerte sich, dass private Unterkünfte ihm das Geschäft ver-sauten. Seitdem geht die Staatsgewalt hier strenger als anderswo gegen Mitglieder vor, es gab Verhöre und Festnahmen. Ich habe einige Mails geschrieben, aber es war nicht möglich, in Yazd ei-nen Gastgeber zu finden. Einer schrieb zurück, er könne mir lei-der nicht helfen, weil er Angst habe.

Und so sitzen Laila und ich an diesem magischen Ort, und wir reden über die Angst. »Meine Onkel und Tanten in Teheran sind immer unglaublich besorgt um mich, wollen mich am liebsten

gar nicht allein vor die Tür lassen«, erzählt sie. »Und ich merke, wie die Angst schon auf mich abfärbt. Wenn in einem Land so strenge Regeln herrschen, überträgt sich das mit der Zeit auf das gesamte Denken: Ständig über-lege ich, ob etwas, das ich tue, falsch oder gefährlich sein könnte.« Gestern hat sie be-merkt, dass ihre deutsche Website im Iran ge-sperrt ist. Gibt man die Adresse ein, erscheint erst eine Fehlermeldung auf Persisch, dann werden ein paar Naturfotos eingeblendet. »Ich frage mich, ob der Geheimdienst In-formationen über mich sammelt. Oder ob es nur daran liegt, dass ich dort ein paar Bilder von leicht bekleideten Frauen zeige.«Angst und Paranoia sind die stärksten Waffen totalitärer Regimes, und die Mullahs sind echte Profis im Angstmachen.

Ich sehe ein paar Frauen in Tschadors, die zwanzig Meter unter uns durch einen grün ausgeleuchteten Torbogen laufen, und frage mich, ob sie ebenfalls Angst haben im Alltag. Ob sie zu denen gehören, die an das System glauben, in dem sie leben, oder zu denen, die heimlich von Freiheit träumen. Unser Dachsitz fühlt sich an wie ein Logenplatz im Theater, heute bringen sie die 10 000. Wiederholung des Dramas »Islamische Republik«. Jeden Tag wird es im ganzen Land aufgeführt, mit einem Millionenensemble bestens geübter Darsteller. Ein Kostümball ohne Tanz, eine Tragödie ohne Applaus, ein Plot ohne Auflösung. Und niemand weiß, was in den Köpfen hinter den Masken vorgeht.

Am nächsten Tag kaufen wir an einem Straßenstand Eheringe, die einen Euro kosten. Gegenüber wartet ein Popcornverkäufer auf Kundschaft.

»Wusstest du, dass Popcorn auf Persisch ›Elefantenpups‹ heißt?«, fragt Laila.

Wusste ich nicht. Mir fällt auf, dass die Männer in Yazd immer mich zuerst ansprechen und grüßen. Laila scheint hauptsächlich als schmückendes Beiwerk wahrgenommen zu werden. Da sie jedoch diejenige von uns ist, die Persisch kann, übernimmt sie oft nach wenigen Sätzen das Gespräch. Einen Kebabverkäufer bezirzt sie so sehr, dass er prompt einen Cousin mit Gelfrisur und offenem oberen Hemdknopf aus dem Hut zaubert, der uns zu unserem nächsten Ziel fährt, dem Dolat-Abad-Garten. Sein Gefährt ist ein schwarzer Mazda-Sportwagen mit Ledersitzen. In einem Fach in der Tür steht eine Flasche Herrenparfüm, der Beifahrersitz ist eher eine Beifahrerliege und die Mittelkonsole ein Monstrum aus blinkenden Lichtern mit Navigationsgerät im iPad-Format.

»Puh, ohne dich wäre ich nicht eingestiegen«, gesteht Laila.

»Ohne dein Persisch wäre ich auch nicht hier«, sage ich.

»Sind ein Superteam«, meint sie und lächelt.

»Ich glaube, unser Fahrer findet dich scharf, er starrt dich im Rückspiegel an.«

Es ist Murphys Gesetz der Liebe, dass Menschen ab dem Moment, in dem sie eine Beziehung eingehen, automatisch um ein bis zwei Stufen attraktiver fürs andere Geschlecht werden. Kurz nachdem wir uns von dem Mazda-Mann verabschieden, winkt Laila ein paar Wehrdienstleistenden in Tarnanzügen zu, die am Ticketschalter herumlungern. Sie fragen, ob sie ein Foto mit uns machen dürfen. Der laut Lailas Urteil Hübscheste heißt Bijan und ist zwanzig.

»Sportwagenfahrer, Männer in Uniform – gibt es irgendein Klischee, das dir zu blöd ist?«, frage ich.

»Ja, Schriftsteller«, sagt Laila. Wir sind noch keine vierundzwanzig Stunden verheiratet.

Fünf Minuten später lacht sie nicht mehr, als mich ein schwarz verschleiertes Mädchen, das sich bei einer Freundin untergehakt hat, mit »You're beautiful, handsome« begrüßt und mir Gaz aus Isfahan anbietet, weißes Zuckerzeug mit Pistazien. Sie heißt Elaheh, ist ziemlich hübsch und erzählt, dass sie in Isfahan Medizin studiert. Dann rauscht sie grinsend davon zu ihren Begleiterinnen.

Jetzt ist Laila an der Reihe, mich kritisch anzugucken. Hab doch gar nichts gemacht und weiß auch nicht, was da gerade passiert ist, versuche ich mit einem Unschuldsblick zu antworten.

Wir laufen durch den zweihundertfünfzig Jahre alten Garten des damaligen Stadtgouverneurs, vorbei an Zypressen und Granatapfelsträuchern und einem künstlichen Flussbecken, das die Anlage in zwei Hälften teilt. Sie wird dominiert von einem sechseckigen Empfangspalais mit hübschen Pavillons, bunten Fenstern und dem größten Badgir-Windturm des Iran, 33,8 Meter hoch. Zur Stabilisierung sind oben ein paar waagerechte Holzstreben angebracht, die von Tauben dankbar als Hochsitz genutzt werden.

Von: Iran

> hi,whereisyounow?
> pleasecome, harat.iamfrendsmobina.
> isee yourpicture

»Laila, es gibt da noch so eine Sache.«
»Ja, was denn?«
»Ich habe zwei Verehrerinnen, und ich brauche deine Hilfe.«
»Interessant.«
»Kannst du mir ein paar Fragen übersetzen?«
»Du spinnst.«

An: Iran

> Salam mina, khubi? Chand sall dari?
> Shoghlat chie? Tu waghte azad che kar mikoni?

Von Yazd bleibt ansonsten noch zu erwähnen, dass die kalte Glibbernudel-Süßspeise Faludeh Yazdi in größeren Mengen Bauchschmerzen auslöst, dass es hier einzigartige Feuerplateaus gibt, an denen einst die Zoroastrier ihre Leichen verbrannten, und dass Kamelgulasch genauso schmeckt wie jedes andere Gulasch auch.

Im Lauf unserer Scheinehe entwickeln wir schnell Routinen und Verhaltensweisen, für die andere Verheiratete drei Jahre brauchen.

Frühstück. Ich rufe von einem Büfetttisch zum anderen: »Wo sitzen wir denn, Hasi? An unserem Stammplatz?«

Böser Fehler, sich in einem fremden Land allzu sicher zu fühlen, nicht verstanden zu werden. An einem Tisch in der Nähe blickt mich eine Touristin irritiert und belustigt an, dreht dann hastig den Kopf weg. Beim Vorbeigehen sehe ich, dass sie gerade eine Postkarte schreibt, auf der rechts unten »ALEMANIA« steht.

Nach vielen Nächten in Privatwohnungen kann ich den Aufenthalt im Hotel nicht genießen, auch wenn das Bett bequemer ist als jeder Teppich. Wer häufig das Echte erlebt, schärft seinen Blick für die Inszenierung. Die Freundlichkeit des Personals fühlt sich anders an als die Freundlichkeit meiner Gastgeber. Weil ich dafür bezahle, dass sie nett zu mir sind. Hotelmitarbeiter bieten fürs Geld mal mehr und mal weniger Gegenwert, sie sind die Verkäufer, ich bin der Kunde. Wenn die Qualität nicht stimmt, ärgere ich mich. Wenn der Preis gut ist, freue ich mich, bei hundert Euro Zimmerpreis habe ich andere Erwartungen als bei zwanzig Euro. Ganz anders sieht die Psychologie eines Couchsurfing-Besuches aus, denn dabei kann ich nur gewinnen: Ich zahle nichts, also erwarte ich nichts außer zwei Quadratmetern Schlafplatz. Bisher habe ich jedes Mal viel mehr bekommen als das.

Von: Iran

> salamshafa.khubam.shomakhube.
> madaram14sal.shnmachandsal dare?
> manmeravam madrese

Ich bitte Laila um eine Übersetzung. Sie blickt auf mein Handy und fängt an zu lachen, es dauert ein bisschen, bis sie wieder Luft kriegt: »Hallo Shafa. Mir geht es gut. Wie geht es dir? Ich bin vierzehn Jahre alt. Wie alt bist du? Ich gehe zur Schule.«

»Oh. Vielleicht wartet in Harat doch nicht die große Liebe auf mich.«

»Ja, glaube ich auch«, sagt Laila.

# LOST IN TRANSPORTATION III

Irgendwo zwischen Yazd und Shiraz kommen wir auf die Idee, mal ein paar Hundert Kilometer per Anhalter zurückzulegen. Und scheitern spektakulär. Nicht, weil uns keiner mitnehmen will. Gleich das erste Auto, dem wir winken, hält an (wir winken, weil der sonst übliche erhobene Daumen zumindest bei älteren Iranern als anzügliche Geste gilt und deshalb die Erfolgsaussichten gleich null wären). Der Fahrer stellt sich als Gorlam vor und bedeutet uns, einzusteigen. »Ich wohne direkt um die Ecke, wollt ihr einen Tee?«, fragt er. Nach etwa einem Kilometer hält er vor einem weiß gestrichenen Haus mit Flachdach.

Im Wohnzimmer dreht Gorlams etwa vierjähriger Sohn Iman gerade mit einem Kinderfahrrad der Marke Chicago ein paar Runden. Die Wand zieren Koransprüche und Fotos von herausgeputzten Söhnen mit herausgeputzten Ehefrauen. An einer Seite des Zimmers steht eine Art Badewanne voller Topfpflanzen. Wenn Iman eine Fahrradpause einlegt, erweist er sich als unglaublich mitteilungsbedürftig. Leider versteht er nicht, dass ich ihn nicht verstehe. Fatimeh, die Mutter, bringt einen Teller mit riesigen Melonenstücken. Gorlam sagt, er müsse kurz ins Büro, er arbeitet im Amt für Straßenbau. Wir reden mit Fatimeh, also Laila redet, und ich sitze rum. Wer nur Auto, Fisch und Elefantenpups auf Persisch sagen kann, wird in so einer Situation automatisch zum Außenseiter und Beobachter.

Laila erzählt, wo wir herkommen, wie schön es in Yazd gewesen sei und dass wir jetzt weiter nach Shiraz wollten. »Wir kennen uns seit zwei Jahren und sind seit einem Jahr verheiratet«, flunkert sie.

Was es mit dem Reisen per Anhalter auf sich hat, ist schon schwieriger zu erklären, obwohl wir vorher extra das Wort »ootostop« nachgeschlagen haben. Das Konzept scheint nicht bekannt zu sein. Fatimeh geht jedenfalls nicht darauf ein. »Ihr müsst ein Taxi nehmen nach Safa Shahr und dann mit dem Bus weiter nach Shiraz«, erklärt sie. »Ihr könnt aber auch bei uns übernachten und morgen früh in den Bus steigen. Das ist nicht ganz so anstrengend.«

Es ist gerade mal ein Uhr mittags, wir würden gern noch weiterkommen. Enorme Gastfreundlichkeit ist nicht kompatibel mit dem enormen Wunsch, heute noch mehr als einen Kilometer Strecke zu schaffen. Doch Fatimeh ist nicht zu bremsen. Sie bietet an, ihre Schwester in Shiraz anzurufen, die in einem Hotel arbeitet und uns eine Unterkunft organisieren kann. Laila sagt, wir hätten dort schon ein Zimmer. Wenn wir jetzt noch anfangen, Couchsurfing zu erklären, halten unsere Wohltäter uns für komplett durchgeknallt.

Fatimeh serviert Tee und Süßigkeiten und fragt, ob wir nicht doch zum Essen bleiben wollten. Wir lehnen dankend ab, warten aber auf Gorlams Rückkehr, bevor wir weiterfahren.

Insgesamt verbringen wir zweieinhalb Stunden bei der netten Familie. Am Schluss müssen wir noch einen Videogruß mit der Handykamera aufnehmen und werden sechs weitere Male zum Mittagessen eingeladen. Als wir sechs weitere Male ablehnen, sind Fatimeh und Gorlam sichtlich enttäuscht. Noch einmal fragen sie, ob wir wirklich zurechtkämen und kein Hotel in Shiraz bräuchten oder nicht doch lieber hier übernachten wollten.

Zurück auf der Straße, dauert es keine Minute, bis sich die nächste Mitfahrgelegenheit bietet. Diesmal stellt sich das Auto als Taxi heraus, aber ein Passagier sitzt schon drin, und wir dürfen gratis drei oder vier Kilometer ins nächste Dorf mitfahren. Der Passagier, er heißt Mohsen und ist Mathelehrer, steigt mit uns aus. Er wolle auch noch ein Stück in Richtung Shiraz, wir könnten ein Taxi teilen, eine andere Möglichkeit weiterzukommen gebe es nicht. Auf den Begriff »ootostop« reagiert auch er nur mit einem verwirrten Kopfschütteln. Wir willigen ein, und so endet nach vier Kilometern in drei Stunden unser iranisches Anhalterabenteuer. Zu Fuß wären wir schneller gewesen.

# شیراز

**SHIRAZ**

Einwohner: 1,5 Millionen
Provinz: Fars

## VERSTECKSPIEL

»Seid leise und redet kein Englisch auf der Straße, sonst hören
euch die Nachbarn«, sagt Saeed. »Es ist verboten, Ausländer bei
sich aufzunehmen.« Er steigt aus dem Auto, blickt nach rechts und
links wie ein Einbrecher und schließt die Stahltür seiner Wohnung
im Südwesten von Shiraz auf. Dann winkt er uns, schnell rein-
zukommen. Laila und ich schnappen unsere Rucksäcke und has-
ten durch den Eingang. Saeeds Freund, der uns mit seinem Wagen
in der Innenstadt abgeholt hat, verabschiedet
sich und rauscht davon in die Nacht.

Saeed ist zwanzig, Grafikdesignstudent
und »ziemlich hot«, wie Laila anmerkte, als
sie sein Profilfoto sah: schwarze Wuschelfri-
sur, buschige Augenbrauen, umwerfendes
Lächeln. Als er bei Couchsurfing einen Bei-
trag von mir in einem Diskussionsforum sah,
hat er mich angeschrieben, ob ich auf meiner Reise nach Shiraz kommen und bei ihm
wohnen wolle.

Laut dem, was ich aus seinem Online-Profil weiß, mag Saeed Kickboxen, BMX-Fahr-

räder, Jonglieren, außerdem ist er ein absoluter Couchsurfing-Junkie. In den letzten drei Monaten hatte er 45 Gäste, organisiert Treffen und ist selbst ständig mit Zelt und Rucksack in seinem Heimatland unterwegs.

Saeed hat noch einen anderen Besucher. Auf dem Teppich fläzt sich Christian aus Kolumbien, ein Mittzwanziger mit Sechstagebart, der es fertigbringt, gleichzeitig wahnsinnig müde und wahnsinnig glücklich auszusehen. Reisetrunken und straßenhigh, vor vier Monaten hat er seinen Job als Unternehmensberater gekündigt und jettet nun um die Welt. Kenia, Tansania, Äthiopien, Dschibuti, Ägypten, Türkei. Der Iran war das einzige Land auf seiner Route, bei dem ihn seine Mutter bat, alle zwei Tage Bescheid zu geben, ob er noch lebt.

»Da gibt es eine Parallele: Kolumbien hat auch einen schlechten Ruf in der Welt, jeder denkt sofort an Kokain, Drogenbosse und Verbrechen. Dabei hat das Land so viel zu bieten. Hohe Berge und Traumstrände, phantastische Natur und lebendige Städte. Aber viele haben Angst, hinzufahren.«

»Ich hatte schon Gäste, die ihren Eltern ihr Reiseziel verschwiegen haben«, sagt Saeed. »Die Leute denken, im Iran wartet an jeder Ecke ein Terrorist und ständig verbrennen Demonstranten USA- und Israel-Flaggen. So ein Quatsch.« Er macht in einem Samowar schwarzen Tee. Eine enge Küchenzelle trennt die beiden Zimmer der schlauchartigen Wohnung. Auf Regalen liegen Muscheln aus dem Persischen Golf, ein Zauberwürfel, Jonglierbälle und eine beträchtliche Sammlung ausländischer Münzen. Cents, Pence, Lire, Rupien, Pesos. Die Haustür ist mit Alufolie blickdicht verklebt, nach hinten raus hat die Wohnung ein Fenster, das mit Pappe abgedeckt ist, und eine Tür zu einem Innenhof, verborgen hinter einem dunkelroten Vorhang.

»Die Polizei hier ist allerdings unangenehm«, sagt Christian. »In Teheran saß ich mit einem iranischen Freund auf einer Bank, dann kamen zwei Beamte und machten Fotos von uns. Sie sagten kein Wort, wahrscheinlich wollten sie uns nur einschüchtern.«

»Ich erwarte jeden Tag, dass die Polizei vor meiner Tür steht wegen der ganzen Besucher«, sagt Saeed. »Ich bin darauf vorbereitet. Aber bis dahin werde ich so viele Gäste haben, wie ich will; fünf bis zehn im Monat.«

Angst habe er beim Reisen im Iran nicht, gefährlich seien nur die Grenzregionen zu Pakistan und Afghanistan. »Aber eigentlich würde ich gern mal entführt werden, wäre sicher interessant«, meint er.

»In Kolumbien würde ich das nicht unterschreiben«, sagt Christian.

»Vermutlich sind im Iran sogar Entführer ganz passable Gastgeber«, sage ich.

»Wahrscheinlich hast du bessere Chancen als ich, das herauszufinden«, setzt Saeed noch eins nach. Höre ich da Neid in seiner Stimme? »Iraner sind nicht so interessant. Diese Verbrecher wissen, dass unsere Regierung kein Geld rausrückt und auf keine anderen Forderungen eingeht. Europäer sind da viel lukrativer.«

Shiraz ist eine der wenigen Städte der Welt, die man mit verbundenen Augen am Geruch erkennen könnte, denn Shiraz riecht nach Orangen. Nicht nur in den Gärten und Parks, selbst an viel befahrenen Straßen scheint es immer wieder so, als habe jemand mit Zitrusraumspray versucht, den Abgasgestank zu neutralisieren. Schon der iranische Nationaldichter Hafis befand den Ort als besonders nasenschmeichelnd: »Shiraz und der Rukna Quell', und ein Windhauch voller Düfte, achte sie nicht gering, denn sie sind das Schönheitsmal auf der Wange unserer weiten Erde.«

Nach Orange duftet es zum Beispiel vor der Festung im Zentrum, die der Herrscher Karim Khan Zand im 18. Jahrhundert bauen ließ. Er machte Shiraz zur Hauptstadt und ging als vergleichsweise friedlicher, gerechter und sogar bescheidener Perserkönig in die Geschichte ein. Vor einem schiefen Rundturm und massiven Burgmauern warten wir auf einem Rasen zwischen Blumenbeeten auf Hamed.

Ich habe morgens um zehn im Shiraz-Forum bei Couchsurfing einen Eintrag geschrieben: »Hallo, wir sind zwei unglaublich sympathische Deutsche und würden uns unglaublich freuen, heute mit einem Einheimischen durch die Stadt zu ziehen.«

Dazu schrieb ich meine Handynummer, was nicht besonders clever war. Zumindest in Anbetracht des daraus resultierenden Problems, die angebotenen Verabredungen zu managen.

Von: unbekannte Nummer

> hi.i would be happy to hang out with u, any time u say. Negar cs Shiraz

Von: unbekannte Nummer

> Hey Stephan. This is Soroush from Shiraz.
> I've just came back from a 6 months hitchhiking trip around Iran and Iraq. I'll be more than happy to meet you and hear about your stories. I impressed by your profile by the way.

Von: unbekannte Nummer

> hey stephan, i can meet u around 6 pm.
> Reza

Von: unbekannte Nummer

> Hello Stephan & Laila Hope u enjoyd Shiraz so far
> This is Amin frm CS. would be nice if u join me & my guests to get to go fr something fun this aftrnoon:-)

Was ist das Gegenteil von Shitstorm? Lovestorm? Vier SMS in nur zwei Stunden, allmählich wäre ein Sekretariat zur Terminplanung hilfreich. Dazu kamen zwei Anrufe. Einer, bei dem ich kein Wort verstand und nicht mal sicher war, welche Sprache der Mann am anderen Ende sprach, weshalb ich mich nach zwei Minuten höflich verabschiedete. Und einer von Hamed, mit dem wir uns für den Mittag verabredeten. Vor der Festung also das übliche

Auf der Couch: Zwei Monate lang erlebte ich täglich aufs Neue die Gastfreundlichkeit der Iraner.

Ein Land unter dem Schleier: Im Iran ist einiges ganz anders, als Informationen aus der »Tagesschau« vermuten lassen.

Wüstendorf Kharanaq: Viele Sehenswürdigkeiten sind vom Massentourismus bislang verschont geblieben.

»Bist du bei Facebook?« Dieser junge Mann gab mir nach zwei Minuten Small Talk sein Tablet, damit wir Online-Freunde werden können.

Auf der Urlaubsinsel Kish ging es mit Masoud, Darius und Saler (von rechts) zum Angeln bis zum Sonnenaufgang.

Ganz schönes Schlitzohr: Arbeitet Armin Mueller-Stahl neuerdings als Taxifahrer in der Provinz Kerman?

Überholmanöver trotz Überhang: Ein Tagestrip führte mich von Kerman aus in die Wüste.

Die Kaluts sind eindrucksvolle Sandsteinformationen, die Wind und Erosion über Jahrhunderte gebildet haben.

In der Nasir-ol-Molk-Moschee scheint morgens die Sonne durch die bunten Fenster.

»Ich fühle mich nirgendwo so frei wie in der Natur«,
sagt Gastgeber Saeed aus Shiraz.

Picknick bei Nacht: Viele Iraner brechen täglich Gesetze
und Regeln – wenn sie sich unbeobachtet fühlen.

Immer auf dem Teppich bleiben: Ich habe während der Reise nie auf einer Couch und selten in einem Bett geschlafen.

Abendessen bei Couchsurfing-Gastgebern: Die Herzlichkeit der Iraner ist weltweit einzigartig.

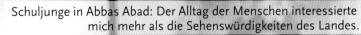
Schuljunge in Abbas Abad: Der Alltag der Menschen interessierte mich mehr als die Sehenswürdigkeiten des Landes.

Auch das gehört zum Alltag: Ständig hat man das Gefühl, von zwei bärtigen Männern beobachtet zu werden.

Die Scream-Maske, Justin Bieber und ich: In fremde Wohnungen zu gucken ist immer wieder ein Erlebnis.

Die Ruinen von Persepolis: Vor 2500 Jahren war Persien die erste Supermacht der Geschichte.

In Yazd geht es besonders konservativ zu – man sieht mehr Frauen im Tschador als in Teheran, Shiraz oder Isfahan.

Mausoleum von Sufi Sha Ne'matollah Vali in Mahan:
Auch an spektakulären Orten war ich oft der einzige
ausländische Tourist des Tages.

Fotografie und Musik: Künstlerisches Talent bewiesen diese
Mädchen in Shiraz und Gastgeber Ahmad in Bushehr.

Zwischen Meiler und Meer: Badende Menschen
am Strand vor dem Atomkraftwerk Bushehr

Zur Moschee? Immer geradeaus. Dieses Straßenschild in Ahvaz weist Gläubigen den Weg.

Am Kriegsschauplatz Arband Kenar an der Grenze zum Irak ließen uns die Soldaten nicht aus den Augen.

Geköpfte Dattelpalmen: Die »Bäume des Widerstands« wurden wegen ihrer Symbolkraft bis heute nicht gefällt.

Verbeugung für Märtyrer: Hunderttausende Tote aus dem Ersten Golfkrieg werden als Helden verehrt.

Freitagsmoschee in Yazd: »Schau bloß keiner Frau in die Augen«, hatte mich vor der Reise ein Kollege gewarnt.

Unvergessliche Begegnungen: die kleine Azadeh in Kermanshah und Sofia aus Isfahan (von links)

Ein Blick zum Himmel vom Grabmal der acht namenlosen Toten am Schlachtfeld von Fatholmobin

Kurdischer Schmuggler an der Grenze zum Irak:
Ein paar Stunden später war ich heilfroh, so viele
Pferdefotos gemacht zu haben.

Für Tee ist im Iran immer Zeit, zum Beispiel
im idyllischen Örtchen Hajij.

Nicht nur die Lage des Dorfs ist beeindruckend, sondern auch die farbenfrohe Kleidung der Einheimischen.

Vermutlich werden bald Touristenbusse ausländische Besucher herankarren. Noch geht es jedoch sehr traditionell zu.

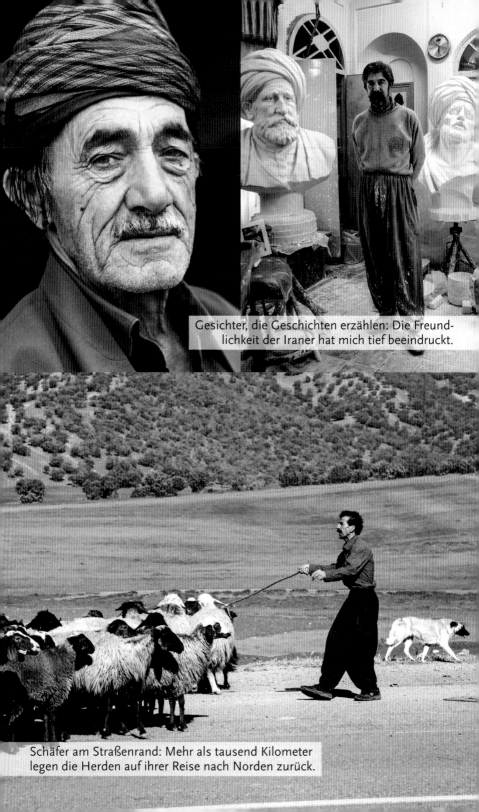

Gesichter, die Geschichten erzählen: Die Freundlichkeit der Iraner hat mich tief beeindruckt.

Schäfer am Straßenrand: Mehr als tausend Kilometer
legen die Herden auf ihrer Reise nach Norden zurück.

Modernes Iran: Fast Food ist bei jungen Menschen extrem populär, in jeder größeren Stadt gibt es zahllose Burgerbratereien und Kentucky-Fried-Chicken-Plagiate.

Date im Wohnzimmer: Mona aus Hamedan (links) mit Geschwistern und Verwandten

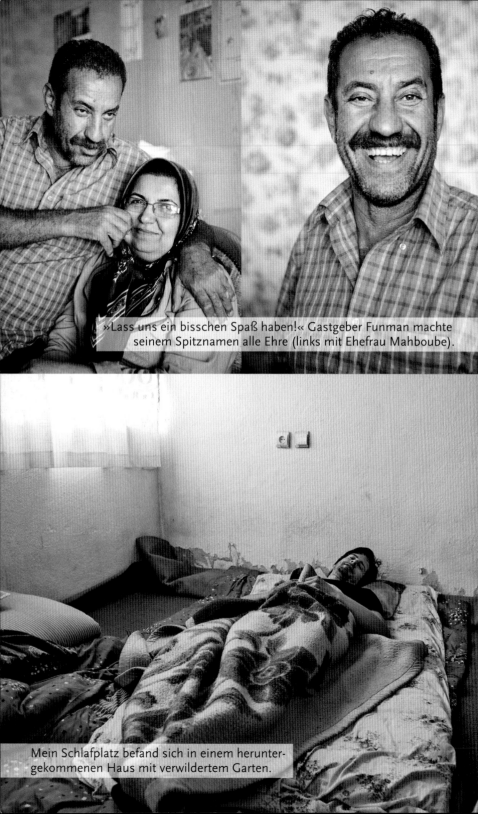

»Lass uns ein bisschen Spaß haben!« Gastgeber Funman machte seinem Spitznamen alle Ehre (links mit Ehefrau Mahboube).

Mein Schlafplatz befand sich in einem heruntergekommenen Haus mit verwildertem Garten.

Die Zehn-Millionen-Metropole Teheran war mein Start- und Zielpunkt.

Abendstimmung am Kaspischen Meer: Frauen gehen hier nur komplett verschleiert ins Wasser.

Dunkelheit und Licht: Der Iran verzaubert und macht wütend zugleich – und beschert jedem Besucher Erlebnisse, die er nie vergessen wird.

Blind-Date-Problem: Wir haben keine Ahnung, wie unser neuer Freund aussieht oder wie alt er ist, werden aber ständig angesprochen. »Willkommen im Iran. Wo kommt ihr her? Wie gefällt es euch?« Aber auch: »Ich bin zertifizierter Touristenführer. Ooooh, Germany! Ich habe Freunde in Frankfurt und Berlin. Was wollt ihr sehen?« Freundlichkeit mit finanziellen Hintergedanken. In vielen anderen Reiseländern ist sie so alltäglich, dass man automatisch seine Schritte beschleunigt, sobald man »Hello Mister« hört. Ob das Geld der Touristen irgendwann auch die iranische Herzlichkeit zum melodramatischen My-Friend-Gehabe eines Sonnenbrillendealers am Urlaubsstrand verramschen wird? Jedes Jahr kommen mehr Besucher mit mehr Brieftaschen, sie werden Devisen tauschen gegen die Magie eines Landes, und jeder von ihnen wird ein bisschen dieser Magie mit nach Hause nehmen, sodass immer weniger zurückbleibt.

Zuletzt ist das in Myanmar passiert, als dank politischer Stabilität plötzlich der Tourismus durch die Decke ging. Nun ist möglicherweise der Iran am Zug. Auch, weil Länder wie Syrien, Libyen, Libanon oder Irak, die für Nahostinteressierte ähnlich attraktiv wären, wegen Terror und Kriegen als Reiseziel wegfallen. 2014 hat sich die Zahl der Iranbesucher im Vergleich zum Vorjahr mehr als verdoppelt. Wenn es so weitergeht, werden schon 2015 die Hotelbetten nicht mehr reichen.

Hamed hat keine Schwierigkeiten, uns zu erkennen. Die einzigen Ausländer auf dem Burgvorplatz außer uns gehören zu einer taiwanesischen Busreisegruppe. Er ist 31, trägt viel Gel in den Haaren, braune Lederschuhe und ein teures Hemd. Der Tourist in mir freut sich über seine enorme Sachkenntnis, was Bauwerke und die Pflanzenwelt von Shiraz angeht. Der Ehemann in mir registriert einen braunäugigen Schlafzimmerblick und eine Hand, die immer wieder wie beiläufig über Lailas Rücken streicht, während der Mistkerl die Bedeutung symmetrischer Strukturen in der persischen Architektur erklärt oder Sätze sagt wie: »Auf dem Basar gibt es leider auch viel ›Made in China‹. Man muss schon wissen, wo man die gute Ware findet.«

Er zeigt uns also einen Shop, der kunstvoll geschnitzte Backgammon-Bretter aus Holz anbietet (tatsächlich hervorragende Handarbeit), dann stehen zwei Gärten auf dem Programm. Im ersten davon, dem Bagh-e Naranjestan, riecht es noch orangiger als im Rest der Stadt. Ein Blick in den Empfangspalast mit Spiegelmosaik-Eingangshalle erinnert mich an die Notwendigkeit einer baldigen Rasur. Hameds Gesichtshaut dagegen ist eine zum Leben erwachte Gillette-Werbung. Ich tröste mich mit den schönen Frauen im Obergeschoss, also den an die Wand gemalten, eingerahmt von Blumenornamenten. Sie tragen schulterfreie Gewänder und entblößen üppige Haarlocken und weiße Unterarme. Ich ertappe mich dabei, das für einen Sekundenbruchteil anstößig zu finden.

# POESIE

Vom Garten der Orangen nehmen wir ein Taxi zum Bagh-e Eram.
Eram heißt Himmel oder Paradies. Aber »Garten der Zypressen«
würde genauso gut passen, die prächtig gewachsenen Bäume würden die Toskana vor Neid erblassen lassen. Die gepflasterten Wege
zwischen künstlichen Teichen und Bächen sind Laufstege für die
Jugendlichen, die hier ihre Justin-Bieber-Trendfrisuren und perfekt gestutzten Bärte (Jungs) beziehungsweise ihre weit zurück-
gezogenen Luxuskopftücher und unbedeckten Knöchel (Mädels)
zur Schau tragen. Und verdammt viel Make-up. »Wozu bedarf
das schöne Antlitz des Pinsels und der Schminke Tand?«, schrieb
Hafis, der berühmteste aller Shirazis, schon im 14. Jahrhundert.
Die Frage wäre auch heute noch berechtigt. Aus Lautsprechern
tönt Flötenmusik, aus Bäumen singen Nachtigallen, Springbrunnen plätschern, und Dattelpalmen wiegen sich im Abendwind.
Manchmal trägt der Iran ein biss-
chen zu dick auf, so auch in diesem Paradiespark. Aber das ist in
den gängigen Darstellungen des
biblischen oder islamischen Para-
dieses auch nicht anders.

Am Eingang steht ein Mann mit
zwei wachtelgroßen gelben Vö-
geln, die aus einer kleinen Plas-
tikwanne bunte Karten mit Ha-
fis-Weisheiten picken. Das ist ein
beliebtes Mittel, um sein Horo-
skop zu erfahren. Viele Iraner nutzen auch zu Hause einen Hafis-
Wälzer als Glückskeks, indem sie zufällig eine Seite aufschlagen,
eine wunderbare Tradition. Ich gebe dem Mann 20 000 Rial, und
der Schnabel des Schicksals fördert ein lilafarbenes Blatt zutage.
Hamed übersetzt: »Der Derwisch, der den Weg kennt, empfindet

das Klopfen an andere Türen als nutzlose Abschweifung.« Darunter steht eine Erklärung des Verses: Es ist besser, konsequent seinen Weg zu gehen, als ständig vom rechten Pfad abzukommen und immer wieder Neues auszuprobieren. Nur wer daran festhält und dem Ratschlag der Weisen folgt, wird Erfolg haben. Ich ziehe für mich und meine Reise den Umkehrschluss: Da ich kein kluger Derwisch bin und den Weg nicht kenne, werde ich weiterhin abschweifen und an jede iranische Tür klopfen, die mir gefällt. Guter Mann, der Hafis.

Das Mausoleum des Dichters steht in einer ummauerten Parkanlage im Norden der Stadt. Hafis, den Goethe als seinen Zwillingsbruder bezeichnete, ruht in einem Pavillon mit acht Säulen unter einer weißen Marmorplatte. Heute sind viele Grundschulklassen da, Kinder in herrlichen Schuluniformen legen ihre Hände auf die Grabplatte und sagen Verse auf. Laila und ich sind nicht die einzigen Frischvermählten. Hafis gilt als Schutzpatron der Liebenden, deshalb pilgern viele Iraner kurz nach der Hochzeit nach Shiraz. Unser Gespräch ist allerdings vermutlich eher untypisch für das, was sich Paare hier sonst zuflüstern.

Laila ist heute genervt von den Kleidungsvorschriften. »Ich trage schon seit fünf Tagen dieselben Sachen, immer das rote Kopftuch und diesen blöden weiten Schlabbermanteau.«

»Bevor wir verheiratet waren, hast du dir mehr Mühe mit deinem Outfit gegeben.«

»Du aber auch. Ich sage nur: graue Trekkinghose. Jeden Tag.«

»Liebst du mich trotzdem?«

»Nein.«

Eine Frau hält ein kleines Buch in der Hand und liest Vierzeiler vor. Die Sprache ist wie Musik, auch wer die Worte nicht versteht, kann sich der fließenden Schönheit ihres Klanges nicht entziehen. Die Bewunderung für Hafis vereint religiöse und weniger fromme Menschen, sie interpretieren die Worte einfach anders. Wenn Hafis von Wein und Trunkenheit schwärmt, ist das für die einen eine Metapher für eine rauschhafte Gotteserfahrung, für die anderen ist es eine Huldigung an verbotene Genüsse. Der Dichter selbst war zugleich ein bedeutender Korangelehrter und ein Lebemann, vermutlich sind also beide Interpretationen nicht ganz falsch. In den Schulen allerdings steht nicht viel Hafis auf dem Lehrplan. »Es geht zu oft um Alkohol und darum, die Welt zu seiner eigenen Freude zu verändern«, sagt Hamed. Ich habe eine deutsche Übersetzung einiger Werke dabei und schmökere ein bisschen.

*Noch währt die Zeit der Jugend, das Beste ist nur Wein;*
*Das Beste für Betrübte ist: wüst und trunken sein.*
*Die Welt ist wüst vom Scheitel bis zu der Füße Rand:*
*Das Wüstsein ist das Beste in einem wüsten Land.*

Ich finde auch ein paar Zeilen, die ich Laila vorlesen muss:

*Auf, Schenke! den Pokal gefüllt*
*Für unsre durst'ge Tafelrunde;*
*Die Liebe, die mich einst beglückt,*
*Jetzt richtet kläglich mich zugrunde.*

Laila lacht.

## SMALLTALK FÜR ANFÄNGER

˘ Iraner: Hello Mister!
  Antwort: Salam! (Lächeln)
˘ a) Iraner: Unverständlicher Satz, der das Wort »farsi« enthält
  Antwort: Man farsi balad nistam. (Entschuldigend Schultern anheben und Handflächen nach oben strecken)
˘ b) Iraner: Unverständlicher Satz, der nicht das Wort »farsi« enthält.
  Antwort: Alemân. (Auf sich selber deuten)
˘ Iraner: Alemân! Germany! Very good! Welcome to Iran!
  Antwort: Merci! (Lächeln)

Es würde den Rahmen sprengen, jedes Gespräch und jede Begegnung in der Poesiestadt Shiraz im Detail zu beschreiben. Und doch sind so viele dieser kurzen Schlüsselloch-Einblicke in das Leben junger Iraner eine Erwähnung wert.

Da ist die Literaturstudentin Golbarg, die über Geschlechterfragen und Feminismus in der amerikanischen Literatur promovieren will, aber nicht glaubt, dass sie ihr Thema genehmigt bekommt. »Es gibt Dozenten, die mich dabei unterstützen. Aber sobald auch nur ansatzweise das Thema Homosexualität gestreift wird: vergiss es, völlig unmöglich im Iran.«

Da ist der Abenteuerreisende Soroush, ein guter Freund von Saeed, der mich per SMS kontaktiert hat. Er ist gerade per Anhalter nach Kerbala im Irak gereist, den heiligsten Ort der Schiiten. »Jeder hat dort fünfzehn Matratzen im Haus, die Leute haben mich gebeten, bei ihnen zu wohnen, jeden Tag ein anderer Gastgeber«, schwärmt er. Als gefährlich geltende Ziele ängstigen ihn nicht, als Nächstes will er in die Nähe der pakistanischen Grenze. »Ich lebe lieber einen Tag richtig als hundert Jahre in Langeweile«, sagt Soroush. Und fast nebenbei formuliert er dann noch das zentrale Problem, aber vielleicht auch das Interessante an meiner eigenen Reise: »Das Tolle am Reisen per Anhalter ist, dass man dabei wirklich erfährt, wie die Menschen eines Landes sind. Reiche und Arme, Konservative und Moderne. Beim Couchsurfing dagegen trifft man nur eine Gruppe, die gebildet ist, gut Englisch kann und sehr modern und internetbegeistert ist.«

Da ist Negar, auch sie hat sich per SMS gemeldet. Sie ist Biologin, mag Jane Austen und spielt Klavier, wäre aber noch viel lieber Sängerin. Doch daraus wird nichts, weil der Vater ihr aus Angst vor Gerede in der Familie verbietet, mit ihrem Chor aufzutreten. Frauen dürfen im Iran nicht solo in der Öffentlichkeit singen, auch in einer Gruppe wird es von Konservativen nicht gern gesehen. Sie beklagt, dass der Iran zwar Bildung fördert, aber keine Exzellenz. Wer zu klug sei, habe oft schlechte Chancen auf hohe Positionen, werde stattdessen mit Absicht kleingehalten. »Indem die Regierung den Menschen klarmacht, dass es nichts bringt, herauszuragen, fördert sie ein Klima der Lethargie. Und das leistet ihrem Machterhalt beste Dienste.«

Da ist ein weißhaariger Mann, der fragt, wie uns der Iran gefällt und woher wir kommen. Und dann in gereimtem Deutsch fortfährt:»Aaah, deutsch! Augenblick, verweile doch, du bist so schön! Blut ist ein besonderer Saft. Auf Wiedersehen!« Und weg ist er, zwei völlig perplexe Reisende zurücklassend.

Noch mehr Poesie kommt von Ebrahim, einem hageren Elektrotechnikstudenten, der ein paar Zeilen der »Todesfuge« von Paul Celan auswendig kennt.»Dein goldenes Haar Margarete ... Wir schaufeln ein Grab in den Lüften, da liegt man nicht eng ... Der Tod ist ein Meister aus Deutschland.« Noch einmal zwei perplexe Reisende, diesmal vor allem wegen des strahlenden Stolzes beim Vortrag. Ebrahim ahnte nicht, dass es um den Holocaust geht.

Da sind Thomas und Mahmut, zwei Physiker aus München, deren Reiseziel hauptsächlich ausgiebiger Haschischkonsum zu sein scheint. Sie erzählen stolz, wie sie in der Nähe von Mosul im Irak festgenommen wurden, weil sie Fotos von einer Militäranlage machten. Ein paar Joints später schreiben sie eine SMS an Laila, dass sie sich beide gleichzeitig in sie verliebt hätten:»Ja, das klingt komisch, das haben wir vorher auch noch nie erlebt.«

Sie antwortet, wie es jede gute Ehefrau tun würde: gar nicht.

# FREIHEIT

Wir haben Saeed von unserem missglückten Versuch erzählt, per Anhalter zu reisen. An einem schwülen Freitagmorgen gibt er uns einen Gratis-Workshop. »Wichtig ist, gut zu erklären, was ihr vorhabt. Sagt nicht, ihr habt kein Geld, sondern einfach, dass ihr immer so reist.

Wir stehen an einer staubigen Schnellstraße, die aus Shiraz herausführt. Saeed hält ein Auto nach dem anderen mit waagerecht ausgestrecktem Arm an. »Wenn jemand beim Bremsen die Lichthupe betätigt, heißt das: Taxi«, erläutert er. »Manchmal kann ich die aber trotzdem überzeugen, mich kostenlos mitzunehmen.« Nach etwa zehn Fahrern, die alle Geld wollten, haben wir endlich Glück. Wir dürfen einsteigen und fahren fünf Kilometer bis zum Startpunkt unserer Wanderung auf den Derak, einen 2800 Meter hohen Berg direkt neben der Stadt.

Wir stapfen vorbei an tapferen Sträuchern und fragilen Felsstapeln und Schildern, auf denen »2040 m« steht, dann »2250 m« und »2400 m«. Saeed läuft federleicht voraus in seinen abgetretenen Bergschuhen, wir keuchen hinterher. Bestimmt ist es schon dreißig Grad warm, der Pfad nach oben bietet kaum Schatten. Saeed erzählt von seinem sportlichen Werdegang. Als Kind machte er Gymnastik, dann stieg er auf Boxen und Kickboxen um. »Aber jetzt gefallen mir Wanderungen in den Bergen am Besten. Weil es nicht um Gewinnen oder Verlieren geht«, sagt der 20-Jährige.

Er steigere sich häufig sehr in Dinge rein, wenn er einmal mit etwas anfange. Zurzeit sei das mit dem Couchsurfing so. »Wenn ich mal drei Tage keinen Gast habe, fühle ich mich einsam.«

Sein großer Traum ist, endlich ein paar Gegenbesuche zu machen und ein Jahr um die Welt zu reisen. Nach Holland, Deutschland und Frankreich, nach Indien, Australien und Neuseeland. »Aber ich bekomme erst einen Pass, wenn ich die zwei Jahre Militärdienst hinter mir habe. Und auch dann ist es in den meisten

Ländern noch schwierig mit dem Visum.« Das nächste Problem ist das Geld.»Als Grafikdesigner kann ich nicht viel zurücklegen. Ich muss versuchen, unterwegs zu arbeiten.« Früher hatte er einen lukrativeren Job: Er verkaufte für einen Euro pro Monat VPN-Internetzugänge. Also Passwörter, mit denen man das Netz unzensiert nutzen kann. Facebook, CNN, Twitter,»New York Times«, YouPorn, alles. Schnell hatte er ein paar Hundert Kunden zusammen. Doch dann sperrte der US-Internetanbieter AT&T sein Angebot für den Iran, dessen Dienste Saeed für seine Arbeit brauchte, und er konnte nicht weitermachen.

Auf einer Hügelkuppe kurz vor dem Gipfel breitet er nun die Arme aus und lehnt sich gegen den kräftig blasenden Wind. Er legt den Kopf zurück, schließt die Augen und verharrt eine Minute lang in der Haltung.»Ich fühle mich nirgendwo so frei wie in der Natur«, sagt er.

Die Häuserschluchten von Shiraz leuchten beigefarben im Sonnenlicht, eine Modellbahnlandschaft, ein gigantischer Siedlungsteppich.»Heil Shiraz dir! Unvergleichlich ruhst du im Gelände. Gott erhalte dich und alles Unheil von dir wende!«, wünschte sich Hafis. Vielleicht schrieb er das auf einer Bergtour.

»Ich kenne ein deutsches Wort«, sagt Saeed plötzlich.

»Echt? Welches denn?«

»Spach.«

»Spach? Was soll das sein?«

»Keine Ahnung. Gibt es das Wort nicht?«

»Nein.«

»Oh.«

Manchmal reicht ein kleiner Anstoß, um ein bis dahin ernsthaftes Gespräch in ein unkontrollierbares Kalauerstrohfeuer zu verwandeln. Laila und ich verbringen die nächste halbe Stunde damit, Nonsenssätze zu bilden, in denen unser neues Lieblingswort vorkommt. Auf eine Bedeutung legen wir uns nicht fest.

»Ich fühle mich ein bisschen spach heute.«

»Du siehst spach aus, Schatz.«

»Lass uns schneller gehen, wir müssen es noch auf den Spach schaffen, ist schon spät.«

Auf dem höchsten Punkt steht statt eines Gipfelkreuzes ein etwa vierzig Meter hoher Turm mit Stahltreppe und einer Kuppel oben, die wie ein gigantischer weißer Fußball aussieht. Er ist Herzstück einer Wetterstation, die sich noch im Bau befindet. Mit Technologie aus Deutschland: Ein großer leerer Container steht auf dem Gelände, ein Lieferzettel darauf gibt als Absender den Wetterradar-Hersteller Selex Systems Integration in Neuss an. Die Frohnatur Saeed freundet sich gleich mit einem Ziegenhirten und dem Wachmann an, der hier aufpasst, dass niemand rumspioniert oder Fotos macht. »Wenn ich nicht morgen zur Uni müsste, würde ich zwei Tage hier übernachten, auf Eseln reiten und Ziegen hüten«, sagt Saeed strahlend.

»Das wäre ein großer Spach«, stimme ich zu.

Von: Yasmin Teheran

Hello dear, can you be in Ahvaz on monday?
I found a host there for us. See you soon!

»Warst du schon in Ahvaz?«, frage ich Saeed auf dem Weg ins Tal.

»Nein.«

»Soll ja nicht so prickelnd sein. Hässlich, heiß, schlechte Luft.«

»Hast du das im »Lonely Planet« gelesen?«

»Ja. ›Millionenstadt ohne Charme‹, stand da.«

»Es gibt keine schlechten Orte, wenn du reist, um Menschen zu treffen«, sagt Saeed.

## MENSCHEN TREFFEN IM IRAN

˅ Sich auf einen belebten Platz stellen

˅ Reiseführer aufschlagen

˅ Erkennbar verloren wirken

˅ Warten, bis man angesprochen wird (normalerweise: maximal 60 Sekunden)

HOW TO

# DER ROTE PERSERTEPPICH

Ich frage mich auf der Reise ständig, was ich den Iranern zurückgeben kann für ihre unglaubliche Freundlichkeit. Rein materiell sind das ein bisschen Marzipan (oder für strenge Muslime ein paar alkoholfreie Shirini aus dem Süßigkeiten-Shop), eine Einladung ins Restaurant (die allerdings manchmal so vehement abgelehnt wird, dass ich keine Chance habe), ein paar Taxis, die ich bezahle. Doch das alles kommt mir mickrig vor im Vergleich zu den Erfahrungen, die mir die Einheimischen ermöglichen. Sie opfern Zeit und Geld und riskieren sogar Ärger mit der Staatsgewalt, um mir den Aufenthalt so angenehm wie möglich zu machen.

Das Prinzip der Gastfreundschaft ist etwa so alt wie die Menschheit und gilt in fast jeder Religion als Tugend. Im Alltag westlicher Industrieländer allerdings spielt sie eine immer geringere Rolle. Vielleicht, weil Religion an Bedeutung verliert, oder weil die Menschen kühler im Umgang miteinander werden. Wahrscheinlich aber vielmehr, weil es weniger Gelegenheiten gibt. Weil nie Maria und Josef an die Tür klopfen und um eine Matratze für die Nacht bitten. Weil für Reisende so viel Infrastruktur zur Verfügung steht, dass sie keine Privatunterkunft brauchen.

Ausgerechnet im Internet, das gerne als Katalysator sozialer Verödung beschimpft wird, feiert die jahrtausendealte Idee eine Renaissance. Sieben Millionen Couchsurfer, Hunderttausende Mitglieder bei Hospitality Club, BeWelcome, GlobalFreeloaders und Warm Showers öffnen ihre Türen für Fremde. Manche nutzen die Portale nur als Gäste, manche nur als Gastgeber. Was haben Letztere davon? Häufig neue Freunde, eine gute Zeit, spannende Geschichten von unterwegs, Dankbarkeit. Aber ist »Was haben sie davon« überhaupt die richtige Frage?

Im Iran gibt es noch einen anderen Grund, Gästen den roten Perserteppich auszurollen. Die Menschen sind hungrig nach Neuigkeiten aus dem Ausland, wollen wissen, wie das Leben dort ist. Und für manche ist ein Gast immer noch ein Ereignis, ein Spektakel, weil der direkte Kontakt zu Gleichaltrigen aus Europa, Amerika oder Australien für die Generation der heute Dreißigjährigen nichts Selbstverständliches ist.»Ihr seht alle ein bisschen aus wie die Menschen in den Hollywoodfilmen«, hat mir mal ein iranischer Teenager gesagt.

In vielen Gesprächen hatte ich das Gefühl, mit meinen Erfahrungen aus einem freien Land die Menschen zu motivieren. Sie wollten künftig mehr für ein besseres Leben kämpfen, weniger lethargisch oder schicksalsergeben mit Dingen umgehen, die ihnen nicht passen. Wer den Vergleich hat, entwickelt Wünsche. Ich bin gespannt, wie sich der wachsende Tourismus auf den Iran auswirken wird, wenn immer mehr Menschen kommen, die von der Freiheit erzählen.

Ich habe auch gespürt, wie gut es jedem Einzelnen tut, zu hören, dass die Iraner toll sind. Die Perser sind sehr stolz auf ihre Heimat, wissen aber auch, was für eine fürchterliche Presse ihr Land auf der ganzen Welt hat. Jeder Besucher, der zeigt, dass er einen Unterschied zwischen Bürgern und Regierung erkennt, tut etwas für das Selbstvertrauen eines viel geschmähten Volkes.

Das ist auch der Grund, warum ich auf die Frage, ob man in ein Land reisen darf, mit dessen politischer Führung man nicht einverstanden ist, für mich eine eindeutige Antwort gefunden habe. Es gibt keine schlechten Orte, wenn du reist, um Menschen zu treffen.

# بوشهر

## BUSHEHR

Einwohner: 171 000
Provinz: Bushehr

## ATOMKRAFT

Der Fischerort Bandar Gaah könnte ein Idyll sein, ein Touristen-
liebling, es ist alles da. Zwei Badestrände am Persischen Golf, ein
paar Hundert strahlend weiße Häuser, eine Pferderanch, ein alt-
modischer Hafenpier mit knarrenden Holzbooten.
»Die beiden da gehören mir«, sagt Ahmad und deutet auf zwei
etwa zwanzig Meter lange Dhauschiffe mit blau gestrichenen
Kajüten und im Ostwind wehenden Iranflaggen. Acht bis zehn
Mann Besatzung, zwei Kapitäne. Wenn das Wetter gut ist, fahren sie morgen früh wieder raus, für knapp eine Woche. »Vier,
fünf Tonnen bringen sie normalerweise an Land, auch Haie und
Thunfisch«, ergänzt der 32-jährige Unternehmer, ein kleiner,
kräftiger Kerl mit gelglänzender Elvis-Presley-Frisur und einem
knallbunten Hemd, Spitzname »Captain«.

Nebenan knattern Motoren. Dunkelhäutige Seeleute aus der
Provinz Sistan-Belutschistan, ganz tief im Südosten an der Gren-
ze zu Pakistan, parken zwei Schiffe um. Schrauben rotieren im
Wasser, schwarzer Rauch steigt aus den Schornsteinen. Ein alter
Mann will mir einen kleinen silbernen Fisch schenken, den er so-
eben mit einer Nylonschnur aus dem Hafenbecken geangelt hat.
Ich lehne zweimal ab, viermal, fünfmal. Widerwillig sieht er ein,

dass ich gerade wirklich keine Verwendung für das Tier habe, das im Todeskampf auf dem staubigen Asphalt zappelt.

Ahmad lenkt seinen weißen Peugeot 207 über den Pier zurück in den Ort. Vorbei an dem Ashura-Platz, wo sich im Leidensmonat Muharram gläubige Muslime vor Publikum den Rücken blutig peitschen. Vorbei an einem eingezäunten Spielplatz mit farbenprächtigen Rutschen und Schaukeln aus Plastik; weit und breit ist kein Kind zu sehen. Vorbei an den für Iran so typischen Wandmalereien: Berge, Täler und kleine Segelboote auf Betonmauern.

»Priwjet«, begrüßt mich ein Motorradfahrer.

»Der dachte, du bist Russe, wie die meisten Ausländer hier«, erklärt Ahmad. »Komm, ich zeig dir was.« Er hält an einem grünen Wellblechzaun, der einen Strandabschnitt abtrennt. Das Teil ist nicht besonders gut in Schuss, durch ein Loch darin können wir Männer und Frauen in Badekleidung erkennen. In westlicher Badekleidung wohlgemerkt, Shorts und Bikinis. »Das ist der einzige Strand im Iran, wo Männer und Frauen zusammen ins Wasser dürfen, ohne dass die Frauen verhüllt sein müssen«, sagt Ahmad. Einen Haken gebe es jedoch: Iraner hätten hier keinen Zutritt, nur die Russen. Ein kleines Zugeständnis für die Gastarbeiter. Die Expertise der ausländischen Ingenieure sei so wichtig, dass man es ihnen auch ein bisschen schön machen wolle.

Wobei, schön ist nicht das richtige Wort. Es liegen eine Menge Treibholz und leere Plastikflaschen herum.

Auf der anderen Straßenseite, direkt hinter uns, steht ein Luftabwehrgeschütz, das Nächste folgt gleich hundert Meter weiter. Der Russenstrand von Bandar Gaah ist die vielleicht am besten gesicherte Badestelle der Welt. Und wäre nicht das grüne Wellblech im Weg, könnten die diensthabenden iranischen Soldaten nach leicht bekleideten Russinnen Ausschau halten statt nach feindlichen Militärflugzeugen.

Immerhin ein Trost bleibt: Auf dem Weg zur Arbeit lässt sich kurz durch das Loch im Blech linsen, denn das wird nicht geflickt. »Hier wird nichts mehr repariert, schon seit Jahren will die Regierung Bandar Gaah komplett umsiedeln, aus Sicherheitsgründen«, sagt Ahmad, während wir nach einem U-Turn auf den zweiten Strand des Ortes zufahren, der nicht weniger ungewöhnlich ist und direkt neben der Anlegestelle für die Fischerboote beginnt. Der Sand ist voller Plastikmüll, trotzdem baden zwei Kinder. Ihre Eltern sitzen auf einer Decke und bereiten ein Picknick vor. Gemächlich, ein ganz normaler Freitag am Meer, es gibt Tee aus der Thermoskanne und Sandwiches mit Tomate.

Dass ich diese Szene trotz ihrer Alltäglichkeit nie wieder aus dem Kopf bekommen werde, liegt nicht an dem Abfall, sondern an dem, was ich dahinter erspähe: eine gigantische weiße Betonkuppel, daneben einen minaretthohen rot-weiß gestreiften Schornstein mit Außenleitern und einen rechteckigen Kasten aus Beton. Dazu lang gestreckte Häuser, die an Militärbaracken erinnern, und zwei Baukräne. »bnpp« heißt die Anlage auf vielen Straßenschildern, das ist die Abkürzung für »Bushehr Nuclear Power Plant«. Das Kraftwerk wird von einem noch erheblich größeren und solideren Zaun geschützt als der »Russenstrand«. Selbstverständlich ohne Loch, dafür mit etlichen Wachtürmen, auf denen Soldaten mit Maschinengewehren stehen. Tausend Megawatt elektrische Leistung, vier Kühlkreisläufe, 163 Brennelemente. Es ist eines der berühmtesten Kernkraftwerke der Welt, weil es das erste im Iran überhaupt war. Ein Meilenstein des staatlichen Atomprogramms. Ahmad muss jeden Tag an dem Meiler vorbei, wenn er zum Einkaufen in die Stadt fährt, ins zwölf Kilometer entfernte Bushehr.

»Ursprünglich war Siemens für den Bau zuständig, in den Siebzigerjahren lebten hier und in Bushehr Tausende Deutsche«, erzählt er. »Aber nach der Islamischen Revolution 1979 wurden die Arbeiten eingestellt, weil die politische Lage zu unsicher war und der Geldhahn zugedreht wurde. Jetzt haben es die Russen vor drei Jahren endlich fertiggestellt. Mir wäre ein deutsches Kraftwerk lieber, dann hätten wir hier weniger Angst vor einem Unglück.« Diese Angst ist offenbar bei der Regierung nicht so groß. »Schon vor Jahren wurde beschlossen, dass alle Siedlungen in einem Radius von fünf Kilometern von der Anlage wegsollen, aber bisher ist nichts passiert«, sagt Ahmad.

Der gerade unterzeichnete Plan, einen zweiten Kraftwerksblock zu bauen, könnte dies nun beschleunigen. Bandar Gaah wird sterben, es ist nur noch eine Frage der Zeit. Und dann? »Ich habe in Bushehr ein Grundstück gekauft, ich weiß, wohin ich dann gehen kann«, sagt Ahmad. Aber traurig fände er es schon, er ist in Bandar Gaah geboren, seine Eltern wohnen direkt gegenüber der Einzimmerwohnung, in deren Garage er seinen Peugeot nun zum Stehen bringt.

Im Innenhof wachsen Tomaten und hüfthohe Aloe-vera-Pflanzen, Ahmads Neffe hat »Cristiano Ronaldo 7« an die Wand geschrieben. Drinnen verdecken hellblaue Brokatvorhänge an goldenen Stangen die Fenster. Die Wand schmücken gerahmte Fotos von Pferden, auf dem Bücherregal stehen Pokale von Dressurwettbewerben. Ahmad war viele Jahre Mitglied im »Nuclear Power Plant Horse Club«.

Klo und Dusche sind außerhalb, sie sind nur über den Innenhof erreichbar. »Ich wünschte, ich könnte euch eine bessere Unterkunft bieten«, sagt er, ein typisch iranisches Understatement, das man schnellstens mit einem Lob für das Quartier kontern sollte. Schwer fällt es mir nicht: Nach einem solchen Innenhof würden sich viele Ferienhausvermieter am Mittelmeer die Finger lecken, und an dem Zimmer ist nichts auszusetzen. Nur die Lage macht mir zu schaffen. Es sind keine 500 Meter zum nächsten Wachturm des AKWs. Auch mir wäre plötzlich bedeutend wohler, wenn Siemens das beigefarbene Ungetüm gebaut hätte.

»Spiel was, bitte«, sagt Ahmad plötzlich und packt eine Gitarre aus, die neben dem Sofa liegt.

Ich klimpere ein bisschen vor mich hin, Klassik und ein bisschen Flamenco. Ahmad und Laila applaudieren.

»Und jetzt sing was, bitte.«

»Ich bin kein guter Sänger.«

»Egal, mach trotzdem.« Zum Glück hat Laila eine bessere Stimme. Als Duo würden wir zwar nicht bei »Deutschland sucht den Superstar« gewinnen, aber zu später Stunde an einem Lagerfeuer eine ganz gute Figur abgeben. »Wonderwall« von Oasis, »Good Riddance« von Green Day, »Someone Like You« von Adele. Die Iraner stehen total auf Adele, sie könnte in Teheran fünf Millionen Konzerttickets verkaufen, wenn Auftritte von Sängerinnen nicht verboten wären. Ahmad fragt, ob er uns mit dem Handy filmen darf. »Aber bitte nicht allen Freunden zeigen«, sagt Laila. »Okay«, sagt Ahmad. »Ihr seid ein tolles Paar.«

Nicht mehr lange, denke ich. Die Scheidung nach zehn Tagen Zweckehe steht unmittelbar bevor. Bushehr ist unsere letzte Station zu zweit, dann reist Laila zurück nach Teheran. »I don't believe that anybody feels the way I do about you now«, singen wir zu zweit, und »I hope you had the time of your life« und »I wish nothing but the best for you«, und wir gucken uns an und grinsen, weil das alles so ungewollt romantisch ist.

Dann geben wir Ahmad die Gitarre, er singt phantastisch, fünfmal besser als wir, eine kräftige, aber auch zerbrechliche Tenorstimme. »Manoto« heißt der Song, »Ich und du«, ein trauriges Liebeslied zu einer flamencoartigen Gitarrenbegleitung. »Nein, ich bin ein schlechter Sänger«, sagt er, als wir unsere Begeisterung zum Ausdruck bringen. »Meine Eltern wollten nie, dass ich Musik mache, sie sind sehr religiös und konservativ. Als ich jung war, habe ich fünfmal am Tag gebetet, waren ständig in der Moschee.«

»Und heute nicht mehr?«

»Nein, mit zwanzig habe ich ein Buch über den altägyptischen Arzt Sinuhe gelesen und verstanden, dass Religion nur in den Köpfen der Menschen existiert. Schau dir Afghanistan an oder den Irakkrieg – kann es einen Gott geben, wenn so etwas passiert? Der Islam bringt Terroristen hervor, und die iranische Regierung macht unser Land kaputt.«

»Woran glaubst du?«

»Ich glaube an Menschenrechte. An die Liebe, an Ehrlichkeit. Ich hasse den Islam, aber das ist ein Geheimnis. Wenn ich mich davon lossage, dann ...« Er streicht mit dem Zeigefinger quer über seinen Hals. Im schiitischen Iran droht die Todesstrafe für alle, die der Staatsreligion abschwören. »Ich glaube, die Hälfte der Iraner ist nicht sehr streng religiös. Aber die Regierung ist so stark, dass sie es verbergen müssen. Und die jungen Leute haben Angst, für ihre Rechte zu kämpfen. Weil sie wissen, wie brutal die Mächtigen sind, wie viele Menschen sie getötet haben. Und das nur, weil sie sich politisch engagierten.«

Das Gespräch ist gekippt, vor wenigen Minuten hatten wir noch einen entspannten Musiknachmittag. Jetzt reden wir über Tod und Angst und Religion, und Ahmad sagt einen verbotenen Satz nach dem anderen.

Ich erlebe im Iran häufig solche Stimmungsänderungen. Momente der Leichtigkeit sind zerbrechlicher und kostbarer als anderswo. Über die heitere Small-Talk-Gartenparty kann jede Sekunde Donner und Platzregen hereinbrechen, selbst wenn eine Sekunde vorher keine Wolke zu sehen war.

Am Abend verabschiedet sich Ahmad, er will bei seinen Eltern schlafen und überlässt uns die Wohnung. Er will nicht stören bei unseren Flitterwochen in Bushehr.

Nachts leuchtet eine ganze Stafette roter Lichter über Kuppel und Schornstein des Kraftwerks. An. Aus. An. Aus. Ich meine, von dort ein unaufhörliches Brummen zu hören, aber vielleicht bilde ich mir das nur ein. »So gestrahlt hast du noch nie in unserer Ehe«, sagt Laila, ein AKW-Witz muss sein. Wir sitzen auf der Couch und trinken Leitungswasser. Sie malt mir mit einem Kugelschreiber einen Punkt auf den Unterarm. »Das macht mein Vater immer bei meiner Mutter, und dann regt sie sich voll auf. Ich find das total niedlich.«

»Ich glaube, Ahmad fand uns auch niedlich zusammen.«

»War meine beste Ehe bisher. Aber auch meine erste.« Dann schnappt sie sich noch einmal die Gitarre und spielt »Nobody's Wife«.

Laila kriegt Ahmads Pritsche, ich eine Matratze auf dem Teppich. Wir machen das Licht aus, mein Bus geht um sechs Uhr früh. »Wäre schon verdammt verboten, im Iran Sex zu haben, ohne verheiratet zu sein, oder?«, sagt einer von uns. »Ja, *verboten* wäre es«, ist die Antwort. Das Adjektiv betont sie so, dass kein Verdacht aufkommt, sie würde es gerne durch »aufregend« oder »eine hervorragende Idee« ersetzen. In romantischen Hollywoodkomödien wäre das der Moment, wo irgendwas Unerwartetes passiert. Im Iran auch: Jemand klopft. Ziemlich laut. Nicht an unsere Tür, sondern draußen an die Garage. Immer vier oder fünf Anschläge, dann Stille. Wir trauen uns nicht, uns zu bewegen. Wer als Tourist so nah am Atomkraftwerk nächtigt, gerät automatisch in Spionageverdacht, wenn das jemand mitkriegt. Immer wieder dieses Klopfen. Laila sitzt aufrecht im Bett und zieht ihr Kopftuch über, ganz langsam, um bloß kein Geräusch zu machen. Unsere Tür ist nicht abgeschlossen, wir haben keinen Schlüssel. Wäre es denkbar, dass uns ein Gastgeber in eine Falle lockt? Ahmad wirkte sehr nett, aber wir kennen ihn erst seit ein paar Stunden. Paranoia ist eine düstere Macht, die Vertrauen in Sekundenschnelle zerstören kann. Wir hören Schritte im Innenhof. Eine Männerstimme ruft etwas. Stille. Wieder Schritte. Noch einmal ein Ruf. Aber niemand kommt rein. Die Schritte entfernen sich, eine Metalltür öffnet sich und schlägt zu. Dann ist es so still, dass man seinen eigenen Atem hören kann.

# اهواز

AHVAZ

Einwohner: 1,1 Millionen
Provinz: Chuzestan

## LOST IN TRANSPORTATION IV

Der Bus nennt sich »VIP« und hat rot gepolsterte Liegesitze mit
Fußstütze und die Beinfreiheit einer First-Class-Flugkabine. Mein
Bordmenü besteht aus einer Orangenwaffel namens »Khootka-
Wafer« und einem Dattelkeks, der auf »Kutlu« hört. Und einem
Pappbecher mit »Angry Birds«-Motiv sowie einem zehnprozenti-
gen Ananasnektar der Marke Afshoreh, bei dessen Bestandteilen
das interessante Wort »pineapple constantrate« steht. Er hat ein
paar ISO-Zertifikate aufgedruckt und einen Halal-Stempel. Das
Getränk befindet sich in so einer Capri-Sonne-mäßigen Schwab-
belpackung, die keinen Hinweis darauf enthält, wie man sie öffnet. Ein angespitzter Strohhalm klebt dran, aber es ist unmöglich, damit die massive Außenhaut zu durchbrechen. Der Inhalt
scheint nicht zum Verzehr vorgesehen zu sein.

Nach einer Scheidung ist eine vorübergehende Phase der Ori-
entierungslosigkeit nichts Ungewöhnliches. Ich bin wieder allein,
den Ehering habe ich tief im Rucksack verstaut. Der Bus spuckt
mich nach sechs Stunden Fahrt an einem Kreisverkehr am Rand
von Ahvaz aus. Kreisverkehre sind hervorragend geeignet, um
sich einsam zu fühlen. Jeder Mensch an jedem Steuer scheint ein
Ziel zu haben, nur ich habe keins. Ich stehe mit meinem Fünf-

zehn-Kilo-Rucksack am Rand einer Stadt, von der ich keine Karte besitze und nur weiß, dass sie heiß und hässlich ist und es keinen schlechteren Ort zum Atmen gibt. In einem Ranking der Weltgesundheitsorganisation wurde Ahvaz zur Smog-Welthauptstadt gekürt. Peking, Neu-Delhi oder Teheran sind im direkten Vergleich Frischluftoasen, nirgendwo im Iran sterben die Menschen im Durchschnitt so früh wie in Ahvaz. Berühmt ist die Stadt für orangefarbene Dunstwolken aus Industrieabgasen, die sich abends über die Häuser senken. Anders gesagt: Wer hier nicht mit dem Rauchen anfängt, ist selber schuld, denn gesundheitlich macht es kaum einen Unterschied.

Alle Verkehrsschilder sind auf Persisch, Chamenei glotzt von mehreren Riesenpostern, die Leute glotzen auch, weil Touristen hier einigen Seltenheitswert haben, so nachdrücklich warnt der »Lonely Planet« vor einem Besuch. Mein Gastgeber muss bis zum späten Nachmittag arbeiten, ich habe fünf Stunden zum Totschlagen.

Der Straßenverkehr ist wie üblich ein wildes Spektakel aus Blech und Rädern.

Wer Menschen trifft, die zu perfekt, zu lieb und zu freundlich sind, sucht unwillkürlich nach ihrer Leiche im Keller, nach dem perversen Hobby, nach irgendetwas, das diese Übernettigkeit kompensiert, das sie als Menschen mit Fehlern und Schwächen zeigt. Bei Iranern muss man nicht lange suchen, sondern nur zur nächsten Hauptstraße einer beliebigen Großstadt laufen: Ihr perverses Hobby ist Autofahren. In der Sekunde, in der ein beliebiger Iraner einen beliebigen Anlasser betätigt, vergisst er, jemals den Begriff »Taarof«, Höflichkeit, gehört zu haben, und verwandelt sich in ein schlingerndes, hupendes, rasendes Saipa-Monster auf Fußgängerjagd.

Ich würde mich jetzt gern in einem Café in Sicherheit bringen, sogar Starbucks wäre in Ordnung, aber es gibt hier kein Café, nur Fast-Food-Läden mit vollgekrümelten blauen Plastiktischdecken und Miniwaschbecken, neben denen billige Flüssigseife steht. Ich kenne Waschsalons in Berlin oder Hamburg, die haben mehr Charme als eine durchschnittliche iranische Burgerbraterei. Ich bekomme einen gegrillten Klumpen Hackfleisch in einem Brötchen, das schon mehrere und bessere Tage gesehen hat, und bleibe einfach eine Stunde lang sitzen. Was tun? Ich weiß nicht einmal, in welcher Richtung das Stadtzentrum ist. Ich beschließe, es auf ein Experiment ankommen zu lassen, gehe raus und halte ein Taxi an. »Imam Khomeini Street«, sage ich. Jede Stadt in diesem Land hat eine Khomeini-Straße, meistens im Zentrum.

»Hotel?«, fragt der Fahrer.

»No«, sage ich. »City Center.«

Das versteht er nicht. Mit einer Armgeste versucht er mir mitzuteilen, dass die Khomeini-Straße ziemlich lang ist. Ich nicke und versuche es mit Gedankenübertragung: Fahr doch einfach hin, und ich sage Stopp, wenn es mir irgendwo gefällt. Die Gedanken kommen nicht an, stattdessen fragt er Passanten am Wegesrand, ob sie Englisch können. Er fragt eine ganze Bushaltestelle voller verschleierter Frauen und einen Fahrer auf der Nebenspur. Keiner kann.

Ich sage noch einmal »Khomeini Street«, zusammen mit einer beruhigenden Armgeste, die vermitteln soll: »Das passt schon, ich weiß, was ich tue.« In Wahrheit weiß ich nicht, was ich tue.

Der Fahrer wendet sich mangels irdischen Beistands an Allah und fängt an, ein Gebet zu murmeln. Dabei legt er immer wieder den Kopf auf den Lenker, was in Anbetracht der aktuellen Verkehrslage echtes Gottvertrauen beweist.

Auf einer Art Nachbau der Kölner Hohenzollernbrücke überqueren wir den Karon-Fluss, ein rheinbreites Gewässer mit wenig vertrauenerweckender Farbe, und scheinen uns nun tatsächlich dem Zentrum zu nähern, inschallah. Am Horizont brennen die Methanfeuer mehrerer Öl-Fördertürme.

Der Fahrer bremst und sagt »Imam Khomeini« und deutet auf eine Straße links, die komplett überdacht ist. Ich würde jetzt gern mit einem »Daumen-hoch«-Zeichen zu verstehen geben, dass alles gut ist, aber er könnte das als obszöne Geste missverstehen. Also zahle ich nur und spaziere los.

Mit schwerem Gepäck am frühen Nachmittag durch die heißeste Millionenstadt der Welt zu flanieren ist keine gute Idee, aber eine bessere habe ich nicht. Die Atemluft wirkt eigentlich ganz in Ordnung, vielleicht habe ich aber auch nur Glück, weil ein leichter Wind weht. Hauswände sind mit fotorealistischen Kriegsmärtyrer-Gemälden geschmückt, Shops bieten Autoteile, Haushaltswaren und Obst feil.

Ein paar Jugendliche neben einem Kiosk fragen, woher ich komme. Sie bitten mich, ein Foto von ihnen mit einem Fußballmagazin zu machen, dann gehen sie zum Verkaufsgespräch über. Einer holt eine Tablettenpackung aus einem Hohlraum an der Seite eines Müllcontainers. »Tamol XX«, steht darauf, »Made in India«. Der Junge spannt einen beachtlichen Bizeps

an, um zu zeigen, was das Medikament angeblich auslöst, und sagt »illegal«. Als ich ablehne, fragt er: »Whisky? My place?«, doch auch da kommen wir nicht zusammen.

Stattdessen gehe ich ins »Hoetl Iran« – die riesige Leuchtreklame auf dem Dach hat einen Buchstabendreher –, um im dazugehörigen Restaurant Hühnchen mit Reis zu essen. Der Innenraum ist auf gefühlt zehn Grad gekühlt. Aus dem Lautsprecher schmeicheln Vivaldis »Vier Jahreszeiten« den Ohren, Kellner in weißen Hemden bedienen im Primavera-Takt. Vier Jahreszeiten hätten sie vermutlich gerne, die hitzegeplagten Ahvazis. Ich hatte nie im Leben vor, die Hauptstadt der Öl- und Gasprovinz Khusestan zu besuchen, aber Yasmin schlug sie als Ausgangspunkt vor, um zu zwei Schlachtfeldern aus dem Ersten Golfkrieg zu fahren.

Um fünf Uhr Nachmittag liest mich Farshad mit seinem Peugeot Pars auf. Der schlanke 46-Jährige mit Schnurrbart kommt gerade von der Arbeit, er ist Ingenieur in einem Wärmekraftwerk. »Willkommen in der heißesten Stadt des Iran«, sagt er. Er deutet auf die Anzeige auf dem Armaturenbrett: 42 Grad Celsius. »Das ist noch harmlos, im Sommer werden es bis zu 52 Grad.« Wie hält man das aus?»Möglichst wenig draußen aufhalten«, sagt er. Farshad war schon mehrfach in Deutschland auf Energiekongressen.»Frankfurt, Mannheim, Stuttgart, Hamburg«, zählt er auf.»Messehallen, Schlump«, er erinnert sich noch an die Namen von U-Bahn-Haltestellen.»Hier soll eine Metro gebaut werden, aber das ist extrem schwierig, weil an manchen Stellen das Öl im Boden nur fünfzig Meter tief liegt.« Die Bodenschätze sind von enormem Wert, machen aber auch immer wieder Umstände. Bald soll der Flughafen um fünfzehn Kilometer versetzt werden, weil unter der Landebahn große Mengen Schwarzes Gold entdeckt wurden.

Farshad lebt im Stadtteil Koorosh in einem teuer eingerichteten Apartment mit edlen Ledercouchsesseln. An der Wand hängen Koranbilder, ein Toskanagemälde und eine Holzuhr, die halbstündlich eine grotesk verzerrte Big-Ben-Glockenmelodie abspielt. Er stellt seine Frau Maryan und seine zwei Kinder vor, den dreizehnjährigen Shayan und die elfjährige Shaqiba.

Der auffälligste Mitbewohner ist allerdings ein schwalbengroßer Beo mit gelbem Schnabel und grauschwarzem Gefieder, den sie hier Mynahvogel nennen. Warum, bleibt nicht lange ein Rätsel: Ähnlich einem Papagei kann er mit Roboterstimme das Wort »Mina« sagen, was er auch häufig mit einem heftigen Kopfnicken tut. Sein Repertoire umfasst aber noch weitere Krächzer, Gluckser und Piepser, die ausreichen würden, um mehrere Pinball-Maschinen mit Soundeffekten zu versorgen. Farshad öffnet den Käfig. Das Tier hopst heraus, scheißt auf meinen Rucksack und hüpft auf meinen Kopf. Besser als umgekehrt.»Wir haben den erst vor zehn Tagen gekauft, für 400 000 Toman auf dem Basar«, sagt Farshad, während er mit einem Papiertuch mein Gepäck säubert. »Pass auf deine Augen auf.«

Ich halte die flache Hand über das Gesicht. Das 100-Euro-Tier, um seinen Augenschmaus gebracht, untersucht pickend meine Stirn nach Essbarem. Freundschaften fangen anders an.

Es klingelt an der Tür, Yasmin ist angekommen. Ihr Flieger aus Teheran ist vor einer Stunde auf dem Ölfeld-Airport gelandet. »Was hast du denn auf dem Kopf?«, fragt sie.

»Minaaa, Minaaa«, krächzt der Paradiesvogel.

# KRIEG

Am Eingang neben dem riesigen Besucherparkplatz steht ein Kindersarg, eingewickelt in eine iranische Flagge, davor Granatenhülsen, blassrote Tulpen aus Plastik und ein einzelner staubiger Schuh. Die Mauer dahinter ist aus Sandsäcken gebaut. »Willkommen an dem Ort, wo Märtyrer zu Gott gingen«, steht auf einem Schild, der Junge in dem Sarg war einer von ihnen. In keinem Land der Erde werden so viele Märtyrer verehrt wie hier, in jeder Stadt hängen Poster mit ihren Gesichtern an den Straßen. Auf Wände von Mehrfamilienhäusern wurden die Kriegshelden gemalt, Hunderttausende ruhen auf dem Teheraner Riesenfriedhof Behesht-e Sahra.

Im Diesseits sind sie Idole, im Jenseits geht es ihnen prächtig, zumindest wenn man den Versprechungen des Korans glaubt: Wer im Heiligen Krieg auf dem Schlachtfeld stirbt, kommt demnach ins Paradies, egal, was er vorher für ein Leben geführt hat. Dort sollen ihn zahllose Diener und ein prachtvolles Haus erwarten. Wenn er im Krieg genug betet, kann er dabei sogar auf Mauern aus Juwelen hoffen. Und er soll 72 Huris haben, Jungfrauen, die ihm ständig zur Verfügung stehen.

Soldaten, die in die Schlacht geschickt wurden, bekamen Plastikschlüssel um den Hals gehängt, Made in Taiwan, die ihnen schnelleren Zugang zum Paradies garantieren sollten. Im festen Glauben an ewige Belohnungen schritten Jugendliche in Menschenketten Hand in Hand über Minenfelder ins feindliche MG-Feuer.

Einige Minen liegen bis heute auf dem Schlachtfeld von Fatholmobin, Besucher dürfen die gekennzeichneten Trampelpfade deshalb nicht verlassen. Mehrere irakische Panzer stehen herum wie tote Rieseninsekten. Würden sich nicht Sträucher um ihre Kettenräder ranken, könnte man meinen, sie wären erst gestern abgeschossen worden und nicht vor dreißig Jahren.

Am 22. September 1980 fielen 100 000 irakische Soldaten mit Panzern in Khusestan ein. Saddam Hussein wollte die ölreiche Provinz erobern, weil er von einer historischen Zugehörigkeit zum Irak überzeugt war. Er hoffte dabei auf die Unterstützung arabischstämmiger Iraner, die sich schon länger für ihre Unabhängigkeit einsetzten. Und er hoffte auf einen schnellen Sieg in

wenigen Wochen, da der Iran nach dem Sturz des Schahs militärisch geschwächt war. Doch was folgte, wurde der längste Staatenkrieg des 20. Jahrhunderts. Auf beiden Seiten starben Hunderttausende, Millionen wurden verletzt. In fast neun Jahren Krieg verschoben Eroberungen und Rückeroberungen immer wieder die Grenzen der beiden Nachbarn.

Die Schauplätze sind heute Pilgerstätten. Im Jahr 2013 besuchten laut offiziellen Angaben 3,5 Millionen Touristen die Schlachtfelder, also jeder zwanzigste Iraner. »Passagiere des Lichts« nennen sie die Pilger. Das Kriegstrauma ist zentrales Thema einer ganzen Generation, trotzdem hat diese enorme Zahl noch andere Gründe. »Der Staat übernimmt fast die kompletten Reisekosten«, sagt Yasmin, die ihre Masterarbeit über diese Art von Tourismus geschrieben hat. Sie zieht sich schwarze Handschuhe über, weil es sich an heiligen Orten nicht gehört, Nagellack zu zeigen. »Eine Woche inklusive Vollverpflegung, einer Nacht im Fünfsternehotel und einem Besuch an Khomeinis Geburtsort für 20 000 Toman.« Sieben Tage Patriotismus-Kaffeefahrt für fünf Euro, all-inclusive, ein unschlagbares Angebot.

»Die Bürger sollen erfahren, was Ausländer uns angetan haben«, erklärt Yasmin. Deshalb werden auch Filmprojekte zum Thema gefördert. »Mehr als 7000 Golfkrieg-Filme wurden seit 1988 gedreht, die Regisseure können damit sicher sein, keinen Verlust zu machen.« Für die Regierung sind die Subventionen gut angelegtes Geld, denn je mehr sie die Erinnerung an den Krieg in den Köpfen präsent hält, desto sicherer kann sie sich ihrer Macht sein. Weil der Krieg zeigt, dass Allah auf der Seite des »Gottesstaates« war, der einen übermächtigen Gegner zurückschlagen konnte. Weil die Trauer um verlorene Familienmitglieder bis heute so stark ist, dass viele Menschen nicht bereit sind, für irgendwas ihr Leben zu riskieren oder ihre Kinder ihr Leben riskieren zu lassen (zum Beispiel durch eine Rebellion gegen das Regime). Weil es immer gut ist, den Hass auf den Irakunterstützer USA anzustacheln, weil die Menschen dann auch inländische Missstände bereitwilliger auf den Erzfeind schieben und nicht auf Fehler der eigenen Regierung.

Auf dem Boden vor dem Eingang sind eine israelische und eine amerikanische Fahne aufgemalt, Letztere ist so stark ausgebleicht, dass sie kaum noch zu erkennen ist. »Beim Reinkommen tritt jeder mit den Füßen darauf«, erklärt Yasmin. Man muss einen Bogen gehen, um sie nicht zu berühren. Der blaue Davidstern als Fußabtreter überrascht, denn während des Krieges lieferte Israel Panzerabwehrraketen und Uzi-Maschinengewehre an den Iran. Die Staatspropaganda will bis heute nichts davon wissen, für sie stand Israel aufseiten des Irak.

Ein ehemaliger Kommandant der iranischen Truppen, der sich als Ali Sorkheh vorstellt, führt uns über die Trampelpfade der Gedenkstätte. »Ich wünsche mir, dass jeder die Wahrheit dieser Schlachtfelder sieht«, sagt der kräftige 57-Jährige mit rauer Stimme. Er trägt Sonnenbrille, hat weiße Bartstoppeln, ein braunes Hemd und weiße »Prima«-Turnschuhe. Seit dreiundzwanzig Jahren führt er Besucher herum. »Hier starben während der Operation Fatholmobin 3000 Iraner und 25 000 Soldaten aus dem Irak, 50 000 wurden gefangen genommen.« Schon zeigt sich, dass es mit der Wahrheit der Schlachtfelder so eine Sache ist. Denn seine Zahlen sind übertrieben, laut unabhängigen Schätzungen des »Center for Strategic und International Studies« starben in Fatholmobin etwa 5000 Iraner, während 14 000 Iraker getötet oder gefangen genommen wurden. Sorkheh hebt eine Patronenhülse aus Metall vom Boden auf. »Saddam«, murmelt er. »Viele von uns haben die Dinger bis heute in ihrem Körper.«

Ob er auch eine Kriegsverletzung habe, frage ich.»Meine Lunge ist kaputt vom Senfgas. Die Deutschen haben den Irakern Chemiewaffen geliefert.«

Die hügelige Umgebung aus Lehmboden und einzelnen Sträuchern wirkt enorm trist, weil sie hauptsächlich aus zwei Farben besteht: Hellbraun und Grün, genau wie die entsprechend lackierten Panzer, von denen nur Wracks übrig sind. An einigen Stellen stehen als Farbtupfer Poster, die verstümmelte Soldatenleichen zeigen, Porträts von Märtyrern im Teenageralter oder Chamenei und Khomeini neben patriotischen Sätzen.»Es war ein Krieg der Wahrheit gegen die Lüge«, steht da, oder»Das größte Opfer bringen die Hinterbliebenen der Märtyrer«.

Sorkheh zeigt uns eine versteckte Höhlenanlage der Iraker.»Exakt solche Verstecke haben die Israelis auch in den Golanhöhen gebaut.« Für ihn ist das ein Beweis, dass jüdische Militärs den Irak als Berater unterstützten.

Auffälligstes Bauwerk der Anlage ist das Mausoleum der acht namenlosen Soldaten, es ist noch nicht ganz fertig. Ein quadratischer Lehmbau mit weißem Turm, dessen stufige Spitze wie eine von allen Seiten begehbare Himmelsleiter wirkt. Sorkheh legt am Eingang die Rechte aufs Herz und verbeugt sich, dann geht er reihum und legt die Hand kurz auf jeden der Grabsteine, die in zwei Viererreihen im Boden verankert sind.»Von diesen Märtyrern wurden keine Namensmarken gefunden«, sagt er. Zu lesen sind das Todesdatum und die Schlacht. Kerbala 5, Ramezan, Val Fadj 8. Val Fadj heißt Morgenröte, die Iraner begannen ihre Gegenschläge meist früh am Tag. Yasmin deutet auf ein rotes Stirnband, das an der Wand hängt.

»Ya Hussein‹ steht darauf, das skandierten sie vor jeder Schlacht: Im Namen von Imam Hussein«, sagt Yasmin. Der Enkel des Propheten Mohammed starb vor 1300 Jahren bei Kerbala in einem Hinterhalt. Jedes Jahr im Sühnemonat Muharram trauern die Schiiten um ihren Urmärtyrer, Kerbala ist bis heute ihr heiligster Pilgerort. Hussein soll auch Vorsteher des Jungfrauenparadieses sein, das den Kriegsopfern vorbehalten ist. So ist»Ya Hussein« die persische Variante von»Morituri te salutant«.

Als die Nachbarländer schließlich im August 1988 einen Waffenstillstand vereinbarten, waren die Grenzen wieder genauso wie vorher. »Die Iraker haben in Khusestan in sechs Monaten 250 Kilometer Straßen gebaut«, sagt der frühere Befehlshaber Ali Sorkheh. »Das ist das einzige Gute, was der Krieg gebracht hat.«

Eine dieser Straßen bringt uns am nächsten Tag zum Wald der geköpften Dattelpalmen, etwa 120 Kilometer südwestlich von Ahvaz. Tausende, Zehntausende Baumstümpfe ragen zum Himmel, von ihren Kronen ist nichts übrig außer ein paar verkohlten Fasern der Blattstiele. Seit mehr als fünfundzwanzig Jahren stehen sie so da, entstellt, leblos. Wie eine erstarrte Geisterarmee, die auf ewig die schlammfarbenen Ebenen von Khusestan bewacht, die wertvollste Provinz des Landes, aber sicher nicht die schönste. »Das sind die Bäume des Widerstands«, erklärt Yasmin. »Saddam ließ sie alle abfackeln, weil sie den iranischen Soldaten als Versteck dienen konnten. Die Bäume starben, und trotzdem fielen sie nicht um. Darum sind sie ein Symbol für unseren Kampfgeist und Stolz. Kein Einziger wurde seit dem Krieg gefällt.« Kriegsopfern gebühren im Iran besondere Ehren, selbst wenn es sich um Palmen handelt.

Ahmad Mahmoudi zieht das linke Bein nach, zwei Kugeln stecken noch im Oberschenkel, vier hat er in den Arm gekriegt. Er weiß, wie es sich anfühlt, in eine Gewehrsalve zu geraten. Und wie es klingt, wenn wenige Meter entfernt eine Panzergranate einschlägt. Ein Wunder, dass er noch am Leben ist. Der dunkelhäutige 49-Jährige in Militäruniform steht auf einem Holzsteg am Ufer des Schatt al-Arab und erzählt einer Gruppe von mehr als zwanzig schwarz verschleierten Touristinnen vom Krieg.

Der Steg sieht aus wie ein Fähranleger, doch kein Schiff quert dieses Gewässer. Der Grenzfluss Schatt al-Arab war einer der Gründe für Saddam Hussein, den Iran anzugreifen. Denn für Handelsschiffe ist Iraks einziger Wasserweg zum Persischen Golf so wertvoll, dass er ihn nicht länger mit dem Nachbarn teilen wollte. Wir sind in der Ortschaft Arband Kenar, von hier aus können wir über den Fluss in den Irak gucken, sechs Kilometer Luftlinie bis zur Stadt Faw. Eine blaue Moscheekuppel ist drüben zu sehen, Strommasten und Minarette, ein paar altmodische Dhau-Holzboote. Auffällige »No swimming«-Schilder und Panzersperren aus Stahl lassen dumme Gedanken gar nicht erst aufkommen. Vom Moment unserer Ankunft merken wir, dass unsere Anwesenheit die Soldaten nervös macht. Einer fragt, ob er mich fotografieren darf. »Sie sind der erste nicht muslimische Besucher hier«, sagt er. Dann will er wissen, was mich hertreibt.

»Ich bin Tourist und interessiere mich sehr für die Geschichte des Golfkriegs«, antworte ich. Das scheint ihn erst mal zufriedenzustellen, aber von nun an weicht er keine fünf Meter von meiner Seite und zückt immer wieder die Digitalkamera.

Die auffälligsten Exponate in diesem Freiluft-Kriegsmuseum sind Militärboote und Artilleriegeschütze, außerdem eine etwa sie-

ben Meter lange Metallröhre mit einer Art Comic darauf. Die farbige Bilderfolge zeigt, wie Soldaten aus 5000 Stahlrohren eine Brücke bis zum anderen Ufer bauten, über die Panzer passieren konnten. Darüber wurde ein gigantisches Schild aufgestellt, sicher fünfzehn Meter breit, das die strengen Bärtigen Khomeini und Chamenei zeigt. Es ist zum Ufer gerichtet. Die Botschaft »We are resisting« kann jeder lesen, der auf irakischer Seite ein Fernglas in die Hand nimmt. Wir leisten Widerstand, bis hierhin und nicht weiter.

Die Iraner interpretieren es als Triumph, die anfangs übermächtig wirkenden Eindringlinge zurückgeschlagen zu haben, auch wenn dieser Krieg wie die meisten Kriege in Wahrheit keinen Sieger hatte.

Niemand kennt die sechs Kilometer Wasser bis zum Irak so gut wie Veteran Ahmad Mahmoudi. Drei bewaffnete Soldaten stehen im Kreis um uns herum, als er Yasmin und mir seine Geschichte erzählt. »Ich war bei der Basidsch-Bürgermiliz. Acht Monate lang bin ich jeden Abend um zehn Uhr zum irakischen Ufer geschnorchelt, um Angriffsziele auszuspionieren. Zwei Stunden rüber, zwei Stunden zurück, trotz Wellen und Strömungen. Der Feind hatte Radar, Wachposten, Maschinengewehre und Minen, war bis an die Zähne bewaffnet. Unsere stärkste Waffe war der Glaube an Gott, und wir wurden nie bemerkt. Angst hatte ich nicht, ich war bereit zu sterben.« Mahmoudi lächelt viel, er lächelt stolz, wenn er berichtet. Den Kriegshelden gibt er perfekt, schon Hunderte Male hat er die Rolle gespielt. Eine Idealbesetzung für den Job als linientreuer Touristenführer. Hinter ihm rattert ein Passagierschiff vorbei, mit Vollgas Richtung Persischer Golf, so, als wolle es möglichst schnell den Kriegsschauplatz hinter sich lassen.

»Ins Wasser gingen drei bis fünf Mann gleichzeitig, immer die Jüngsten, alle waren zwischen fünfzehn und zwanzig. Damals hatte ich noch keinen Bart wie jetzt.« Mit dem Paradiesschlüssel um den Hals schwamm Mahmoudi jede Nacht um sein Leben. Bis zum Beginn der Operation Morgenröte 8: »Am 11. Februar 1986 waren wir 2000 Schnorchler. Wir gingen zuerst an Land, um wichtige Posten zu erobern, danach folgten die Schnellboote. Zwei Jahre und zwei Monate lang konnten wir Faw halten.« Der Krieg schien sich zu wenden zugunsten des Iran, Khomeini wollte nun den Gegenschlag und bis ins heilige Kerbala vordringen. Doch die militärische Überlegenheit des Gegners war am Ende zu groß. Die Einheiten wurden zurückgedrängt, und Faw gehörte zwei Jahre später wieder zum Irak. Morgenröte 8 war ein Pyrrhussieg. Aber wenigstens ist Saddam Hussein jetzt tot, darüber habe sich Mahmoudi sehr gefreut. »Saddam kodja ast? Iran kodja ast?«, fragt er. »Wo ist Saddam jetzt? Wo ist der Iran jetzt?«

Die Antwort auf die zweite Frage steht ganz vorn auf dem Holzsteg, wo der Iran aufhört und das Wasser beginnt, auf einem Schild: »Kerbala: 600 Kilometer«.

Ich mache noch ein paar Fotos, aber Yasmin raunt mir zu, es sei besser, jetzt zu gehen. »Die Soldaten schöpfen Verdacht, sie glauben nicht, dass du ein normaler Tourist bist.« Zum Abschied schenkt uns Mahmoudi noch zwei schwarz-weiße Basidsch-Halstücher und küsst mich auf beide Schultern. Ein Soldat hält weiter die Kamera in meine Richtung, anscheinend filmt er. Niemand wird unfreundlich, aber ich spüre, dass die Stimmung kurz davor ist zu kippen. Wir steigen ins Auto, unser Fahrer gibt Gas. Yasmin streift das Halstuch mit einer energischen Bewegung ab.

»Mich ärgert, dass er die Marine mit keinem Wort erwähnt hat. Er hat so getan, als hätte die Basidsch-Bürgermiliz die Schlacht allein gewonnen. Mein Vater hat hier gekämpft, und er war bei der Navy.«

»Warum sollte der Veteran das verschweigen?«

»Es klingt heldenhafter. Die Basidsch waren Freiwillige ohne vernünftige militärische Ausbildung. Wenn sie schwer bewaffnete irakische Truppen besiegen konnten, ist das ein Beweis, dass Allah auf unserer Seite war.«

»Was hat dein Vater über die Operation Morgenröte 8 erzählt?«

»Er war über zwei Jahre hier. Während des Angriffs schlug eine Bombe direkt neben ihm ein, drei Freunde wurden regelrecht zerfetzt. Er hatte mehr Glück, ist aber seitdem auf einem Ohr taub. Das nennt er sein ›Souvenir‹ aus dem Krieg.«

»Hast du als Kind viel von dem Konflikt mitbekommen?«

»In meinen ersten sieben Lebensjahren kannte ich nichts anderes als Krieg. Wir hatten immer Angst um Papa. Einmal hat er sich zweieinhalb Monate nicht gemeldet, kein Lebenszeichen. Dann klingelte ein Soldat bei uns und sagte, er sei auf einer zwanzig Meter großen Insel bei Bandar Abbas entdeckt worden. Auf der Flucht vor Panzern war er rübergeschwommen, wochenlang hat er sich fast nur von amerikanischer Schokolade ernährt. Als er zurückkam, hatte er einen riesigen Bart und war völlig abgemagert.«

»Wurde er als Kriegsheld gefeiert?«

Sie lacht, aber es ist kein fröhliches Lachen, sondern voller Bitterkeit. »Vor zwölf Jahren haben sie ihn rausgeschmissen bei der Marine. Weil er kein strenggläubiger Muslim ist.«

Beim Spaghetti-Abendessen am Küchentisch erzählt Gastgeberin Maryam von den Tieffliegern über Ahvaz. »Saddams MIGs«, sagt sie, Iraner sagen immer »Saddam«, wenn sie den Kriegsgegner meinen, denn im Grunde haben sie nichts gegen den Irak. »Saddams MIGs flogen manchmal so tief, dass sie die Baumwipfel streiften und Äste auf den Boden fielen. Ich hielt mir die Ohren zu, um von dem Lärm nicht taub zu werden.« Während wir noch essen, lässt Farshad den Beo aus dem Käfig, ein kreischendes schwarzes Federbündel katapultiert sich durch die Küche und nutzt die plötzliche Freiheit dafür, alles an Bewegung nachzuholen, was ihm durch ganztägige Gefangenschaft verwehrt blieb. Er brettert von der Spüle zum Geschirrschrank, dann vom Wandsims zum Tischbein, von Yasmins Haar auf meinen Fuß.

Maryam versucht trotz der Ablenkung, ihren Bericht fortzusetzen. »Als ich dreizehn war, das war 1983 oder 1984, kündigte Saddam im Fernsehen an, um Mitternacht Ahvaz zu bombardieren.« Die Eroberung der Ölstadt war ein erklärtes Ziel des Machthabers. »Hunderttausende haben noch am selben Tag zu Fuß Ahvaz verlassen, nur ihr Geld und Gold hatten sie dabei. Mein Vater blieb zu Hause, weil er Angst vor Plünderern hatte. Zum Glück kamen die Bomben nicht. Nach einer Woche im Zelt kehrten wir zurück. Einige Menschen wurden während dieser Tage von Skorpionen oder Schlangen gebissen und starben.« Ich habe Mühe, ihr zu folgen, was aber nicht an fehlender Dramatik ihrer Worte liegt. Was dem Specht der Baumstamm, ist dem hyperaktiven Mynahvogel mein Fuß. Immer wieder bohrt sich sein kleiner Schnabel durch meine Socke, er scheint Pasta – Tourist – Vogel für die korrekte Nahrungskette zu halten. Maryam sieht das anders, sie greift zum Besen und fegt den Vogel beiseite, Farshad springt hinterher. Ob in einem solchen Moment das Spiel »Angry Birds« erfunden wurde? Auf dem Tisch kriegt er ihn fast zu fassen, aber nur fast, weil mein Teller im Weg steht. Spaghetti und Hackfleischsoße und Porzellan fliegen zu Boden, der Beo flattert aufs Regal. »Minaaa, Minaaa«, schimpft er. Farshad hastet und hechtet, der Vogel flattert und flüchtet. Nach drei Minuten computerspielreifer Verfolgungsjagd ist er gefangen und muss zurück in den Käfig. Maryam holt mir einen neuen Teller, und ich wische mit meiner Serviette rote Bologneseflecken vom Laminat.

# كرمانشاه

## KERMANSHAH

Einwohner: 850 000
Provinz: Kermanshah

## BACKGAMMON

Der Krieg lässt uns nicht los, solange wir in der Nähe der Grenze zum Irak reisen. In Kermanshah, 400 Kilometer nordwestlich von Ahvaz, sind wir Gäste bei einem Soldatenfreund von Yasmins Vater. Sie rief ihn einen Tag vorher an, weil kein Couchsurfer geantwortet hatte. Spontan lud er uns zu sich ein. »Du bist dick geworden«, sagt Azim, als er Yasmin umarmt. Er ist 47, sieht aber aus wie über sechzig. Dünnes Haar, melancholische Augen, ein stark abgemagerter, aber trotzdem muskulöser Körper. Er trägt nur Trainingshose und Unterhemd. Auf dem rechten Oberarm sind persische Schriftzeichen eintätowiert, gestochen von einem Kriegsgefährten: »Ob ich arm bin oder kein Dach über dem Kopf habe, niemals werde ich meine Ehre eintauschen gegen ein gutes Mahl«, steht da.

»Salam«, begrüße ich ihn.

»Sag nicht ›Salam‹. Ich hasse diese arabischen Wörter. Du musst ›Dorut‹ sagen, das ist persisch.« Dann entschuldigt er sich für seine einfache Wohnung. »Mein Haus ist klein, ich wünschte, ich könnte euch etwas Besseres bieten.« Mit seiner Frau Susan, 37, und der fünfjährigen Tochter Azadeh lebt er auf etwa 50 Quadratmetern in einem schmucklosen Apartmentblock mit sandfarbener Betonfassade. Das Treppenhaus stinkt nach verrottetem Abfall. »Die Miete zahlt das Militär, was Größeres ist nicht drin«, sagt Yasmin. Seit einem halben Jahr sei Azim arbeitslos, er ist Klempner.

Der Mann holt ein paar Fotoalben und öffnet eine Packung Golden-Deer-Zigaretten. Die Bilder zeigen Panzer und lächelnde Männer mit Typ-56-Sturmgewehren, Kalaschnikow-Kopien, Made in China. Mit nackten Oberkörpern posieren junge Soldaten am Strand der Insel Tonb-e Bozorg. Dort war Azim während seiner Militärausbildung. Heute lächelt er nicht mehr, wenn er über den Krieg spricht. »36 Länder unterstützten den Irak.« Azim malt die Zahl 36 mit einem Kugelschreiber auf seine Hand, so, als könne er sie nur schwarz auf weiß glauben. »Die Deutschen und Holländer lieferten Giftgas, die Russen Panzer, die Franzosen Mirage-F1-Kampfjets, die Araber Geld.« Er spricht kein Englisch, Yasmin übersetzt für mich. Die kleine Azadeh klettert auf den Schoß ihres Vaters und zeigt ihm ein selbst gemaltes Bild von einem Adler. Er streichelt ihr über den Bubikopf.

Auf dem Glastisch im Wohnzimmer stehen ein paar Äpfel. Azim nimmt einen in die Hand und zeigt auf verschiedene Stellen, als wäre er ein Globus: »Iran. Deutschland. USA.« Die grüne Apfelhaut sieht rundum gleich aus. »Was sind wir Menschen? Nur winzige Sandkörner«, sagt Azim.

Dann bittet er mich, ihm einen Apfel in kleine Stücke zu schneiden. Um zu zeigen, warum, greift er in seinen Mund und nimmt kurz den künstlichen Unterkiefer raus. »Kerbala 5. Eine Panzergranate. Schlug neben mir ein. Tötete einige Freunde und schleuderte Steinbrocken hoch. Einer davon hat meine Zähne erwischt.« Seit diesem Tag im Frühjahr 1987 kriegt Azim Angstzustände, wenn er plötzlich ein lautes Geräusch hört. Gewitter sind kaum zu ertragen. Operation Kerbala 5 war die größte Schlacht des Krieges, 65 000 Iraner starben bei dem erfolglosen Versuch, die Hafenstadt Basra zu stürmen.

»Wir machen uns Sorgen um ihn«, sagt Yasmin. »Er ist sensibler als die anderen. Und seine Lunge ist kaputt vom Giftgas, aber es fehlt Geld für eine Behandlung. Es tut gut, ihn so mit seiner Tochter zu sehen.« Tatsächlich ist der Unterschied zwischen Azim und den beiden Vorzeigeveteranen an den Touristen-Schlachtfeldern riesig. Nicht nur, weil er vermutlich halb so viel wiegt wie Sorkheh oder Mahmoudi: Er wirkt nicht so, als würde er eine eingeübte Rolle spielen. Der Krieg hat ihn kaputt gemacht, das spürt man. Dabei ist er eher ein Kriegsheld als die beiden anderen.

»Ich war Scharfschütze«, berichtet er. »Einmal haben wir nachts ein feindliches Lager ausgespäht. Ein Kommandant, zwei andere Soldaten und ich. Wir sahen ein paar Iraker vor ihren Zelten. ›Erschieß sie‹, sagte mein Boss. Ich ging ein Stück vor, brachte die Waffe in Position. Richtete das Zielfernrohr auf eines ihrer Gewehre und drückte ab. Sie erschraken und sprangen auf. Ich winkte ihnen, schnell zur Seite zu gehen. Sie bedankten sich mit einem Handzeichen.«

Während wir reden, legt Susan eine Plastikplane mit Tropeninselmotiv auf den Boden und trägt eine Köstlichkeit nach der anderen herein. Ghormeh Sabzi, einen traditionellen Eintopf mit Lammfleisch, Bohnen und sieben Kräutern. Gegrilltes Hühnchen. Reis mit der typisch goldbraunen Kruste, dazu selbst gemachten Joghurt und Salat. In Anbetracht dieses Festmahls beschließe ich, im Iran die Phrase »Ich wünschte, ich könnte euch was Besseres bieten« niemals wieder ernst zu nehmen.

Azim ist nicht mehr sehr gesprächig, sein Blick geht oft in die Ferne. Nur einmal deutet er ein Lächeln an, als er eine SMS bekommt.

»Was ist?«, fragt Yasmin.

»Ein Freund hat mir einen Witz geschickt.«

»Erzähl.«

»Es ist eher ein Ratschlag: Wenn dein Auto kaputtgeht, hock dich aufs Dach und scheiß drauf. Warum? Weil Rohani auf den Iran scheißt, und der Iran funktioniert!«

Beim Backgammon kämpfen fünfzehn schwarze Steine gegen fünfzehn weiße Steine. Wer zuerst alle über das letzte von vierundzwanzig Feldern hinaus in die Endzone bringt, hat gewonnen.

Wenn mehrere Steine zusammen auf einem Feld stehen, sind sie unangreifbar. Steht einer allein, kann der Gegner ihn schlagen. Schwarz und weiß, allein schwach und zusammen stark: Als Kriegsmetapher taugt das Spiel, das vor 5000 Jahren im Iran erfunden wurde. »Das ist 50 Prozent Kopf und 50 Prozent Glück«, sagt Azim, und ich frage mich, ob er das Gleiche über seine Einsätze im Krieg sagen würde. Er bereitet die Grundaufstellung auf einem handgeschnitzten Holzbrett vor. Zwei Steine auf Position 1, fünf Steine auf 12, drei auf 17 und fünf auf 19. Er spielt gegen Yasmin, aggressiv knallt er seine Figuren auf das Holz. In wenigen Minuten gewinnt er mühelos dreimal hintereinander. »Er hat keinen einzigen Fehler gemacht«, sagt Yasmin bewundernd. »Und ein bisschen öfter einen Pasch geworfen als ich.«

Die Kriegsopfer von Kermanshah sind auf einem riesigen Soldatenfriedhof begraben. Hunderte, Tausende polierte Grabplatten, wie umgefallene schwarze Dominosteine auf dem Steinboden. Sie sind überdacht, jedes Dach hat das Format eines Basketballfeldes, und es gibt mindestens zehn solcher Riesendächer. An den Seiten sind die Friedhöfe offen. Auf den Grabplatten stehen Geburtsdatum, Sterbedatum, Name des Toten und Name des Vaters, die meisten sind mit einem gezeichneten Porträt versehen. Wo kein Kopf in den Stein geritzt wurde, ist ein stilisierter Vogel mit nach oben gestreckten Flügeln zu sehen, dessen Silhouette zugleich einer Tulpe ähnelt, der Blume der  Märtyrer. Wenn ein Soldat im Kampf stirbt, wächst aus seinem Blut eine Tulpe, glauben die Iraner.

Azim bleibt vor einem Grab stehen. »Ein Cousin von ihm. Der wurde nur siebzehn«, erklärt Yasmin.

»Alle diese Männer. Und Kinder. Sie sind für nichts gestorben«, sagt Azim.

Ein Mann, der mit einem Hochdruckreiniger das benachbarte Massengrab sauber sprüht, ruft uns etwas zu.

»Wir sollen gehen«, sagt Yasmin. »Er sagt, wenn uns die Geheimdienstleute sehen, werden sie uns verhaften.«

Azim fängt eine Diskussion an, sagt, er sei ein Veteran, und wir seien seine Freunde. Dann gehen wir zurück zu seinem Paykan-Kleinwagen. Zwei Männer fahren auf einem Motorrad heran, halten neben der Fahrertür und fragen, was wir hier zu suchen haben. Azim sagt noch einmal, er habe im Krieg gekämpft, hier seien tote Verwandte und wir seien Freunde. Dann fahren wir.

»Während des Krieges gingen immer Listen rum, auf denen die Namen der Toten standen«, erzählt Yasmin. »Auch Azims Name stand einmal drauf. Seine Familie versammelte sich zu Hause, alle trugen Schwarz und trauerten. Am nächsten Tag stellte es sich als Verwechslung heraus.«

Wir fahren auf einen Kreisverkehr mit einer Moschee, die ein gigantisches Khomeini-Mosaikporträt ziert. Dann auf eine Schnellstraße, die aus der Stadt führt. Die Berglandschaft ringsum kombiniert wahnsinnig schöne Natur mit wahnsinnig hässlichen Fabriken.

Azim guckt oft nervös in den Rückspiegel. Aber die Motorradfahrer sehen wir nicht wieder. Mit jedem zurückgelegten Kilometer wird er ruhiger. An einer Tankstelle allerdings wartet die nächste böse Überraschung: Über Nacht ist das Benzin um fast 50 Prozent teurer geworden, statt 700 Toman kostet ein Liter jetzt 1000. »Das entscheidet die Regierung«, sagt Yasmin. »Wenn Benzin teurer wird, wird alles teurer. Schöne Aussichten.«

Auf der Weiterfahrt erzählt Azim die Geschichte von Farhad und Shirin, ich höre sie zum zweiten Mal. Wir sind auf dem Weg zum Bisotun-Berg, wo der tapfere Steinmetz seinen Tunnel als Liebesbeweis in den Fels gehauen haben soll.

Wir zahlen Eintritt an einem Kassenhäuschen, 150 000 Rial für Touristen, 20 000 für Einheimische, der Standardkurs für iranische Sehenswürdigkeiten. Die Ausländertickets sind anscheinend aus, deshalb reißt mir die Mitarbeiterin acht Inländertickets ab, um auf etwa den gleichen Betrag zu kommen. Ein ganz schöner Papierstapel, der stärker als die nackten Zahlen das Gefühl vermittelt, zu viel bezahlt zu haben.

Ein Gehweg wurde unter dem mehr als tausend Höhenmeter aufragenden Felsen angelegt. Er führt vorbei an einem 2500 Jahre alten Darius-Relief, das den persischen Herrscher mit gefesselten Kriegsgegnern zeigt, und an einem seltsam lethargischen Herkules aus Stein. Beides sind phantastische Kunstwerke von beeindruckendem Detailreichtum. Und doch zieht eine nackte senkrechte Felswand, 200 Meter breit und 36 Meter hoch, mindestens genauso viel Interesse auf sich. Dunkle senkrechte Streifen zeigen, wo bei Regen Wasser herunterläuft, ein paar Strauchbüschel trotzen der Schwerkraft. An einer überhängenden Kante kann man erkennen, dass die Wand nicht natürlich ist, sondern mit enormem Aufwand aus dem Fels geschlagen wurde.»Farhads Abschlag« wird sie genannt, und sie ist den Erzählungen zufolge das Werk des legendären Liebenden. Sieht nach verdammt viel Arbeit aus, 40 000 Kubikmeter Fels hat der Mann weggespachtelt, um Shirin zu erobern. Eine weniger romantische Version der Geschichte halten Historiker für wahrscheinlich: Hier sollte einst ein monumentales Relief entstehen, doch aus unbekannten Gründen brachen die Arbeiter den Bau ab.

Die heutigen Nachfahren von Farhad und Shirin tragen Klettergurt und Karabiner: Ein vergnügtes junges Paar seilt sich abwechselnd von der Steilwand ab. Und ich bin sicher, das ist besser für ihre Beziehung, als wenn einer von beiden plötzlich anfinge, einen Tunnel in den Fels zu hämmern.

# MUSIK

»Wir müssen gehen, die anderen warten schon«, sagt Azim plötzlich. Er hat ein paar Verwandte für den Abend eingeladen. Die Eile
hindert ihn aber nicht, am Auto noch einmal eine Runde Tee aus
der mitgebrachten Thermoskanne auszuschenken. Für Tee ist
immer Zeit. Zum iranischen Verständnis von Pünktlichkeit gibt
es ein Sprichwort: Wenn du ertrinkst, ist es egal, ob über dir eine
Handspanne oder hundert Handspannen Wasser sind. Wenn man
spät dran ist, macht ein bisschen mehr Verspätung auch nichts
mehr. Ein paar Minuten immerhin holt Azim durch konsequentes
Rasen wieder heraus, soweit das mit seinem jahrzehntealten Paykan möglich ist. Paykan bedeutet »Blitz«, das ist ungefähr so, als
würde man ein Dreirad »Porsche« taufen. Der charmante eckige
Autotyp ist für den Iran das, was der Trabi für die DDR war und
der Ambassador für Indien. Vor zwanzig Jahren sah man kaum
andere Fabrikate, heute werden sie immer seltener.

Zu Hause sitzen diverse Onkel und Cousins auf den Wohn-
zimmersesseln und stimmen traditionelle Zupfinstrumente, die
Tar, Setar und Tanbur heißen. Eine Flasche Teacher's Highland
Cream Blended Scotch Whisky steht auf dem Tisch. Sie enthält
nicht das Originalgetränk, sondern selbst destillierten Rosinenschnaps. Brennt wie Feuerschlucken, aber gute Qualität. Wir trinken auf ex aus Teegläsern und spülen mit einem Löffel Joghurt
nach, um Rachen und Zunge um Verzeihung zu bitten.

»Ich singe jetzt ein Lied für einen Freund, der im Krieg getötet
wurde«, kündigt Azim an. Sein Cousin Saeed, ein Professor für
Kalligrafie mit hoher Stirn und schwarzem Schnurrbart, begleitet
ihn auf der Setar, einem dreisaitigen Zupfinstrument mit kokos-
hälftengroßem Holzkorpus und langem Hals. Was folgt, ist eher
Dialog als ein Zusammenspiel. Die leidenschaftliche Raucher-
stimme und das zarte Instrument wechseln sich ab, nehmen die
Themen des anderen auf und variieren sie. Eine für europäisch

geprägte Ohren ungewohnte Musik, weil es nicht nur Ganz- und Halbtonschritte gibt, sondern auch Vierteltöne. »Das ist ein verbotener Song«, sagt Yasmin. Warum verboten? »Er handelt davon, wie wichtig Freiheit ist.« Azim trifft nicht jeden Ton perfekt, aber er taucht so tief ein in den Traum, den er besingt, dass jeder gebannt zuhört. Beim Schlussapplaus verbeugt sich Azim im Sitzen und legte die rechte Hand aufs Herz. Ein paar Minuten später kommt eine SMS von den Nachbarn, sie hätten gar nicht gewusst, dass er ein so hervorragender Sänger sei. »So, und jetzt bist du dran«, sagt er zu mir. Saeed spielt eine kurze Melodie auf der Setar, dann gibt er mir das Instrument. »Rechte Hand schräg auflegen, dann nur mit dem Zeigefinger auf- und abschlagen.« Ich scheitere kläglich. Er macht es noch einmal vor, und diesmal klingt es bei mir zumindest ähnlich. »Affarin!«, sagt Saeed. »Großartig! Du hast sehr gute Ohren! Ein paar Monate Unterricht bei einem Meister, und du bist Profi.«

Iraner übertreiben gern. Iraner sind wundervoll. Und ihre Schnäpse und Freiheitslieder und heimlichen Gesetzesbrüche sind es auch.

Am Morgen danach hat Azim Kopfschmerzen und spricht vom Sterben. Er hockt auf dem Boden in der Nähe des Fensters, ein Bein angewinkelt. Der Vorhang ist zum ersten Mal geöffnet. Er blickt zum trüben Frühlingshimmel und raucht eine Zigarette nach der anderen, im Tageslicht leuchtet sein Brummschädelgesicht. Er sagt einen Satz, ohne den Kopf abzuwenden, und Yasmin zögert merklich, ihn für mich zu übersetzen. Dann flüstert sie, als könne sie es nicht laut aussprechen: »Er sagt: Ich freue mich darauf, bald bei meinen Märtyrerfreunden zu sein.«

Sie erklärt noch einmal, dass das Giftgas an allem schuld sei, außerdem trinke er jeden Tag. Er dreht den Kopf zu einem Bild an der Wand, es zeigt eine Allee mit Bäumen voller Blätter in Herbstfarben, auch der Weg ist voller Blätter, und ganz am Ende der Allee leuchtet es hell. Er richtet die Augen wieder aus dem Fenster, scheint einen Punkt zu fixieren, der in weiter Ferne liegt. »Sie sind alle für nichts gestorben«, sagt Azim.

# SCHMUGGLER

Mit einem Taxi nach Paveh, nur für einen Tag. Der Fahrer sieht aus wie Jürgen Drews mit dreißig, und der MP3-Player spielt Modern Talking. »You're no good, can't you see, Brother Louie Louie Louie.« Verhält sich zum Musikprogramm des Vorabends wie ein schwerer Kater zu einem 18-jährigen Single Malt.

»Wusstest du, dass Modern Talking aus Deutschland kommen?«

»Echt? Mit Texten von denen habe ich Englisch gelernt«, sagt Yasmin.

»Dafür ist dein Englisch überraschend gut.«

»Du magst Modern Talking nicht?«

»Mir fallen 200 deutsche Exportprodukte ein, die mich mit mehr Stolz erfüllen.«

»Sie sind im Iran sehr bekannt.«

Der Jürgen Drews am Steuer, der in Wirklichkeit Farsad heißt, schaltet sich ein: »Wir hören ständig die Mullahs singen. Im Vergleich dazu klingt Modern Talking gut.« Interessanter Punkt.

Er wechselt trotzdem den Interpreten: Hayedeh, eine persische Mischung aus Maria Callas und Adele. »Wenn du mich suchst: Ich bin an der Bar und trinke und rede mit Gott«, singt sie, der Text erinnert an Hafis, der auch den Alkoholgenuss mit einer Gotteserfahrung in Verbindung brachte. Doch selbst ohne solche provokanten Texte wäre Hayedeh im Iran verboten: Frauen dürfen nicht allein singen, weil das angeblich Männer auf dumme Gedanken bringt. Kurz vor der Revolution 1979 wanderte sie deshalb nach Los Angeles aus, wo sie ohne Angst vor Zensur Songs schreiben und Platten aufnehmen konnte. »Nach einem Konzert im Januar 1990 hatte sie einen Herzinfarkt, sie starb mit 47«, sagt Yasmin. »Die Beerdigung sahen sich Millionen live im Fernsehen an, einen Tag lang waren alle iranischen Geschäfte geschlossen.«

Es beruhigt mich zu sehen, dass sie diese Musik dem deutschen Achtzigerpop vorzieht, denn sie singt aus vollem Hals mit (was natürlich auch verboten ist und unseren Fahrer ein bisschen zu irritieren scheint).

Wer die Schönheit einer Taxifahrt durchs wilde Kurdistan nachempfinden will, sollte mal »Hayedeh Zendegi« bei YouTube eingeben, die Augen schließen und sich abenteuerliche Passstraßen vorstellen und schneebedeckte Gipfel und Benzintrucks und Kebab-Straßenstände und Schafhirten in Pumphosen und Steinmauern mit aufgemalten Polizeiwagen und Aussichtspunkte mit Blick auf die irakische Hochebene und auf Dörfer, die an die steilen Berghänge geklatscht sind. Häuser, die in Stufenbauweise gebaut sind, sodass ihr Flachdach zugleich das Fundament des Nachbarn drüber ist.

Für den Handel an der Grenze müssen die Siedlungen der Paveh-Region immens wichtig sein, sonst würde niemand auf die Idee kommen, auf dem schrägen Untergrund Dörfer zu bauen. Wir sehen viele Militärposten, in Tarnfarben lackiert, an den Mauern hängen »No photo«-Schilder. Mit ihren Rundtürmen erinnern sie an Wüstenforts aus dem Mittelalter. Sie sind nicht nur wegen der nahen Grenze wichtig für die Regierung: Teheran sind die Kurden nicht geheuer, weil viele von ihnen davon träumen, sich vom Iran abzuspalten. Der Himmel ist grau, es nieselt ein bisschen.

»Ich liebe Regen«, sagt Yasmin strahlend. Sie bewegt die Schultern im Takt der Musik und schnipst mit den Fingern. Ihr scheint es wirklich nichts auszumachen.

»Wenn du nach Deutschland ziehst, wird sich das ändern«, sage ich.

»Bestimmt nicht. Das ist so erfrischend. Der Nachbar von Azim hat seine Tochter Baran genannt, das heißt ›Regen‹.«

»Das arme Mädchen.«

»Ich verstehe dich nicht. Sonne gibt es doch genug, man schwitzt die ganze Zeit.«

»Deutsche sind so sonnenverrückt, dass sie schon Glückshormone produzieren, wenn sie Sonnencreme riechen.«

»Ihr seid komisch. Trag du mal den ganzen Tag Kopftuch in der Hitze hier.«

»Welche Himmelfarbe ist schöner: blau oder grau?«

»Definitiv grau.«

»Du bist auch komisch.«

Von: KOREK

Welcome to Iraq. Feel at home while you roam on Korek Telecom network. For any inquiries please call +964 750 800 0411

Das kurdische 1500-Einwohner-Dorf Nowsud liegt so nah an der Grenze, dass unsere Handys irakisches Netz anzeigen. Wir halten an, um einen Kebab zu essen. Auf der Hauptstraße kommen uns Reiter entgegen, im Galopp klackern sie über den Asphalt. Schnurrbärtige Männer in weiten Hosen, als Sättel dienen schwere staubfarbene Decken ohne Steigbügel. Sie strecken die Beine gerade nach vorn, um das Gleichgewicht zu halten. Manche ziehen noch ein oder zwei weitere Pferde oder Maultiere hinter sich her, unter deren Satteldecken sich voll beladene Taschen und Bündel abzeichnen. Würden sie nicht fast ausnahmslos Adidas-Turnschuhe tragen, ich fühlte mich um hundert Jahre zurückversetzt.

»Schmuggler«, sagt Yasmin. »Die gehen nachts in den Bergen über die Grenze. Die Polizei weiß Bescheid, aber gegen ein bisschen Bakschisch stört es sie nicht weiter.«

»Was bringen die?«

»Alkohol, Kosmetik, Haushaltswaren – alles Mögliche, was es hier nicht gibt.«

»Meinst du, ich darf die fotografieren?«

»Bestimmt.«

Ich stelle mich an den Straßenrand und drücke immer wieder auf den Auslöser, die Männer sind einfach zu dekorativ. Auch Yasmin macht Handyfotos. Einer hält an und fragt, ob wir von der Regierung seien. Yasmin verneint. »Dann macht so viele Bilder, wie ihr wollt.« Inmitten der Karawane spaziert ein Soldat mit Maschinenpistole, allzu groß scheinen die Probleme mit der Regierung nicht zu sein.

Dem Angebot des Marktes am Straßenrand nach zu urteilen, bringen die Schmuggler vor allem Dinge über die Grenze, auf die man problemlos verzichten kann. Oder erhalten die Produkte durch ihre Einreise auf Pferderücken eine besondere Aura, die sie begehrenswert macht? Okay, es gibt Küchenmaschinen, Staubsauger und Töpfe, ganz brauchbar. Aber auch: Seifen mit Extrakten von Schlangen und Schnecken, die gegen Akne helfen sollen. Einen »Green Berlin Tea«, auf dessen

Etikett eine indisch aussehende grüne Plantage mit verschleierten Teepflückerinnen vor das Brandenburger Tor montiert wurde. Und »Star-Wars«-Figuren im Gartenzwergformat.

## HAJIJ

Einwohner: ca. 300
Provinz: Kurdistan

## POLIZEI

Der Rundgang endet damit, dass zwei Männer in Kurdentracht sich als Polizisten vorstellen und nach unseren Ausweisen fragen. Auf einem Markt voller illegaler Waren sollte man meinen, die hätten Wichtigeres zu tun, aber das ist natürlich eine sehr europäische Sichtweise: Im Orient herrscht eine erheblich größere Vielfalt der Koexistenzmodelle zwischen Gaunern und Gesetz. Wie Staatsbeamte sehen die beiden allerdings nicht aus: Der eine trägt ein khakifarbenes Hemd, der andere eins in Rosa. Sofort bin ich hellwach. In Kurdistan gibt es Betrüger, die sich als Polizisten ausgeben, um Touristen abzuzocken. Ein europäischer Reisepass bringt viel Geld auf dem Schwarzmarkt, weil man damit aus dem Iran fliehen kann. Zumindest, wenn man dem rechtmäßigen Besitzer ein wenig ähnelt und vor der Abreise noch einmal zum Friseur geht, um Haarschnitt und -farbe dem Foto anzupassen.

Ich würde gerne Menschen bei der Flucht helfen, aber meinen Pass brauche ich selber. Der sei im Hotel, lüge ich also. Ich zeige eine der Ausweiskopien vor, die ich immer dabeihabe. Der größere der beiden Männer, der mit dem Khakihemd, nimmt das Blatt Papier in die Hand und schüttelt den Kopf. »Einsteigen«, sagt er und deutet auf Farsads gelbes Taxi. Er selbst nimmt auf dem Beifahrersitz Platz, sein Kollege in einem silbernen Peugeot 405 daneben, den ich bislang nicht wahrgenommen habe. Zwei Soldaten mit Maschinengewehren sitzen auf der Rückbank des Peugeot. Also doch echte Polizisten. Die Wache, deren Tor wir nach gut fünf Minuten passieren, sieht auch sehr echt aus. Yasmin, Farsad und ich werden zum Eingang geführt. Im Innenhof stehen zwei weiße Toyota-Pick-ups, auf dem Dach patrouilliert ein weiterer Bewaffneter, den rechten Daumen unter dem Gewehrriemen, die linke Hand als Faust hinter dem Rücken. Ein Militär sagt zu Farsad, er solle Yasmin ermahnen, ihr Kopftuch ganz über die Haare zu ziehen. Farsad gehorcht, was gar nicht mehr nötig wäre, denn sie läuft direkt neben ihm und konnte den Hinweis nicht überhören.

Dann werden wir in ein Verhörzimmer gebracht. Alle Rucksäcke werden gefilzt, der »bad cop« in Khaki und der »good cop« in Rosa stellen Fragen, wir lügen ein bisschen, und ich hoffe, niemand bemerkt, wie die Teetasse in meiner Hand zittert.

Zuletzt nimmt sich der bullige Beamte meine Kamera vor. Er geht die Fotos durch, die ich in den letzten Stunden gemacht habe. Ein Reiter auf dem Pferd. Zwei Reiter auf zwei Pferden. Ein Reiter mit drei Pferden. Auf ihn muss ich wirken wie ein Chinese am Münchner Marienplatz, der wahllos Passanten die Kamera ins Gesicht hält, weil sie irgendwie deutsch aussehen.

»Warum so viele Fotos von Reitern?«, fragt der Beamte.

»Diese Trachten gibt es bei uns nicht, die sind wunderschön. Außerdem brauche ich immer viele Versuche, bis bei bewegten Motiven ein gutes dabei ist«, antworte ich wahrheitsgemäß. Wäre dies eine deutsche Polizeiwache, würde ich als wachsamer Bürger noch ergänzen, dass ein gelegentlicher Blick unter Satteldecken vermutlich nicht uninteressant wäre. Auf einer deutschen Polizeiwache wäre ich außerdem einigermaßen sicher, dass mir nichts Böses droht: Der Rechtsstaat wird's schon richten, habe ja niemanden ausgeraubt oder umgebracht. In einem Land, wo die Menschen nach Autounfällen lieber untereinander alles klären und keine Frau nach einer Vergewaltigung auf die Idee käme, die

Polizei zu verständigen, sieht das anders aus. Wo verläuft hier die Grenze zwischen Hobbyfotograf und Spion, zwischen naivem Urlauber und Alkoholstraftäter? Wenn der Khakimann jetzt weiter an dem Kamerarädchen dreht, wird er Fotos von Azims Whiskyflasche finden, von den Schlachtfeldern bei Ahvaz, vom Atomkraftwerk in Bushehr. Und dann wird er einige Fragen stellen.

Doch er hört auf, an dem Rädchen zu drehen. 250 Reiterfotos ermüden den härtesten Cop, Allah segne die Schmuggler und ihre Pferde. Er reicht mir die Kamera zurück. Per Hand schreibt er seinen Bericht fertig, dann holt er ein Stempelkissen mit blauer Tinte, ich muss mit einem Abdruck des rechten Zeigefingers unterschreiben. Wir sind frei, und frei sein fühlt sich verdammt gut an, im Iran noch ein bisschen besser als anderswo. Fast hätte ich dem bewaffneten Wachmann auf dem Dach freundlich zugewunken vor Freude und gefragt, ob wir alle zusammen ein Gruppenfoto machen. Jetzt, wo wir Freunde sind.

»Ich hatte so was von Schiss«, sagt Yasmin, als wir wieder im Taxi sitzen. »Zum Glück haben die deine Schlachtfeldfotos nicht gefunden. Besonders schlau waren die nicht.«

»Warst du schon öfter auf einer Polizeiwache?«

»Klar. Einmal haben sie mich wegen der BDSM-Gruppe verhört. Ich musste ihnen alle meine E-Mails und Facebook-Konversationen zeigen, sehr private Dinge. Das war schlimm. Aber sie ließen mich am Abend wieder gehen.«

Unser Ziel für die Nacht ist Hajij, kurz vor der Abenddämmerung kommen wir an. Vom Himmel aus betrachtet hat das Örtchen die Form einer Mondsichel, von der Seite die Form einer Treppe. Wie zu groß geratene Sitzreihen in einem Amphitheater schmiegen sich Häuserblocks aus rötlichem Stein an den Hang, und auf fast jeder Dachterrasse sind Menschen, die den anderen Menschen auf den anderen Dachterrassen beim Menschenbeobachten zugucken. Oder den Kühen, die zurück in ihre Ställe getrieben werden. Oder dem Sirwan-Fluss im Tal, wie er dahinfließt. Omas und Enkel und Mütter und Väter stehen da, das ganze Dorf scheint auf den Beinen zu sein, eine wunderbare Stimmung. Wir fragen nach einer Unterkunft und werden in ein einfaches Zimmer geführt. Ein Teppich und eine Steckdose sind die einzigen Einrichtungsgegenstände, vor der Tür steht ein Maulbeerbaum. Ich wohne mit Taxifahrer Farsad zusammen, Yasmin bekommt einen separaten Raum.

An: Mona Hamedan

Hi Mona, thanks for your message on cs! I might go to hamadan the next days – do you have time to meet or could you even host me 1 night? Would be great! Cheers, stephan

Von: Mona Hamedan

Stephan how old are you? Are you alone? Or coming with your wife?

When in Hajij, do as the Hajijs, also rauf aufs Dach. Natürlich werden wir sofort zum Tee eingeladen auf einem der öffentlichen Balkons. Gegen die Menschen hier waren die Schmuggelreiter modische Mauerblümchen.

Die Mädchen tragen lange rote Trachten mit wunderschönen Blumenmustern, die Männer Schnurrbärte, die Heiner Brand vor Neid erblassen ließen, und die Greise geschnitzte Gehstöcke mit rundem Henkel. In zehn Jahren werden Touristenbusse voller Japaner nach Hajij kommen.

Der Teespendierer im grauen Kurdenoverall stellt sich als Moharram vor und als »eine Art Dorfvorsteher«. Auch eine zweite und dritte Runde Heißgetränke lässt er von seiner Frau aus der Wohnung bringen. Und danach eine köstliche Ash-Suppe aus Kichererbsen, Linsen und Spinat.

»Warum sind Iraner so unglaublich gastfreundlich?«, frage ich Yasmin.

»Vielleicht, weil wir irgendwann im Leben mit den eigenen Landsleuten schlechte Erfahrungen gemacht haben, mit Ausländern aber noch nicht«, sagt sie und lächelt.

»In Deutschland ist es umgekehrt: Gerade in Gegenden, wo am wenigsten Ausländer hinkommen, ist laut Umfragen die Fremdenfeindlichkeit am größten.«

Wir werden unterbrochen, denn Moharram berichtet nun über sein Dorf. »Vor dreißig Jahren gab es hier noch keine Straße, man kam nur mit dem Pferd her«, erzählt er.

»Gibt es hier auch Männer, die in den Irak reiten und Waren rüberschmuggeln?«, frage ich.

»Nein, wir sind über eine Stunde von der Grenze weg. Aber ein lukratives Geschäft ist das schon: Damit verdient man 300 000 Toman. Pro Nacht. Und pro Mann.« Das sind 75 Euro. In Hajij dagegen fehle es an Arbeit, deshalb wünsche er sich mehr Touristen. »Einige haben an der Baustelle für den Darian-Damm einen Job gefunden.«

»Was ist das für ein Damm?«

»Der Sirwan-Fluss wird gestaut. Das Wasser wird in zwei oder drei Jahren viel höher im Tal stehen. Die unteren Häuserreihen müssen dann weg. Früher hatten wir 200 Häuser, bald wird es nur noch die Hälfte sein.«

»Was ist der Sinn dieses Damms?«

»Dadurch sollen Felder bewässert werden, ein Kraftwerk wird entstehen. Außerdem fließt dann weniger Wasser in den Irak. Aber einen großen Nachteil hat das Bauprojekt.«

»Welchen denn?«

»Vor einigen Jahren war Hajij berühmt als komplett rauchfreies Dorf. Sogar ein Fernsehteam kam her, um einen Bericht zu machen. Aber seit die Arbeiter angerückt sind, raucht hier fast jeder.«

Der Muezzin von Hajij ruft um Viertel nach acht zum Gebet. Er leiert ein bisschen, aus dem Halbrund des Dorfes kommt ein leises Echo.

»Zehnmal besser als Modern Talking«, sage ich zu Farsad.

Von: Mona Hamedan

why don't you answer?

I'm 34 and I'm coming alone.
Is that ok for you?

Von: Mona Hamedan

yeah it's ok,
are you married or single?

150 Kilometer weiter, in der Stadt Marivan, erreichen wir am nächsten Tag die letzte Station unserer gemeinsamen Reise. Yasmin wird von hier einen Nachtbus nach Teheran nehmen, ich hatte geplant, nach Isfahan weiterzufahren. Doch vor Kurzem hat mich Mona aus Hamedan kontaktiert, weil sie in einem Couchsurfing-Forum gesehen hatte, dass ich im Iran bin.
Sie schrieb mir ihre Handynummer und lud mich spontan ein. Ihr Profilfoto zeigt eine orientalische Schönheit mit ziemlich tief ausgeschnittenem schwarzen Kleid und ziemlich viel Lippenstift. Ich durchschaue die mit solch einer Inszenierung beabsichtigte Manipulation des männlichen Betrachters sofort, das lässt mich völlig kalt. An dem Plan, mich bei meiner Routenwahl auch von den Einheimischen bestimmen zu lassen, will ich allerdings festhalten.

An: Mona Hamedan

I'm single, what about you?

Von: Mona Hamedan

Ok no problem im 22 & i'm single too:-)
can you send your pic for me now?
I wanna see you. This is my email
pussycat.dolls22@mail.ir*

---

* Ziffern und Providername geändert

Die für Emotionen zuständigen Areale meines Gehirns sind mit dem Gesprächsverlauf zufrieden. Die etwas kleinere Abteilung »Logik und kühler Kopf« nicht. Eine attraktive Frau, die extrem rangeht und auch noch eine Mailadresse hat, die jeder Mann gerne in seinem Adressbuch hätte – da stimmt doch was nicht. Wenn im Kino ein Agent einen Hinterhalt wittert, lässt er das den Gegenspieler niemals frühzeitig merken. Ich fühle mich fürchterlich verwegen, als ich das verlangte Foto an pussycat.dolls22 schicke, weil ich ja nur so tue, als fände ich das alles ganz unverdächtig. Ich bekomme keinen Fehlerbericht zurück, die Mailadresse scheint also zu existieren.

## FLIRTEN AUF PERSISCH

HOW TO

˘ Dooset daram – Ich liebe dich

˘ Zana mishi? – Willst du mich heiraten?

˘ Jigareto bokhoram – wörtlich: Ich will deine Leber essen (ein Ausdruck größter Zuneigung)

˘ Khoshgele – schöne Frau

# DER PRINZ

Ehsan, unser Gastgeber in Marivan, trägt Polohemd und Kevin-Kurányi-Bart und stellt sich als passionierter Weinhersteller und persischer Prinz vor.

»Warst du in Shiraz? Der Burg im Zentrum? Da hat mein Ur-Ur-Ur-Ur-Ur-Ur-Ur-Urgroßvater gewohnt. Karim Khan Zand.« Er sei ein Nachfahre des iranischen Herrschers in der elften Generation. »Stephan will Schah von Persien werden«, sagt Yasmin. Ich hatte unsere scherzhaften Gespräche im Teheraner Golestan-Palast schon fast vergessen.

»Dann werde ich dich töten müssen«, sagt Ehsan. »Was hältst du von zwei Tropfen Gift im Ohr, wie bei ›Hamlet‹?«

Der Prinz hat Niveau, das muss man ihm lassen.

»Ich würde gern vorher noch deinen Wein probieren«, schleime ich.

»Hole ich später«, sagt er. »Du kannst dich glücklich schätzen, es ist der beste Wein im Westen des Iran. Wir machen 600 Liter im Jahr. Aber eine Regel muss ich dir noch beibringen.«

»Klar, was denn?«

»Wenn ich frage ›What time is it?‹, lautet die richtige Antwort ›Wine o'clock‹. Kannst du dir das merken?«

»Klar. Darf ich duschen?«

»Kannst du dir eigentlich sparen, im Islam ist es üblich, den Leichnam direkt nach dem Tod zu waschen.«

»Oh.«

»Quatsch, natürlich kannst du duschen.«

Am Nachmittag fährt er in die Stadt und kommt zwei Stunden später mit einer dunkelrot gefüllten Zwei-Liter-Plastikflasche zurück. »What time is it?«, fragt er.

»Seven thir... äh ... wine o'clock!«, antworte ich, und er grinst zufrieden. Ich kenne die anderen Weine Westirans nicht (bei Urumiyeh soll es eine Weinfabrik geben, die nur für die diplomatischen Vertretungen in Teheran produziert), aber der hier ist tatsächlich verdammt gut. Trocken, fruchtig, leichte Brombeernote. Ein bisschen pelzig im Abgang allerdings, mein Gaumen fühlt sich taub an.

»Beim ersten Schluck schüttelt es mich immer«, sagt Ehsan und füllt unsere Gläser erneut. »Jetzt könnte jeder von uns achtzig Peitschenhiebe als Strafe kriegen.«

»Und was kriegt man als Weinhersteller?«

»Ein Jahr Gefängnis pro Liter. Das wären 600 Jahre für mich.«

»Auch für Prinzen?«

»Auch für Prinzen. Wusstest du, dass es besonders leicht ist, einem bitteren Getränk wie Wein Gift beizumischen?«

»Nein, habe noch nie drüber nachgedacht.«

Er guckt theatralisch auf seine Armbanduhr »Du hast noch etwa zwei Stunden. Kannst ja mal darüber nachdenken.«

»Hey, das mit meinen Schah-Ambitionen, das war nur ein Witz. Du kannst den Job haben.«

»Zu spät.«

Von: Mona Hamedan

I saw our piC now i remember you from your profile stephan, you look awesome & cute:-)

Mit der Liebesbotschaft einer mysteriösen Schönheit in der Hand zu sterben wäre nun doch zu viel Shakespeare, also beschließe ich, den Trank zu überleben. Oder hat Ehsan ins nächste oder übernächste Glas ein Gegengift geträufelt? Wir plaudern über Gott und die Welt, der Prinz erweist sich als hochintelligenter Gesprächspartner mit brachialem Humor, aristokratischem Selbstvertrauen und eindrucksvollem Fachwissen über illegale Genussmittel (»Das beste Haschisch kommt aus Karaj bei Teheran. Viermal so stark wie das, was ihr in Europa Haschisch nennt«).

Es ist einer von vielen Tagen im Iran, an denen ich mir wünsche, nicht ständig auf dem Sprung zu sein, von Gastgeber zu Gastgeber zu reisen, sondern einmal länger bleiben zu können und mehr als nur einen flüchtigen Ausschnitt aus einem anderen Leben kennenzulernen. Für den Beginn einer echten Freundschaft reicht die Zeit nicht, das ist das Los des Rucksacknomaden. Dafür warten immer neue Kurzzeitfreundschaften in der Zukunft, die Online-Illusion einer quasi endlosen Verfügbarkeit menschlicher Kontakte.

Zum Abschied füllt mir Ehsan meine 0,7-Liter-Wasserflasche von Vittel mit verbotenem Rebensaft. »Für unterwegs«, sagt er.

An: Mona Hamedan

> Merci! now its your turn
> to send me a picture

Von: Mona Hamedan

> I don't have piC on my lap top
> you can go to cs & see my profile piC

An: Mona Hamedan

> that pic is beautiful.
> see you soon!

Von: Mona Hamedan

> Thanks dear, but i have some acne on my skin,
> & i don't remove my eyebrow now because
> my cousin passed away & i should stay til
> the 40th day of her dead after that i go to
> beauty salon & remove my evebrow;)

Die detaillierte Beschreibung ihrer Augenbrauen-Problematik gefällt mir. Das klingt nicht mehr nach Täuschungsmanöver, sondern nach einer sehr menschlichen Unsicherheit. Was mir, wenn ich die Wahl habe, erheblich lieber ist als der befürchtete mafiöse Prostitutionsring, der über Online-Reiseportale arglose Ausländer anlockt. Ich beschließe also, am nächsten Tag nach Hamedan zu fahren, liegt sowieso auf dem Weg nach Isfahan.

Von: unbekannte Nummer

> Hey.how r u.i m shahin.hamedan c. s. And Mona cousin. whan u arrive to hamedan?Mona coudent host u.i will host how many day?

An: Shahin

> I will arrive tomorrow. Would be great if you could host me for 1 or 2 nights!
> thanks and see you soon!

# همدان

## HAMEDAN

Einwohner: 526 000
Provinz: Hamedan

## LIEBE

»Would be great if you could host me«, habe ich Shahin geschrieben. Eine sehr diplomatische Antwort. Die Aussicht, bei jemandem zu wohnen, über den ich nicht das Geringste weiß, gefällt mir nicht. Mein Misstrauen ist zurück. Nach zwei Stunden
Savari-Taxifahrt stehe ich im Zentrum von Hamedan an einem
Kreisverkehr mit einem riesigen Soldaten- und Khomeini-Stein-
relief und zweifle, ob dieser Zwischenstopp eine gute Idee war.
Shahin gelingt es zunächst nicht, meine Laune zu bessern. Erst
sagt er am Telefon, ich soll am Khomeini-Platz auf ihn warten.
Dann ruft er noch einmal an,»nimm ein Taxi, ruf mich zurück
und gib dem Fahrer das Telefon«. Zwei Minuten später:»Bleib
doch lieber da stehen, ich komme.« Er scheint mir plötzlich nicht
zuzutrauen, allein in ein Taxi zu steigen. Diese typisch persische
Fürsorge ist lieb gemeint. Man fühlt sich wie ein Ehrengast, allerdings wie einer, der vier Jahre alt und nicht in der Lage ist, die
kleinste Aufgabe selbstständig zu erledigen. Der Grat zwischen
Hilfsbereitschaft und Bevormundung ist schmal. Jeder ausgewan-
derte Exiliraner, der gelegentlich für ein paar Wochen nach Hause kommt, um die Familie zu besuchen, kann davon ein Lied
singen.

Ein lässiger schlanker Mann in verwaschener Jeans und Leder-sandalen steigt aus einem Taxi und begrüßt mich mit drei Wan-genküssen.»Willkommen in Hamedan«, sagt Shahin und nimmt mir den Rucksack ab. Wir fahren in Richtung Norden und wech-seln unterwegs dreimal das Sammeltaxi. Er studiert in Isfahan und Kashan Ingenieurwissenschaften. Gerade war er im Irak für zwei Wochen, um als Schweißer zu arbeiten. Seine letzten Gäste kamen aus Düsseldorf, Bern und der Türkei. In Juraqan, einem Vorort in der Nähe des Flughafens, steigen wir aus.

Shahin hat hier ein kleines Honda-Motorrad stehen, Typ CG125, das schon etwas altersschwach wirkt. Das Frontlicht scheint je-mand abgerissen zu haben, die Tachoanzeige ist mit weißem Draht notdürftig am Lenker befestigt.»Das hatte schon sehr vie-le Unfälle«, erklärt er und bedeutet mir, aufzusteigen. Über eine staubige Straße zwischen staubigen Shops knattern wir bis vor eine Tür, die zu einem Innenhof führt.»Früher hatten wir hier Schafe, jetzt nur noch Hühner«, erzählt Shahin. Er gehört zu den Menschen, die mehr Stunden am Tag mit einem Lächeln im Ge-sicht verbringen als ohne. Das Haus besteht aus einem zentra-len Wohnzimmer, von dem Türen in eine Küche und zwei wei-tere Räume führen. Seiner ist nur mit einem Schreibtisch, einem Schrank und einem Teppich eingerichtet, an mehreren Haken an der Wand hängen ein paar Hosen.»Meine Mutter und mein Bru-der wohnen auch hier, aber sie sind zurzeit nicht da.«

»Mona ist deine Cousine?«, versuche ich vorsichtig, ein interes-santeres Thema anzusprechen.

»Ja, sie spricht am besten Englisch in unserer Familie«, sagt er. »Bist du religiös?«

Themenwechsel misslungen.»Nicht besonders, und du?«

»Ich mag die Sunniten nicht, weil sie Menschen töten, und die Schiiten glauben nur an tote Märtyrer – ich bin Zoroastrier. Aber das ist mein Geheimnis. Wenn das die Regierung erfährt, dann ...« Er streicht über seinen Hals, die internationale Kopf-ab-Geste. Die Todesstrafe für Islamabtrünnige wird sehr selten tatsächlich angewandt. Denn wer angeklagt ist, muss sich ledig-lich vor dem Gericht wieder zum schiitischen Glauben bekennen, dann darf er weiterleben. Wobei die Zoroastrier als Vertreter der iranischen Urreligion mehr Nachsicht erwarten können als Anhänger anderer Glaubensrichtungen. Sie waren vor mehr als 3000 Jahren die Ersten, die Konzepte wie Gut und Böse, Gott und Teufel oder Himmel und Erde in ihren Glauben einbezogen. Damit inspirierten sie später Christentum, Islam und Judentum.

Shahin schlägt vor, einen Ausflug zu machen. »Blöde Idee«, denke ich und sage: »Tolle Idee!« Direkt hinter dem Haus beginnt eine Schotterpiste, die auf ein hügeliges freies Feld führt. Wir fahren mit dem Motorrad zu einer Sporthalle, wo Shahins Freund Parvis als Zeugwart arbeitet, noch so ein strahlender Sonnyboy-Typ. Dann rattern wir auf dem altersschwachen Gefährt zum Blumenpflücken. Drei Männer auf einem Motorrad, ich in der Mitte, das ist mehr Körperkontakt, als ich für den ersten Tag in Hamedan erwartet hätte, man muss das mal positiv sehen.

Blumenpflücken. Sie haben richtig gelesen. Shahin und Parvis sind begeisterte Blumenpflücker. Ich dagegen hatte als Teenager mal einen spaßfreien Ferienjob in einer Großgärtnerei. Selbst wenn nicht irgendwo in der Stadt eine holde Maid sehnsüchtig von ihrer Burgzinne nach mir Ausschau hielte wie einst die schöne Gordafarid, die den Krieger Sohrab verzauberte, könnte ich dem Blumenpflücken wenig abgewinnen. Shahin deutet auf ein Feld voller lilafarbener Blüten: »Safran. Für ein Kilo davon kriegt man vierzig Dollar.« Wir rupfen also Safran aus dem Boden. Viel Safran. Und eine Blume, die Kalam Kashi heißt oder so ähnlich. »Gut fürs Herz und gegen Alzheimer.« Außerdem wächst hier Kangar, eine Pflanze mit fiesen Stacheln an den Blättern, für die Bergung zieht Shahin extra Handschuhe an. Im Stamm befinden sich milchfarbene Fasern, die man essen kann. Sie schmecken nach nichts.

»Mona versteht nicht, warum wir Juraqan so sehr mögen«, sagt Shahin, der nicht kapiert, dass ich Mona sehr mag. Mit jeder Stunde etwas mehr, das liegt an dem Phänomen, das Psychologen »Romeo-und-Julia-Effekt« nennen: Je größer die empfundenen Hindernisse einer Beziehung sind, desto stärker wird die Zuneigung.

Hey, how are you? I arrived at shahins place.
what is your plan for today?

Von: Mona Hamedan

Hi stephan, you & shahin after dinner
come to our house & then we going out:)

Dinge, die ich an einem Frühlingsnachmittag im Westen Irans weniger spannend finde, als Mona zu treffen:
• über einen Basar zu schlendern
• einen Schreibwarenhändler kennenzulernen, der mich zu sich nach Hause einlädt
• der Eröffnung eines Teppichgeschäftes beizuwohnen
• zwischen zwei singenden Flower-Power-Männern eingequetscht auf einem Motorrad zu sitzen
• einen Automechaniker kennenzulernen, der mich zu sich nach Hause einlädt
• Shahin vor einem unspektakulären Steintor zu fotografieren (»für Facebook!«)
• fast in eine Schlägerei zu geraten, weil ein offensichtlich angetrunkener Teenager Aggressionen abbauen will

• einen Konditor kennenzulernen, der mich zu sich nach Hause einlädt
• Fernsehnachrichten zu gucken (Rohani verspricht bessere Arbeitsbedingungen, Rohani will mehr Exporte, Rohani betont die friedliche Nutzung von Kernenergie)
• Safran zu pflücken

»Gerade hat ein Freund angerufen. Hast du Lust, heute Abend

mit ein paar Leuten Fußball zu spielen?«, fragt Shahin. In Gedanken ergänze ich meine Liste um »Fußball spielen«.

»Ich würde lieber Mona treffen«, wage ich mich vor.

»Ach so, in Ordnung. Dann müssen wir auf meinen Bruder warten, der ist noch mit dem Auto unterwegs.«

Ein paar Stunden später. Säßen auf den teuren Ledermöbeln im Wohnzimmer nicht Monas Mutter, zwei Schwestern, ein Neffe, ein Cousin und zeitweise auch Vater, Onkel, Tante und Bruder, dann hätte ich früher kapiert, dass ich gerade ein Date habe. Vielleicht wäre dann nicht einmal der denkwürdige Auftritt eines mysteriösen Apparenté nötig gewesen.

Aber fangen wir von vorn an. Mona sieht anders aus als auf dem Profilbild: schwarze zu einem Dutt gebundene Haare, Augen wie schwarze Perlen, legeres Jeans-Outfit, ausgesprochen hübsch. An ihren Augenbrauen kann ich nichts feststellen, aber vielleicht fehlt mir da als Mann auch der analytische Blick. Mit großer Gelassenheit stellt sie mich reihum ihrer Familie vor, dann platziert sie Shahin und mich auf einer Couch und sich selbst neben ihrer Mutter. Auf einem flachen Tisch stehen Gurken und Kiwis und ein leider stumpfes Messer, wodurch das gleichzeitige Schälen und Konversationbetreiben zur echten Herausforderung gerät.

»Die sind ziemlich reich«, flüstert mir Shahin zu und deutet auf die riesigen Perserteppiche. »Jeder davon kostet drei Millionen Toman«, 750 Euro. Eine gute Partie also.

Mona hat einen Bruder und acht Schwestern, die meisten sind verheiratet und leben nicht mehr zu Hause. Sie mag Shakira, Rockmusik dagegen findet sie zu laut. In Hamedan studiert sie Wirtschaft, heute war eine Midterm-Klausur in Elektrotechnik (ganz gut), ansonsten muss sie zurzeit viel büffeln für ein paar Englischtests.

»Was ist deine Leidenschaft?«, fragt sie plötzlich.

»Reisen und Musik«, sage ich nach kurzem Zögern, etwas verdutzt von ihrer Frage. »Und deine?«

»Ich will mal Zahnärztin werden«, sagt sie wenig leidenschaftlich. »Oder Englischlehrerin. Oder Sängerin.«

Ich erzähle von meiner Route – inzwischen sorgt die Zahl meiner Stationen meistens für eine gewisse Bewunderung – und zeige Reisefotos auf der Kamera.

»Ich kann einen Satz auf Deutsch: Iesch liebe disch!«, sagt Mona. Die Konversation plätschert heiter und leicht dahin. Menschen kommen und gehen, mir fällt auf, dass Mona häufig ihren Sitzplatz ändert. Mal ist sie neben mir, doch sie wechselt mehrmals spontan zu einer ihrer Schwestern, und zwar immer Sekunden bevor ein männliches Familienmitglied reinkommt, als könnte sie hellsehen. Ist mir schleierhaft, wie sie das macht.

Apropos Schleier: Die Mutter ist die einzige Frau mit Kopftuch im Raum, sie lächelt mich die ganze Zeit selig an. Der Vater dagegen ist ein härteres Kaliber. Pensionierter Spediteur, Hutträger, Typ persischer Mario Adorf. Die meiste Zeit ist er still, doch dann geht eine wahre Fragenlawine los: Wie findest du den Iran? Was kostet deine Kamera? Wie viel verdienst du? Was ist dein Job? Was verdient ein Arbeiter in Deutschland? Warum gibst du dir keine Mühe, Persisch zu lernen?

Ich bin nicht allzu traurig, als er sich verabschiedet, um schlafen zu gehen. Kurz darauf kommt ein Mann hereinspaziert, der sich als Monas Cousin vorstellt und sagt, er habe jahrzehntelang in Frankreich gelebt. Er dürfte etwa Mitte vierzig sein.

»Parlez-vous français?«, wechselt er plötzlich das Idiom.

»Oui, un petit peu«, antworte ich. Vier mühsame Jahre in der Schule, lange ist es her. Er nimmt neben mir Platz, wo Sekunden vor seinem Eintritt noch Mona saß.

»Ça va?«

»Ça va bien, merci!«

»Tu aimes l'Iran?«

»Oui, l'Iran c'est magnifique.«

»Il y a quelque chose je veux te dire.«

»Oui?«

»C'est un petit peu compliqué.«

»Okay.«

»Ma cousine t'aimes bien. Qu'est-ce que tu penses?«

»Ah oui? Äh. Je suis très heureux.«

»Mais c'est l'Iran. Il est compliqué. Beaucoup de restrictions. Tu comprends?«

»Oui.«

Ich dachte erst, er spricht einfach gern Französisch, in Wahrheit brauchte er jedoch vor der versammelten Familie eine Geheimsprache. Rätselhafter Typ. Und schon steht er auf und geht in Richtung Tür. Doch Mona hält ihn auf, die beiden flüstern ein bisschen, das Wohnzimmer ist riesig genug, um auch mal außer Hörweite zu sein.

Cousin ab, Auftritt von Bruder Ali. Wie in einem Theaterstück komme ich mir vor, so oft gehen Leute aus und ein. Ali ist ein ziemlich ungehobelter Charakter, der sofort das Gespräch und alle Aufmerksamkeit auf sich lenkt. Eine der Schwestern bringt ihm Reis und Hühnchen, auch mir stellt sie eine Portion hin, obwohl ich keinen Hunger habe, aber mein »Nein danke« wird als Höflichkeit missverstanden und ignoriert. Ali schmatzt und redet mit offenem Mund. »Komm, wir treffen noch ein paar Freunde«, schlägt er vor. Schon beginnt Shahin, sich reihum zu verabschieden. Auch von Mona. Ach so, das wird eine reine Männerrunde, klar. Wenn mein Gastgeber mitgeht, kann ich wohl kaum hierbleiben. So viel zum »then we going out«-Plan aus Monas SMS.

Dinge, die ich in einer Frühlingsnacht im Westen Irans weniger spannend finde, als weiter Zeit mit Mona zu verbringen:

• in Shahins Auto durch die Dunkelheit zu rasen
• Ali dabei zu beobachten, wie er den Tabak aus zwei Zigaretten auf ein Stück Pappe bröselt, dann ein Stück Haschisch darüber zerkleinert und durch die beiden Zigarettenhülsen gekonnt die Mischung einsaugt
• während der Fahrt in Discolautstärke persischen Trance zu hören
• Sanjan, Puya, Mohsen und Arash zu treffen
• in einem Park eine Haschischzigarette kreisen zu lassen
• Fragen zu Bayern München, Adolf Hitler und den Tarifen Hamburger Prostituierter zu beantworten
• im Gegenzug ein paar versaute Wörter auf Persisch zu lernen

- von einem Aussichtspunkt auf einem Hügel die Lichter von Hamedan zu bestaunen
- zu Hause um halb vier Melone zu essen

An: Mona Hamedan

> Good morning my dear! It was wonderful to meet you yesterday! whats your plans for today?

Von: Mona Hamedan

> It was a pleasure to meet you too!
> Tomorrow i have midterm in english
> institute.i'm studing english like always:)

Shahin ist ein toller Kerl und wunderbarer Gastgeber, ich kann ihm keine Vorwürfe machen. Aber er ist auch ein besitzergreifender Gastgeber. Als wir am nächsten Tag mit den Jungs vom Vorabend in ein altmodisches Dorf fahren zum Picknicken und Schnapstrinken unter Walnussbäumen, ist das alles nett und schön, aber weniger schön ist das Gefühl, kein Mitspracherecht bei der Tagesplanung zu haben. Auf dem Rückweg besuchen wir noch einen Wasserfall am Fuß des Alvand-Berges, wo eine Seilbahn in Richtung Gipfel abfährt.

»Hier gehen junge Paare hin, wenn sie allein sein und sich berühren wollen«, plaudert Shahin. »Die Sittenpolizei kommt da nicht hin.« Felsbrocken und Bäume sorgen für den nötigen Sichtschutz.

Von: Mona Hamedan

> Where are you now?

An: Mona Hamedan

> Near Alvand mountain, did you finish studying?

Shahin fragt, ob wir zu einem seiner Freunde fahren wollen, um Wasserpfeife zu rauchen. Ich habe nur noch ein paar Stunden in Hamedan, um zehn geht der Nachtbus. »Es wäre doch viel netter, noch einmal deine Cousine zu treffen«, sage ich. Er sagt erst mal nichts, aber auf dem Rückweg hält er tatsächlich vor der Wohnung der Familie. Wir holen Mona und eine ihrer Schwestern ab, zu viert machen wir mit dem Auto eine Besichtigungstour. Und jede Menge Fotos. Am Grab von Avicenna, dem berühmtesten Arzt und Denker seiner Zeit, bekannt aus dem Bestsellerroman »Der Medicus«. An einem raketenspitzenförmigen Steinmonument, vor einer Moschee und an einem Mausoleum.

»Du hast schöne Haare«, sagt Mona.

»Kannst du mir eine deutsche Freundin organisieren?«, fragt Shahin, der selten von meiner Seite weicht. Bis die drei mich an der Bushaltestelle absetzen, bin ich nicht eine Sekunde auch nur annähernd allein mit Mona. Gestern die Großfamilie, heute Schwester und Cousin. In diesem Land herrscht nicht nur ein staatliches System der Überwachung, sondern auch ein familiäres. Ich frage mich, wie es unter solchen Umständen möglich ist, dass Menschen sich verlieben und heiraten. Oder heiraten die Iraner erst und verlieben sich danach? Verlieben sie sich im Eiltempo? Ich muss das mal weiter recherchieren.

# NACHRICHTEN

**Wien** – Hoffnung auf einen Durchbruch in den Atomgesprächen: Die 5+1-Gruppe und der Iran geben sich zuversichtlich, bis zum Sommer den seit zehn Jahren schwelenden Konflikt zu lösen. Allerdings sei noch »eine Menge harter Arbeit nötig, um die Differenzen zu überwinden«, hieß es in einem gemeinsamen Statement des iranischen Außenministers Mohammed Dschawad Sarif und der EU-Außenbeauftragten Catherine Ashton.

**Teheran** – Nach einer deutlichen Kritik des EU-Parlaments an der Menschenrechtssituation im Iran teilt Teheran nun seinerseits aus. »Diese Erklärung ist wertlos und verdient keine Aufmerksamkeit«, sagte Irans Justiz-Chef Sadegh Laridschani vor Beamten in Teheran. »Das zeigt die Arroganz des Westens.« Zudem bezichtigte er die EU, Promiskuität und Homosexualität im Iran zu verbreiten.

**Washington** – Die geplante Ernennung von Hamid Abutalebi zum neuen UN-Botschafter des Iran sorgt für Empörung. Der iranische Diplomat soll 1979 an der Geiselnahme in der US-Botschaft in Teheran beteiligt gewesen sein. Am Donnerstag verabschiedete der US-Kongress einstimmig ein Gesetz, das Abutalebi die Möglichkeit nehmen könnte, ein US-Visum für die Einreise zu erhalten.

**Wien** – Als Reaktion auf einen Bericht der Internationalen Atomenergie-Organisation (IAEO) haben die USA ihre Iran-Sanktionen weiter gelockert. 450 Millionen Dollar (320 Millionen Euro) sollten bald wieder zugänglich sein, sagte eine Sprecherin des Außenministeriums in Washington. Die IAEO teilte mit, dass sich der Iran bislang genau an das im November vereinbarte Atomabkommen halte. Die Vorräte an potenziell waffenfähigem Uran

seien reduziert worden, das Land habe rund 75 Prozent der Be-
stände inzwischen verdünnt oder in Uranoxid umgewandelt. »Es
läuft alles nach Plan«, so ein Diplomat.

**Noshahr** – Im Iran ist ein junger Mann in letzter Sekunde sei-
ner Hinrichtung entgangen. Laut einem Bericht der iranischen
Nachrichtenagentur IRNA hatte der Todeskandidat bereits die
Schlinge um den Hals, als die Mutter des Opfers ihn begnadigte.
Er war zum Tode verurteilt worden, weil er in der Stadt Noshahr
den Sohn der Frau bei einem Streit mit dem Messer getötet hatte.
Der Iran ist hinter China weltweit das Land mit den meisten Hin-
richtungen. Im Jahr 2013 wurden offiziellen Angaben zufolge 369
Menschen hingerichtet. Amnesty International geht jedoch davon
aus, dass es mindestens 335 weitere Exekutionen gab.

**Teheran** – Die Blockade des Kurznachrichtendienstes WhatsApp
sorgt im Iran für Streit zwischen der Regierung und einer Zen-
surbehörde. »Die Regierung ist absolut gegen das Verbot von
WhatsApp«, sagte Kommunikationsminister Mahmud Mehr der
staatlichen Nachrichtenagentur IRNA. Zuvor hatte der Leiter der
Behörde für Internetkriminalität, Abdolsamad Khorramabadi,
mitgeteilt: »Der Grund dafür ist die Übernahme von WhatsApp
durch den Facebook-Gründer Mark Zuckerberg, der ein amerikanischer Zionist ist.«

**London** – Die Journalistin Masih Alinedschad hat mit einem Auf-
ruf an iranische Frauen, Fotos ohne Schleier bei Facebook zu veröffentlichen, eine enorme Resonanz erzielt. Innerhalb weniger
Tage gingen Hunderte Fotos ein, Zehntausende Nutzer markier-
ten die Seite mit einem »Like«. Alinedschad lebt in London, seit
sie ihr Heimatland wegen der Aufdeckung eines Korruptions-
skandals verlassen musste.

**Teheran** – Viele Menschen haben vor dem Innenministerium
in Teheran für »Keuschheit und moralische Sicherheit« demon-
striert. Sie setzten sich dafür ein, dass die Kleidungsvorschriften

für Frauen nicht aufgeweicht werden. Nach offiziellen Angaben sollen 4000 Männer und Frauen an der Kundgebung teilgenommen haben. Augenzeugen sprechen von etwa 500 Demonstranten, unter ihnen seien viele Theologiestudenten gewesen.

In den Wochen seit meiner Landung in Teheran ist einiges passiert im Iran. Europäische Medien brachten wie üblich vor allem Nachrichten, die mit Atomstreit, Todesstrafe oder Frauenrechten zu tun haben. Sie alle haben ihre Berechtigung, es ist wichtig, darüber zu schreiben. Und doch gibt es noch so viel mehr, was einen Bericht wert ist. Wer die Welt über die »Tagesschau« kennenlernt, verschubladet sein Unterbewusstsein mit Bildern von Extremen: Afrikaner hungern, Afghanen verüben Selbstmordattentate, Chinesen plagiieren, und Iraner mit Bärten tüfteln an Atombomben. Der Alltag kommt nicht vor. Und wenn er doch vorkommt in Auslandsreportagen, findet häufig eine andere Form der Verklärung statt: weg vom Modernen und hin zum Traditionellen und Altmodischen, weil das ästhetischer und exotischer ist als die Bilder, die genauso gut aus jeder europäischen oder US-amerikanischen Großstadt stammen könnten. Leser und Zuschauer vergessen leicht, dass die Realität in jedem Land zehntausendmal vielfältiger ist, als sie gezeigt wird.

# اصفهان

ISFAHAN

Einwohner: 1,7 Millionen
Provinz: Isfahan

## FLUSS OHNE WASSER

Auf dem größten öffentlichen Platz der Welt, der komplett von
Mauern und Gebäuden umgeben ist, machen die Rasenpfleger
gerade ihre Morgengymnastik. Aerobic-Stretchübungen zu Euro-
dance-Musik in Discolautstärke. Meine ersten Minuten in Isfahan hatte ich mir irgendwie orientalischer vorgestellt. Dabei lautet
der gebräuchliche Name des Platzes Naqsh-e Jahan, »Abbild der
Welt« – dem würden Wasserpfeife rauchende Turbanträger oder
ein kreiselnder Derwischtanz dann auch wieder nicht gerecht
werden. Um exakt 5.45 Uhr werden die Wasserspiele der Brun-
nenbecken angeschmissen, eine Dreiviertelstunde später geht die
Sonne auf. Showtime.

560 mal 160 Meter, fünf mal drei Fußballfelder, eingerahmt
von schmucken Doppelarkaden, Moscheenkuppeln, Palästen und
Basartunneln. Es ist unmöglich, von diesen Dimensionen nicht
überwältigt zu sein. Ich bin so früh hier, weil der Nachtbus aus
Hamedan weniger als sieben Stunden gebraucht hat. Um meinen
Gastgeber nicht durch einen frühen Weckruf zu ärgern, muss ich
ein bisschen herumtrödeln.

Eine der frecheren Taten von Ajatollah Khomeini war, Isfahans
architektonisches Prachtstück nach sich selber zu benennen. Ob-

wohl er für den Platz wirklich nichts kann, den ließ Abbas I. vor über vierhundert Jahren bauen. Vor 1979 lautete der offizielle Name für einige Jahrzehnte Schah-Platz. Doch den meisten Einheimischen sind die Egotrips ihrer profilneurotischen Herrscher schnurz, weshalb sie bis heute bei »Naqsh-e Jahan« bleiben.

Wieder einmal finde ich es schade, dass es kein Café gibt, um ein bisschen Zeit totzuschlagen. Aber in einer Seitengasse finde ich ein Teehaus mit Holztischen, in dem Männer die Energie für den Tag aus blubbernden Wasserpfeifen saugen. Etwa ein Drittel der Gäste sind bärtige Turbanträger mit langen Gewändern, sie mischen sich unter die Leute und geben Auskunft darüber, was der Koran zu ihren Problemen sagt.

An: Sofia Isfahan

> Good morning, I arrived in Isfahan now, how are you? Do you have time to meet today?

Von: Sofia Isfahan

> Hi, let's meet @ music school.
> I arranged a class for you. Don't hurry,
> but be there @10.30, not later

Mein Gastgeber Ahmad wohnt 25 Autominuten nördlich vom Zentrum. Wieder mal rufe ich einen fremden Menschen an, reiche den Hörer an den Taxifahrer weiter und beobachte dann gespannt aus dem Fenster, wo er mich hinbringt. Routine. Ein neuer Tag, eine neue Wohnung. Auch Routine. Die Begeisterung, ständig neue Leute zu treffen, nutzt sich mit der Zeit ab.

Jeder Langzeitreisende kennt den Punkt, an dem die üblichen »Where are you from/What's your name/Where did you go«-Gespräche mit anderen Rucksackträgern nur noch nerven, selbst wenn potenziell wahnsinnig interessante Menschen vor einem stehen.

Ahmad empfängt mich in Jogginghose, ein ruhiger Typ, erbetreibt einen Shop für T-Shirts in der Stadt. Vor meiner Ankunft hatte ich nur Mailkontakt mit Sofia, sie hat mir dann eine Unterkunft bei ihm vermittelt. Scheint ein üblicher Vorgang zu sein, weil iranische Frauen Angst haben, die Gesetze zu brechen und ihren Ruf zu gefährden, wenn sie männliche Gäste bei sich unterbringen.

An der Wand in Ahmads Schlafzimmer hängt ein Zettel mit einem handgeschriebenen Spruch:»Traveling is like flirting with life. It's like saying: You are beautiful and I love you, but I have to go.« Gutes Stichwort, ich muss auch los und verschwinde mit dem nächsten Taxi. Sofia hatte ich kontaktiert, weil in ihrem Profil stand:»If u r interested in music and language u will have some good experience with me.« Und weil sie Deutsch lernt. Als ich schrieb, dass mich iranische Instrumente interessieren, schlug sie vor, mir eine Musikschule zu zeigen, und gab mir die Adresse für den Taxifahrer.

Um 10.27 Uhr, drei Minuten zu früh, stehe ich vor der Tür. Sofia ist ein zartes Geschöpf in senfgelbem Umhang mit indianisch anmutendem Muster und Ballerinaschuhen. Die 26-Jährige bringt das Kunststück fertig, extravagant und traditionell zugleich auszusehen. Augen und Lippen sind stark geschminkt, aber nicht übertrieben, wie man es so oft bei Teherans Jugend sieht. Ich habe gelesen, dass iranische Frauen im weltweiten Vergleich besonders viel Make-up verbrauchen, und das glaubt man bei einem Rundgang in einer beliebigen Großstadt sofort. Die Motivation, aus dem bisschen Haut, das sie zeigen dürfen, das Beste zu machen, ist riesig: Bei der Zahl der Nasen-Schönheitsoperationen belegen Iranerinnen sogar den Spitzenplatz.

Herr Amini, der Musiktheorielehrer, führt uns über einen Innenhof zu den Unterrichtsräumen. Wir dürfen uns für ein paar Minuten in verschiedene Klassen setzen und bekommen ein Privatkonzert. Teenager in schwarz-weißen Schuluniformen schlagen mit virtuoser Präzision auf Tombak-Bechertrommeln ein und spielen die Hackbrett-ähnliche Santur, die Kamancheh-Stehgeige und die Tar. Die Tar darf ich auch mal in die Hand nehmen, ein wunderbares Instrument mit einem Griffbrett aus Kamelknochen und einem Korpus aus Maulbeerbaumholz, der wie eine Acht geformt und mit der Haut eines Lammembryos bespannt ist. Als Plektrum dient ein Stück Metall mit einem Halteknubbel aus Bienenwachs, der ein bisschen am Finger klebt. Der Ton ist voll, perkussiv, manchmal schnarrend, ähnelt ein bisschen einer dumpferen Gitarre. Ich bin auf der Stelle verliebt und beschließe, dass ich so ein Instrument haben muss.

»Wo hast du Tar spielen gelernt?«, fragt Sofia, und ich fühle mich plötzlich wahnsinnig iranisch.

»Das ist fast wie bei einer Gitarre und darum gar nicht so schwierig für mich.«

Ihr kommt eine Idee. »Hast du Lust, einen Gitarren-Workshop für die Kids zu machen?«

»Klar!«, sage ich sofort zu.

Sie vereinbart mit Herrn Amini einen Termin für übermorgen.

Dann laufen wir noch ein Stück durch die Stadt. Isfahan ist berühmt für seine historischen Brücken über den Zayandeh Rud, den »Fluss des Lebens«. Doch derzeit ist er ein toter Fluss ohne einen Tropfen Wasser. Ein Wüstenstreif, der die Stadt durchschneidet. Am gegenüberliegenden Ufer kann ich ein paar Dutzend Tretboote mit Schwanenkopf-Galionsfiguren ausmachen, die auf dem trockenen Flussbett stehen.

»Die Regierung hat das Wasser umgeleitet, keiner weiß genau, warum. Vielleicht, weil woanders Felder bewässert werden müssen. Es hat nicht viel geregnet, alles ist verdorrt. Wir wissen nicht, wann wir hier wieder Wasser haben werden«, sagt Sofia. An einem Ufer steht ein »No Swimming«-Schild wie ein schlechter Witz. Man stelle sich Paris ohne die Seine vor oder Hamburg ohne die Elbe.

Grüne Parks rahmen den Fluss ein, prächtige alte Steinbrücken queren ihn, jetzt sind sie nur noch Schmuckwerk ohne praktischen Sinn: Man kann genauso gut fünf oder fünfzig Meter daneben rüberspazieren.

Ob sie sich sehr ärgert, dass das Wasser abgeknipst wurde, will ich von Sofia wissen.

»Ich denke nicht über die Regierung nach«, sagt sie. »Das belastet nur. Viele meckern den ganzen Tag, ich lebe einfach mein Leben.«

»Und die Sittenpolizei? Deine Schuhe sind ziemlich gewagt. Man kann die Knöchel sehen.«

»An meinem Outfit ist einiges zu gewagt. Die Schminke, selbst die Farbe. Aber ich arbeite als Englischlehrerin für Mädchen im Grundschulalter, und die Kinder lieben es, wenn ich bunte Umhänge trage. Nur mit dem Schulleiter habe ich manchmal Stress deswegen.«

Ihre Schule ist privat, lediglich Töchter wohlhabender Eltern können sich den Nachmittagsunterricht leisten, der eine Million Toman (400 Euro) pro Jahr kostet. »Ich werde mal fragen, ob ich dich als Gastlehrer mitbringen kann.«

Von: Mona Hamedan

> ill missed you so much,
> you are really really kind & friendly,
> ich le be diech;-)

An: Mona Hamedan

> I miss you too!! Too bad we had
> so little time in Hamedan!

Wir beenden unseren Spaziergang am Naqsh-e-Jahan-Platz. Dort treffen wir André und Luciana aus Brasilien, die auch Sofia kontaktiert hatten und wie ich zu Ahmad weitervermittelt wurden. Die beiden jungen Ärzte haben eine Videokamera dabei, die sie mir in die Hand drücken, um einen Drei-Sekunden-Tanz aufzuführen und dann synchron »Elfen in Isfahan!« zu brüllen.

»Wir machen einen Videoblog, wo wir uns als zwei Elfen auf Weltreise präsentieren, und in jeder Stadt drehen wir so einen Clip«, erklären sie. »Und was machst du?«

»Ich recherchiere für ein Buch. Mit Stift und Notizblock.« Ich fühle mich wie ein Relikt aus der Urzeit des Reisens. Fehlt nur noch, dass ich zugebe, mit einer der Pferdekutschen unterwegs gewesen zu sein, die Rundfahrten um den Platz anbieten. Als es dunkel wird, verabschieden wir uns von Sofia. Ahmad holt uns mit dem Auto ab und nimmt uns noch mit zur Khaju-Brücke, die nachts sandgelb im Scheinwerferlicht strahlt. »Ihr habt Glück, ich kenne ein paar Geheimnisse.« Er berichtet, dass die Brücke aus dreißig Torbogen besteht, fünfzehn auf jeder Seite, »das entspricht der Zahl der Teile des Koran«. Über jeder befindet sich ein anderes Blumenmuster auf Schmuckkacheln. Dann zeigt er uns das »erste Telefon der Welt«. Am Rand der Torbögen sind kleine Löcher, wer dort sein Ohr hinhält, kann deutlich verstehen, was in das diagonal gegenüberliegende Loch hineingeflüstert wird. Da staunen sogar die Elfen.

Wir gehen zu einem etwa lebensgroßen Löwen aus Stein, der den Brückenaufgang bewacht. In seinem Rachen befindet sich ein Menschenkopf. »Das ist ein Symbol für die Macht der Regierung über die Menschen«, sagt Ahmad ganz nüchtern, als wäre das eine ganz normale Metapher für Regierende und Regierte. »Aber jetzt erzähle ich euch etwas wirklich Unglaubliches! Hast du schon mal eine Katze bei Nacht gesehen? Wie dann die Augen leuchten?« Er deutet auf einen identischen Steinlöwen auf der anderen Seite des toten Flusses, hundertzehn Meter entfernt. Dort, wo sich sein Kopf befindet, sind deutlich zwei Lichtpunkte zu erkennen. »Ihr werdet das jetzt nicht glauben, aber ich habe mal davon geträumt, dass die Augen glitzern. Dann bin ich hergekommen, und es war tatsächlich so.« Wir können uns das Phänomen nicht erklären, es muss eine Reflexion der Lampen am Brückeneingang sein.

Iran im Frühjahr 2014: Ein Löwenregent mit Scheinwerferaugen frisst Menschen und wacht über den versiegten Fluss des Lebens.

»Habt ihr Lust auf Schafkopf?«, fragt Ahmad plötzlich. Er meint kein Kartenspiel. »Oder seid ihr Vegetarier?«

Alle drei verneinen. Also gehen wir zu später Stunde in ein Eckrestaurant, in dem ein dicker Mann mit blutiger Schürze gedünstete Schädel von Lämmern mit einer Art Schaufel in einen großen Topf hievt. Als Beilage werden Fladenbrot und eine trübe fettige Suppe serviert, neben Stücken aus Hirn, Wange und Kiefer kommen auch weitere Innereien auf den Tisch. »Die Lunge nenne ich immer ›Handtuch‹«, plaudert Ahmad. »Weil sie so eine frottee-artige Oberfläche hat.« Sie schmeckt besser als Handtuch, aber nur ein bisschen.

Ein letztes Highlight speziell für mich hat er noch auf der Rück-fahrt in petto: Ahmad zeigt mir ein Straßenschild, auf dem »Frei-burg Avenue« steht. Eine ziemli-che Überraschung, weil ich mich längst an die ganzen Shariati-, Be-heshti-, Azeri- und Imam-Khomei-ni-Straßen gewöhnt habe, deren Allgegenwart für große Verwechs-

lungsgefahr bei Stadtplänen sorgt. »Den Straßennamen gibt es nur einmal im Iran. Freiburg ist die Partnerstadt von Isfahan«, erklärt Ahmad.

# DIKTATUR

Von: Sofia Isfahan

C u @ 10:00 @ music school:-)

Die nächsten Tage beginnen immer mit einer SMS, die knappe Anweisungen zum Treffpunkt enthält, gefolgt von Doppelpunkt-Strich-Klammer zu. Befehl und Smiley, Sofia muss eine gute Lehrerin sein. »Ich bin die perfekte Diktatorin«, sagt sie einmal, als ich sie auf ihren nicht konsultativen Stil der Tagesplanung anspreche. Musiklehrer Amini hat extra für mich eine Gitarre ausgeliehen. Yamaha, Made in Indonesia, die Saiten sind so alt, dass sie an manchen Stellen Rostflecken haben. Wir sitzen in einer Art Empfangszimmer. Aus einem Nebenraum höre ich Applaus, dreimal in kurzen Abständen. Ich frage mich, was für eine Veranstaltung diese Begeisterungsstürme auslöst. Dann läutet Amini die Schulglocke, es ist exakt 10.45 Uhr. »Kann losgehen«, sagt er und bedeutet mir, ihm zu folgen. Über den Innenhof gelangen wir durch eine Tür in die Aula. Etwa fünfzig Schüler sitzen auf gelben Plastikstühlen und blicken erwartungsvoll zum Eingang. Auf einer erhöhten Bühne steht ein einzelner Klavierhocker unter dem obligatorischen Khomeini-/Chamenei-Doppelporträt. Ich gehe durch die Tür, und erneut ertönt Applaus, die vorigen Male waren offenbar nur Aufwärmübung. Als ich einen »Gitarren-Workshop« vereinbarte, hatte ich an zwei oder drei Schüler gedacht, die Fragen zum G-Dur-Griff oder den Akkorden von »Hotel California« stellen. Falsch gedacht.

Ich nehme auf dem Klavierhocker Platz. Stille, erwartungsvolle Gesichter. In meinem Magen bildet sich ein schwarzes Loch, das versucht, meinen restlichen Körper einzusaugen, was eine wunderbare Möglichkeit wäre, mich aus dem Staub zu machen. Ich fühle ein starkes Ziehen, aber aufgesogen werde ich leider nicht.

Sofia sitzt ganz hinten und bringt ihre Handykamera in Position. Herr Amini hält eine kleine Ansprache und streckt dann so gottschalkmäßig den Arm in meine Richtung, schon wieder Applaus. Ich bin noch nie so frenetisch beklatscht worden, ohne irgendwas geleistet zu haben, vielleicht ist das die beste Metapher für die iranische Gastfreundlichkeit.

»I will play two classical pieces by Spanish composer Francisco Tárrega«, kündige ich an. Ich stimme noch mal nach, Stimmen bringt wertvolle Sekunden. Mit klammen Fingern lege ich los. »Lágrima«, Träne, heißt das Stück. Eigentlich kann ich es im Schlaf, an zwei Stellen hakt es ein bisschen,

doch nicht schlimm. Dann »Adelita«, fast fehlerfrei, jetzt läuft's, Applaus mit Fußgetrampel. Den folgenden ziemlich schnellen Tango haue ich ein bisschen daneben, aber »Someone Like You« von Adele ist eine sichere Bank, Adele geht immer im Iran. Mehr Applaus. Herr Amini bittet um Fragen aus dem Plenum.

Ein kleiner Junge mit Hornbrille meldet sich. »Kannst du auch was Fetziges spielen?«

Das schwarze Loch meldet sich auf der Stelle zurück, es saugt und saugt, ohne Erfolg.

»Wenn du dazu tanzt, bestimmt«, sagt Amini, der geschickte Diplomat. »Okay, ich versuch's«, sage ich. Und so kommt es zu einer in der Geschichte dieser Musikschule sicher einmaligen Aufführung von »Enter Sandman« von Metallica, in improvisierter Bearbeitung für klassische Gitarre solo. Durchschnittlich jeder vierte Ton ist falsch, aber dafür bin ich laut. Und fetzig. Man kann kaum zuhören, ohne im Rhythmus mitzuwippen. Fünfzig Jungen in Schuluniform schaffen es dennoch.

Verhaltener Applaus, ein paar Dankesworte von Amini. Ich hab's überlebt, und die Kids dürfen zurück in ihren Unterricht.

»Du warst gut«, sagt Sofia.

Drinnen im prächtigen Thronsaal kämpfen Krieger auf Wandgemälden mit Elefanten, Musiker zupfen und streichen die Saiten ihrer Instrumente, und Könige empfangen andere Könige. Draußen sitzen wir auf der Treppe des Chehel-Sotun-Palastes neben dümmlich dreinblickenden Löwen-Steinfiguren und führen eine seltsame Unterhaltung. »Der Baum ist schön. Die Frau ist schön. Der Mann ist wichtig«, sagt Sofia. Bei den Umlauten kommt sie immer ein bisschen ins Stocken. »Ich bin nicht normal. Das Kind ist nicht genau. Die Tomate ist kostenlos. Ich bin frei. Wir sind frei. Der Mann ist frei. Die Frau ist genau. Das ist positiv.«

»Wo hast du diese komischen deutschen Sätze her?«, frage ich.

»Von einer Internetseite abgeschrieben.« Fein säuberlich hat sie die Wörter in ein Schulheft übertragen, jetzt liest sie daraus vor.

»Ich glaube, das ist keine gute Internetseite. ›Die Frau ist genau‹, sagt bei uns kein Mensch«, erkläre ich.

Eine europäische Familie mit Kleinkind kommt vorbei, der Junge dürfte etwa fünf sein. Er trägt eine große Sonnenbrille und eine kleine Baseballkappe.

»Oh Gott, ist der süß«, quietscht Sofia. »Meinst du, ich kann fragen, ob ich ein Foto mit ihm machen darf?«

Schon rennt sie zu den verdutzten Eltern, krallt sich das Kind und gibt mir ihr Handy. Ich knipse, sie küsst den Jungen auf die Wange. Er wirkt ein bisschen überrumpelt, ihn hat ja keiner gefragt. Sofia bedankt sich überschwänglich bei den Eltern.

»So süß war der gar nicht, ein bisschen pummelig«, versuche ich, eine etwas objektivere Sichtweise anzumahnen. Doch sie strahlt, als hätte die Touristenfamilie ihr gerade mitgeteilt, dass sie zehn Milliarden Rial im Lotto gewonnen hat.

»Unsinn, der war toll! Jetzt will ich unbedingt nach Europa.«

Mütter, versteckt eure Kleinkinder.

»Sind die bei euch alle so niedlich?«

»Mindestens. Hättest mich mal sehen sollen mit fünf.«

»Klar doch. Komm, lass uns noch ein bisschen Deutsch üben.«

Nicht nur Sofias Sprachkompetenz, auch mein kleines Forschungsprojekt zum Thema »Verlieben und Heiraten« kommt in Isfahan weiter voran. Zum Mittagessen treffe ich Massi, eine tiefenentspannt wirkende Frohnatur in schwarzem Kopftuch, die als Brokerin an der Börse arbeitet und gelegentlich als Touristenführerin für offizielle Gäste der Stadt aushilft. Im armenischen Viertel bringt sie mich in ein Bistro mit Kellnern, die schwarze Hosenträger über weißen Hemden tragen. Auf den Tischen stehen Tissueboxen von Hermès, an der Decke hängen Mobiles, die erst auf den zweiten Blick als Designerlampen zu erkennen sind: Eine besteht aus Dutzenden gelb angestrichenen Teekannen, eine andere aus Messern und Gabeln.

»Ach, du wohnst bei Ahmad«, sagt Massi. »Der ist verrückt. Ich glaube, niemand in Isfahan hat so viele Gäste wie er.« Sie ist selbst sehr aktiv bei Couchsurfing, organisiert immer wieder Treffen. »Aber einmal wurde Ahmad festgenommen, weil er mit einem ausländischen Mädchen durch die Stadt lief. Die Polizei hat gedroht, ihm die Lizenz für seinen Shop zu entziehen, deshalb hat er sein Profil gelöscht. Jetzt kriegt er Besuch nur noch über die Vermittlung von Freunden.«

»Hattest du schon mal Probleme mit der Polizei?«, frage ich.

»Bisher zum Glück nicht. Ich denke nicht viel darüber nach. Aber einem Bekannten von mir haben Polizisten auf der Wache plötzlich Fotos von einem unserer Treffen in einem Park gezeigt, so was schüchtert schon ein.«

Es gibt Caesar Salad und Fruchtshakes in Signalfarben, wir könnten auch in einem beliebigen Szeneviertel in einer europäischen Großstadt sein.

»Ich habe ein Problem und würde gern deine Meinung dazu hören«, sagt Massi plötzlich.

»Klar, worum geht es?«

»Ich frage mich, ob ich bald heiraten sollte, ich bin jetzt 29. Ich habe einen netten Mann kennengelernt, er hat einen guten Job. Gerade bewirbt er sich für eine Stelle beim Auswärtigen Amt in Teheran.«

»Und wo ist der Haken?«

»Er ist ruhig, ich bin extrovertiert. Wir können uns nicht so gut unterhalten, sind sehr verschieden. Er liebt mich, aber ich liebe ihn nicht. Zumindest noch nicht. Keine Ahnung, wie ich mich entscheiden soll. Im Iran macht immer der Mann den ersten Schritt. Wer weiß, wann die nächste Gelegenheit kommt.«

»Wie lange kennt ihr euch?«

»Wir haben uns dreimal gesehen.«

Ich verschlucke mich fast an einem Salatblatt.

»Und wann hat er den Heiratsantrag gemacht?«

»Noch vor dem ersten Date, bei Facebook. Wir haben uns bei einem offiziellen Termin kennengelernt und wurden dann Facebook-Freunde.«

»Warum hast du es so eilig mit dem Heiraten?«

»Wenn eine iranische Frau allein lebt, gibt es Geschwätz und Gerüchte. Meine Familie macht Druck, mehr als zwei Jahre sollte ich nicht mehr warten.«

»Aber dann lass dir doch mit ihm noch etwas Zeit.«

»Vielleicht verliert er dann das Interesse.«

»Wenn es ihm ernst ist, wird er ein paar Monate Geduld haben können.«

Es fällt mir schwer, einen guten Ratschlag zu geben. Denn was Bedeutung und Konzept der Ehe angeht, komme ich von einem anderen Planeten.

Im Iran geht mit der Hochzeit die Frau quasi in den Besitz des Mannes über. Als Ausgleich dafür muss er die gemeinsame Wohnung finanzieren und ist im Fall einer Scheidung zur Zahlung einer stattlichen »Morgengabe« verpflichtet. Sie ist laut Zivilrecht »der Preis dafür, dass die Frau während der Ehe mit dem Mann schläft, den Haushalt erledigt und ihm gehorcht«. Ohne seine Erlaubnis darf sie nicht einmal die Wohnung verlassen, von Reisen ins Ausland ganz zu schweigen.

Ein Mann, der sich trennen will, muss laut Gesetz nur dreimal »Ich lasse mich scheiden« auf der Straße ausrufen. Eine Frau mit dem gleichen Vorhaben dagegen braucht ein Gericht und seine Unterschrift. Wobei anschließend das Sorgerecht für die Kinder grundsätzlich an den Mann übergeht. Bei jüngeren Paaren sind Eheverträge in Mode gekommen, die der Frau wenigstens einige Sonderrechte einräumen.

Nicht zu heiraten jedenfalls ist auch keine Lösung, nicht nur wegen der finanziellen Absicherung: Der familiäre und gesellschaftliche Druck, aber auch die Macht dessen, was »sich gehört«, sind so stark, dass die allerwenigsten Frauen erwägen, allein zu bleiben. Selbst wenn sie gebildet sind und einen Spitzenjob haben wie Massi.

»Weißt du, im Iran gibt es zwei Hochzeiten«, erklärt sie. »Die erste findet in kleinerem Kreis statt, danach leben beide Partner noch bei ihren Familien, fangen aber an, sich nach einer Wohnung und Möbeln umzusehen. Dabei lernen sie sich meistens erst richtig kennen, sonst gibt es ja keine Gelegenheit dazu. Wenn man sich vor der richtigen, großen Hochzeitsfeier scheiden lässt, ist es noch nicht so dramatisch. Aber eine Scheidung wäre es trotzdem.«

Den männlichen Blickwinkel zum Thema liefert eine Zufallsbekanntschaft auf der Rückfahrt zu Ahmad. Ich warte am Straßenrand auf ein Taxi, ein junger Mann nimmt mich mit. Er ist 23, studiert Elektrotechnik und stellt sich als Arash vor. »Wir sind die verbrannte Generation«, sagt er. »Wir haben kaum Chancen auf gute Jobs, und alles wird immer teurer. Wenn ich ein Haus in einer schlechten Gegend kaufen will, muss ich zwanzig Jahre arbeiten. Für ein Haus in einer guten Gegend hundert Jahre. Und um zu heiraten, müsste mir eine Bank gehören.«

Fehlt nur noch ein Statement von Sofia. Wir treffen uns am nächsten Tag im Park am Zayandeh-Flussbett. Sie sagt, sie verstehe nicht, wie Europäer Kinder haben können, ohne zu heiraten. »Da fehlt doch die Verbindlichkeit, der Mann kann dann machen, was er will.« Wenn man dagegen einen Vertrag unterschreibe und eine riesige Feier mache mit allen Freunden, dann sei das ein eindeutiges Bekenntnis. Sie hatte schon mehrere Dates, die von ihren Eltern arrangiert wurden. Ihr Vater ist ein sehr gläubiger Mann, er arbeitet als Reiseleiter für Pilgergruppen, die schiitische Heiligtümer im Irak besuchen. »Einmal war ein Typ dabei, der ging wirklich gar nicht. Der redete so dummes Zeug, ich konnte ihn nicht mal anschauen dabei.«Sie findet, Teenager sollten noch keine Verabredungen mit dem anderen Geschlecht haben, da ist sie ganz Lehrerin:»Das lenkt zu sehr ab von der Schule.«

Bei Couchsurfing habe sie sich einmal fast abgemeldet, weil auf manchen Treffen zu viel geflirtet wurde.»Viele suchen da nach einem Partner. Und sie versuchen, andere zum Trinken zu überreden, setzen sie unter Druck mit Sätzen wie: ›Ach, du bist keine moderne Frau.‹ Dabei ist kein Mädchen wirklich modern, da musst du sie nur mal zu Hause erleben. Das nächste Problem ist: Viele wollen ›westlich‹ sein, wenn es ums Feiern und Jungs geht, aber nicht, wenn es um Disziplin und Pünktlichkeit geht. Sie picken sich die Rosinen heraus.«

# BETRUNKEN ZUM IMAM

Auf der Schnellstraße zum Flughafen fühle ich mich ziemlich modern, weil mir einfällt, dass ich immer noch eine Flasche vom besten Wein Westirans im Rucksack habe. Sofias Onkel Akbar sitzt am Steuer (eigentlich ist er nicht ihr Onkel, aber im Iran nennt man auch gute Freunde so, die eine Generation älter sind), neben ihm seine Frau, hinten Sofia. Er ist Ingenieur und hat vor Kurzem ein Jobangebot einer Telekommunikationsfirma namens 3S Network in Irvine, Kalifornien, erhalten. In ein paar Monaten will er in die USA auswandern. Er ist froh, mit mir ein bisschen Englisch üben zu können.

Auf seinem Handy hat er 120 Fragen gespeichert, die ihn beim Interview für den Visumsantrag in Teheran erwarten könnten, zusammen mit den korrekten Antworten. Er kann schon fast alle Wort für Wort auswendig, wie ich beim folgenden Rollenspiel feststelle, in dem ich den strengen Konsulatsbeamten gebe.

»Who interviewed you for the job, and how many interviews did you have?«

»I had three phone interviews with Mister Hawkins.«

»How did you hear about the company?«

»The CEO is from Iran, he is a friend of my brother-in-law.«

»How do you know the company is real?«

»I talked to some employees and I checked the website.«

»Why will you come back to Iran?«

»Because of my family.«

»Why do you want to change?«

»I will earn more money and learn more in my field.«

Er erzählt, dass man im Iran als Ingenieur nicht reich werden kann. »Hier bekomme ich 350 Dollar im Monat, in den USA 5000.« Er will es unbedingt schaffen: Noch vor einem Jahr konnte er nicht viel mehr als »hello« und »how are you« sagen, jetzt macht er seit Monaten nichts anderes, als Englisch mit einem Privatlehrer zu pauken. Ich wünsche ihm viel Glück, als ich mich verabschiede.

»Bete für mich am Schrein von Imam Reza in Mashhad«, sagt Sofia und schüttelt mir die Hand. »Sag ihm, ich will nach Deutschland, und er soll es möglich machen.«

»Alles klar. Du bist die beste Diktatorin in diesem Land«, sage ich.

Noch eine Stunde Zeit bleibt bis zum Abflug in eine der heiligsten Städte des Islam. Der Wein muss weg. Im Geiste bitte ich seine Majestät Ehsan, Prinz und Winzermeister von Marivan, um Verzeihung. Es gibt tausend bessere Orte, um sich einen fruchtigen 2013er zu genehmigen, als die Toiletten des Shahid-Beheshti-Flughafens von Isfahan. In zwei Minuten schaffe ich etwa zwei Drittel, den Rest kippe ich in die Bodenkeramik. Verdammt guter Wein. Zweimal muss ich spülen, bis keine roten Reste mehr zu sehen sind. Jetzt noch die Flasche weg- und ein Kaugummi einwerfen, fertig. Ich laufe so geradlinig wie möglich zum Check-in von Taban Air, stelle beschwipst fest, dass man bei dem Wort Check-in nur zwei Buchstaben tauschen muss, um »Chicken« zu erhalten, zeige mein Ticket und stelle mich bei der Sicherheitskontrolle an.

Von: Sofia Isfahan

> Sorry I couldn't have even a small hug with
> u @ airport in front of my friends U know
> maybe they find it strange;-)
> Was nice meeting u. U r so kind:)

An: Elaheh Mashhad

> Hi elaheh, i m on my way now,
> i will arrive at the airport in around 3 hours.
> see you soon!

Aus den Lautsprechern knistert eine Durchsage:»Mister Stephan, please come to the information desk.« Ich bin nicht sicher, ob ich den Namen richtig verstanden habe. Was liegen gelassen? Pass und Ticket sind in meiner Hand, kann eigentlich nicht sein. Hat mich eine Sicherheitskamera beim Wegwerfen der Flasche gefilmt und Weinspuren im Müll gefunden? Ich entscheide, nicht zum Informationsschalter zu gehen. Im Warteraum vor den Gates kommt die Durchsage noch einmal, wieder nicht eindeutig zu verstehen. Bestimmt ist jemand anders gemeint, der Wein bringt mich durcheinander.

Ich versuche, vernünftig zu sein und alle Angstgefühle auf den bevorstehenden Flug zu kanalisieren. Taban Air ist eine winzige Gesellschaft mit sieben Maschinen. Die Wartungsprobleme im Luftverkehr sind bekannt. Es fehlen Ersatzteile aus dem Ausland, bestimmt auch für die Propellermaschine vom amerikanischen Typ MD-88, in die ich jetzt einsteige. Irans Flugzeugmechaniker sind die Jazzmusiker unter den Ingenieuren. Meister der Improvisation, die auch mal eine ungewöhnliche Note einbauen und auf herkömmliche Problemlösungen verzichten. Ich überlege, ob im konkreten Fall eher die Bordelektronik, die Hydraulik oder der Motor mit Teilen aus der Saipa-Autofabrik geflickt wurde. Oder alle drei. Ob Techniker genau wie manche Musiker noch besser improvisieren können, wenn sie ein bisschen Rotwein getrunken haben? Wird schon fliegen, inschallah? Die letzte Bruchlandung der Airline, das habe ich gegoogelt, liegt vier Jahre zurück. Zufällig auf der Strecke Isfahan–Mashhad, 42 Verletzte. Vier Jahre können in diesem Fall dreierlei bedeuten:

a) Als Reaktion auf den Zwischenfall wurde seitdem die Sicherheit stark verbessert.
b) Es wäre mal wieder Zeit.
c) Ich mache mir zu viele Gedanken.

Als richtige Antwort stellt sich natürlich c) heraus. Der Pilot startet elegant, bleibt die vorgesehene Zeit oben und landet so sanft wie die Feder eines Mynahvogels auf einem Perserteppich.

## MASHHAD

Einwohner: 2,6 Millionen
Provinz: Razavi-Chorasan

# GLAUBE UND GELD

»Hast du Badesachen dabei? Heute Nachmittag ist eine Poolparty«, verkündet Elaheh. Das ist kein Satz, den ich im streng religiösen Mashhad zu hören erwartet hätte. Aber eigentlich sollte ich längst kapiert haben, dass es dem Iran großen Spaß macht, Erwartungen zu verdrehen und zerknüllen und mit Schwung in einen riesigen Müllcontainer zu schmeißen, der mit »Vorurteile, öffentliche Wahrnehmung und Gottesstaat« beschriftet ist. Also morgens pilgern, nachmittags Party, der Tagesplan gefällt mir.

Elaheh ist Zahnärztin, sieht ein bisschen aus wie die junge Sabrina Setlur und hat einen Freund namens Kayman, der uns mit einem militärgrünen Jeep Cabrio ohne Windschutzscheibe abholt. Mit diesem Gefährt, Baujahr 1982, mit Tempo 45 durch die heilige Stadt zu knattern ist purer Genuss, endlich mal ein Gefühl von Freiheit außerhalb von Wänden und Zäunen. Mit Fahrtwind im Gesicht und Sonne im Haar fragt man sich, warum überhaupt Autos mit Windschutzscheiben gebaut werden. Mashhad wirkt moderner und sauberer als Teheran oder Isfahan. Jedes Jahr kommen mehr als fünfzehn Millionen Pilger, Mashhad ist eine reiche Stadt. Am Straßenrand stehen riesige Werbetafeln für Immobilien, die Fußgängerbrücken wirken nagelneu. Riesige Baukräne, durchnummeriert von eins bis neun, kündigen an, dass gerade eines der größten Shoppingcenter des Landes entsteht. An einer U-Bahn-Haltestelle wechseln wir in ein moderneres Verkehrsmittel mit mehr Fenstern und fahren ins Stadtzentrum.

Fünfzehn Millionen Pilger. Stellen Sie sich ein ausverkauftes Dortmunder Westfalenstadion vor. Eine gigantische Masse, mehr als 80 000 Menschen. Stellen Sie sich zehn oder zwanzig Dortmunder Westfalenstadien vor. Noch nicht mal nah dran. Jedes Jahr kommen so viele Muslime, als würde man 190 volle Westfalenstadien über dem Zentrum von Mashhad auskippen. Manche offiziellen Quellen sprechen sogar von zwanzig Millionen Pilgern, 250 Fußballstadien. Doch mit solchen Zahlen muss man ein bisschen vorsichtig sein, vielleicht lässt die Staatspropaganda die Iraner hier ein bisschen gläubiger erscheinen, als sie tatsächlich sind.

Imam Reza machte vor 1200 Jahren nicht durch besondere Taten von sich reden. Aber er ist der achte der zwölf Imame, für die Schiiten also ein legitimer Nachfolger Mohammeds und damit aller Ehren wert. Außerdem glauben sie, er sei von Kalif Harun ar-Raschid mit vergifteten Trauben um die Ecke gebracht worden (Historiker sind sich da weniger sicher), was ihn in den Status eines Märtyrers erhob. Die restlichen zehn Imame (auf die Wiederkehr des zwölften wartet man noch, für ihn gibt es kein Grab) wurden außerhalb des Iran beerdigt. Das Mausoleum ist kein Friedhof, sondern ein Palast. Die gesamte Anlage gilt als die flächenmäßig größte Moschee der Welt, mit 600 000 Quadratmetern ist sie um ein Drittel größer als ihre Pendants in Mekka und Kerbala.

Wir treffen die Architektin Parisa, eine Freundin von Elaheh und Kayman; die beiden lassen mich mit ihr allein. Keinen Bock auf Heiligtum. Sie nehmen meine Kamera mit, die darf nicht mit rein, Handyfotos sind aber seltsamerweise erlaubt.

Die nächsten zwei Stunden laufen Parisa und ich von einem riesigen Innenhof zum nächsten, an prächtigen Iwanen vorbei und goldgeschmückten Eingängen. Uniformierte Männer mit farbcodierten Staubwedeln in der Hand sorgen für Ordnung. »Gelb bezeichnet einen Guide für allgemeine Fragen, Grün jemanden, der sich mit religiösen Themen auskennt«, erklärt Parisa. Mit ihren Staubwedeln dürfen die Guides Frauen (und Männer) anstupsen, die einen falschen Weg gehen, an vielen Arealen und Eingängen herrscht strenge Geschlechtertrennung. Zehntausende sollen auf einer Warteliste der Männer stehen, die hier arbeiten wollen, was aber wohl weniger am Anstupsrecht als an der Nähe zum heiligen Schrein liegt.

Immer wieder wird Parisa von einem der Aufpasser ermahnt, ihre moscheekuppeltürkis lackierten Fingernägel und ihre Haare komplett zu bedecken. Für Frauen herrscht im gesamten Heiligtum Tschadorpflicht. Die Pracht der gigantischen Anlage ist überwältigend. »Ich habe mal einen Touristen aus Frankreich hier herumgeführt, und er meinte, Schloss Versailles käme ihm plötzlich klein und bescheiden vor«, sagt Parisa, und dem ist wenig hinzuzufügen. Das Heiligtum wird ständig ausgebaut, seit mehr als tausend Jahren schon, inzwischen wird der Platz knapp, deshalb entstehen nun unterirdisch neue Gebetsräume, deren Zugangstreppen wie U-Bahn-Eingänge anmuten. Sie führen zu Spiegelsälen mit Hunderten Teppichen und Hunderten Kronleuchtern.

Die Kronleuchter haben weiße Lampen, nur an einem sind sie grün. »Das ist eine Markierung, wo man dem Grab am nächsten steht«, sagt Parisa. Massen von Pilgern drängeln sich um eine Art goldenen Käfig, hinter dem Rezas Sarkophag verborgen ist. Als Nichtmuslim darf ich nicht bis ans Gitter vorgehen. Auch vom emotionalen Aggregatszustand würde ich aus der Reihe fallen: Die meisten der Besucher beten, viele weinen um den Märtyrer, ich dagegen staune nur. Ich bitte Imam Reza im Geiste um eine baldige Deutschlandreise für Sofia, einen anständigen Ehemann für Massi und eine Verlängerung meines Visums, das läuft nämlich in fünf Tagen ab.

Man wagt kaum zu rechnen, was solche Bauten kosten müssen. Hinter dem Imam-Reza-Heiligtum steht ein Wirtschaftskonglomerat, zu dem Minen gehören, eine Fabrik für Busse, Textilhersteller, Zeitungsverlage, Landwirtschaftsbetriebe und ein Großteil des Bodens, auf dem die Millionenstadt steht. Die Hotels, die Pilger beherbergen, müssen Abgaben zahlen für den Grund. »Bonyads« heißen solche Unternehmen, die offiziell als Stiftungen gelten, dadurch steuerbefreit sind und Spenden einnehmen. Sie unterstehen direkt dem Obersten Führer Ali Chamenei, der in Mashhad geboren wurde. Hundertzwanzig Bonyads gibt es im Iran, sie sind ein wichtiger Wirtschaftsfaktor. Und der größte von ihnen ist der Betreiber des Imam-Reza-Schreins: 14 Milliarden US-Dollar Jahresumsatz, das ist mehr als bei Porsche.

# PARTY

Kayman hat keinen Porsche, aber sein 1982er-Jeep bringt ähnlich viel Fahrspaß. Am Nachmittag fahren wir ein Stück aus der Stadt raus bis zu einer Abzweigung, an der ein Schild zum Vakilabad-Garten deutet. Unser Fahrer holt sein Handy raus. Ein paar Hundert Meter weiter hält er vor einem schweren Eisentor, das nach »Passwort, bitte« und Preisboxer-Türsteher aussieht, aber sofort aufschwingt, um uns reinzulassen. Wir parken hinter zwei anderen Autos auf einem Schotterweg, Trancemusik wummert aus einem Peugeot.

»Hast du Weed dabei?«, fragt ein Mann, der nicht wie ein Preisboxer wirkt, aber immerhin wie ein umfangreich tätowierter Gangster-Hip-Hopper. In Wirklichkeit ist er Filmemacher.

»Scheiße«, antwortet Kayman.

»Was zu trinken?«

»Auch nicht.«

Sayma, eine Freundin von Elaheh, ist schon da, außerdem drei weitere Männer. Die Party-Location ist ein Garten hinter einer vier Meter hohen, sichtgeschützten Mauer. Saure Früchte, die »grüne Tomaten« genannt werden, wachsen hier und Maulbeeren, direkt neben dem Eingang steht ein Swimmingpool, etwa acht Meter lang und zwei Meter tief. In einem kleinen Häuschen mit Küche und Wohnzimmer können wir uns nacheinander umziehen.

Bald hüpfen nacheinander zwei Frauen in Bikinis und fünf Männer in Schwimmshorts ins eiskalte Wasser. Kayman hat eine GoPro-Kamera mit einem wasserfesten Gehäuse dabei und filmt, vor allem dann, wenn die Damen schwimmen. Besonders der gut gebauten Sayma scheint die Aufmerksamkeit, die ihr Körper auslöst, sehr zu gefallen. Mich erstaunt ihr Vertrauen in Kayman, dass er keinen Quatsch mit den Videos anstellt, etwa, indem er sie auf Facebook postet. Ich fühle mich wie ein Reporter, der zu einem geheimen Pornodreh eingeladen wurde. Der Unterschied ist nur, dass ein Pornodreh in Europa erheblich weniger Ärger bringen würde als eine Bikiniparty im Iran, wenn wir erwischt werden. Mit meiner teuren Kamera soll ich auch ein paar Bilder machen: die Männer auf den Sitzen des Jeeps, die Damen auf der Motorhaube. Sensationelles Material, das Sittenpolizisten in den Wahnsinn treiben würde. Leider werde ich es nie veröffentlichen können.

»Wir haben nichts zu trinken, was machen wir jetzt?«, stellt Elaheh die Frage aller Fragen. Wir sitzen auf Plastikstühlen rum und essen Melone und rauchen Miniaturzigaretten namens Bahman und wissen sonst nicht viel mit uns anzufangen. Ich lerne, wie man auf Persisch »Dein Vater ist ein Hund« und »Friss Scheiße« sagt und bringe den anderen im Gegenzug einige sehr schlimme Worte auf Deutsch bei. Viel besser wird das Gespräch nicht, die Party entpuppt sich als eher lahme Veranstaltung: Nur weil etwas verboten ist, muss es nicht automatisch gut sein.

Auf dem Rückweg am späten Nachmittag halten wir am Café Venice, das einer gemütlichen europäischen Kneipe so nahekommt, wie es ohne Alkoholausschank möglich ist. Hinter dem Tresen befindet sich eine Reihe von Flaschen mit verschiedenfarbigen Flüssigkeiten. Keine Spirituosen, sondern Zuckersirups. Auf einer Tafel steht mit weißer Kreide »La fortuna più grande é trovare felicità nelle piccole cose« – das größte Glück ist, Freude an den kleinen Dingen zu haben. Wie wahr. Mich erfreut gerade der Duft von echtem Cappuccino, endlich mal kein Nescafé, wie man ihn sonst überall bekommt. Der Innenraum mit Holzwänden ist so dunkel, dass die Gesichter der jungen Gäste hauptsächlich von ihren Tablets und Smartphones erhellt werden, auf denen sie »Castle Clash« spielen oder über Viber ein paar Worte und viele Emoticons verschicken. Weil WhatsApp nicht immer funktioniert, sind Viber und Tango die populärsten Kommunikations-Apps.

Auch in unserer Runde kommt es ständig zu Gesprächspausen, weil leuchtende Bildschirme uns ablenken. Elaheh bestellt einen French Coffee und spricht über illegale Rauschmittel. »Ich glaube, in Wirklichkeit hat die Regierung gar nichts dagegen. Dann kommen die Menschen nicht auf dumme Gedanken. Wer high ist, fängt keine Revolution an.« Sie zieht mit Genuss an einer Bahman-Zigarette. »Außerdem steht im Koran zwar, dass Alkohol verboten ist, aber zu Haschisch, Opium oder Heroin findet sich dort keine klare Anweisung.«

»Hast du keine Angst, beim Trinken erwischt zu werden?«
»Es ist ein Glücksspiel. Bisher hatte ich Glück«, meint sie nur. Wir wenden uns wieder unseren Handys zu. Fünf Jahre lang hat Elaheh in Istanbul Zahnmedizin studiert, war dreimal in Europa, kennt Hamburg, Berlin und Münster. Ihr Vater leitet eine Biotechfirma in Teheran, ihre Mutter ist Gynäkologin, mit ihr teilt sie nun die Wohnung. In Europa würde man jemanden wie Elaheh als »High Potential« bezeichnen. In Mashhad, der zweitgrößten Stadt des Iran, findet sie keinen Job. »Zurzeit helfe ich ein bisschen in einer Zahnarztpraxis aus. Nur für die Berufserfahrung, ich verdiene da nichts.«

Elaheh hat zwei Geschwister, einen Bio-Ingenieur und eine Ärztin. Beide sind längst abgehauen und leben nun in den USA. Wahrscheinlich wird sie bald ins Ausland folgen. Wie so viele junge Menschen, die hervorragend ausgebildet sind, sieht sie in ihrer Heimat keine Perspektive. Außerdem hat sie schlechte Erfahrungen mit iranischen Männern gemacht. »Die meisten interessieren sich nur für zwei Sachen: Geld und Pornografie«, sagt Elaheh.

Ein Freund von ihr gesellt sich zu uns, der so rundliche wie lebhafte Unternehmer Mehdi, er handelt mit Elektronikteilen und Armaturen. Er spricht perfekt Englisch, weil er einige Jahre in Toronto gelebt hat, und redet ohne Punkt und Komma. Er erzählt von einem arabischen Prinzen, dem er vergoldete Lichtschalter verkauft hat. Von der italienischen Botschaft in Teheran, die viel relaxter ist als die verkrampfte deutsche. Von einer Flugzeug-Bruchlandung im ostiranischen Zahedan, die ein Freund von ihm vor ein paar Tagen überlebt hat. Von einer Elektronikmesse in Frankfurt, die er im März besucht hat. Und von Mashhad. »Meine Freunde in Teheran denken, Mashhad ist langweilig wegen der ganzen Religionsfanatiker. Stimmt aber gar nicht. Hier gibt es alles, was man sich wünscht: geheime Partys, gute Cafés, alles. Solange man den Haram meidet, den Teil der Stadt, wo der Schrein steht, kann man hier gut leben.«

Mehdi interessiert sich nicht für religiöse Reiseziele, für ihn gibt es interessantere Alternativen. »Ich mache immer mal wieder eine Pilgerfahrt nach Amsterdam. Letztes Jahr habe ich ein paar Magic Mushrooms eingeschmissen und bin zur Blumenschau am Keukenhof gefahren, das war unglaublich. Zwei Tage bin ich nur mit Sonnenbrille rumgelaufen.« Erleuchtung für alle: Muslime pilgern nach Mashhad zum Imam, und nicht religiöse Mashhadis pilgern nach Holland zum Coffeeshop.

# LOST IN VISA APPLICATION

Ich bin nicht sicher, ob Imam Reza meiner Bitte um eine Visums-verlängerung nachgekommen ist. Der entsprechende Stempel hat sich jedenfalls nicht über Nacht in meinem Pass materialisiert. Also nehme ich am nächsten Morgen ein Taxi zum »Foreign Affairs Office«, um mich dort im schlichten Warteraum von einem kleinen Mann in feinem grauen Anzug zusammenfalten zu lassen.

»Warum wollen Sie länger bleiben?«, fragt er in einem Ton, als hätte ich gefragt, ob er für seine Wohnung noch einen Nacktputzer benötige.

»Ich reise sehr gern im Iran, mir gefällt es hier sehr gut.« Das ist einer der wenigen Sätze, die ich in den nächsten Stunden sagen werde, die komplett der Wahrheit entsprechen.

»Was machen Sie in Mashhad?«, will er wissen.

»Den heiligen Schrein besuchen.«

»Wo haben Sie die erste Verlängerung bekommen?«

»In Kerman.«

»Was haben Sie dort gemacht?«

»Die Kaluts-Wüstenregion besucht. Mich interessiert das ganze Land, ich möchte so viel wie möglich vom Iran sehen«, versuche ich, ihn zu überzeugen.

»Dann sollten Sie das in zwanzig Tagen tun.« Er pocht zur Bekräftigung mit dem Zeigefinger auf die Datumsangaben in meinem ursprünglichen Visum.

»Ich kann es also hier nicht verlängern?«

»Gehen Sie zur Polizei, Imam-Reza-Straße 1, fragen Sie dort.«

Er dreht sich weg, das Gespräch scheint damit von seiner Seite aus beendet zu sein. Ich nehme ein Taxi zur Imam-Reza-Straße.

Der Fahrer muss mich falsch verstanden haben, jedenfalls lässt er mich vor einem winzigen Polizeikontrollposten an einem Kreisverkehr heraus, wo zwei müde Beamte Wache schieben. Die werden wohl kaum Stempel für Visaverlängerungen in der Schreibtischschublade haben. Die Straße stimmt allerdings. Ich könnte sie fragen, wo die Hauptwache ist, aber mir kommt das komisch vor. Wenn es im »Foreign Affairs Office« kein Visum gibt, warum sollte es dann dort möglich sein? Ist ein freiwilliger Besuch bei der iranischen Polizei nicht etwas, was man als vielfacher Gesetzesbrecher unbedingt vermeiden sollte?

Ich laufe durch eine Straße, die fast nur aus Hotels und Souvenirshops besteht. Studiofotos von grotesk herausgeputzten Kin-

dern, die per Photoshop vor die Kuppeln des Reza-Schreins montiert werden, scheinen sehr populär zu sein.

An einer Ecke finde ich die »Aria Travel Agency«, ich kaufe ein Busticket in Richtung Kaspisches Meer für den nächsten Tag und frage nach den Möglichkeiten einer Visaverlängerung. Der Chef nimmt sich persönlich meiner an und greift zum Telefon, um sich zu erkundigen.

»Unmöglich«, sagt er dann.

»Unmöglich? In Mashhad oder im ganzen Iran?«

»Im ganzen Land. Aber Sie können noch zu einer anderen Behörde fahren und mit den Leuten dort reden.«

»Meinen Sie, das bringt was?«

»Wenn Sie mich fragen: keine Chance, großes Problem.«

»Und bei der Polizei?«

»Nein, die können kein Englisch. Ich schreibe Ihnen die Adresse von der anderen Visastelle auf.«

»Und denen kann ich erklären, worum es geht?«

»Ja. Aber es ist trotzdem völlig ausgeschlossen, das Visum verlängert zu bekommen.«

Zurück auf der Straße, halte ich dem nächstbesten Taxifahrer den Zettel mit der Adresse unter die Nase. Nach zwanzig Minuten hält er in einer Seitenstraße des Piruzi Boulevards an einer grünen Mauer.»Edareh-ye Gozarnameh«, sagt er. So heißt die Behörde, die der Mann im Reisebüro genannt hatte. Ein schmaler Eingang führt zu einem Innenhof mit einem holzverkleideten Rezeptionshäuschen, ein paar bewaffnete Soldaten laufen geschäftig umher. Der Schalterbeamte begrüßt mich mit einem strahlenden Lächeln.

»Hallo, wo kommen Sie her?«, fragte er freundlich.

»Deutschland.«

»Ooh, Deutschland! Willkommen in Mashhad! Sie wollen bestimmt Ihr Visum verlängern. Bitte gehen Sie im Hauptgebäude nach links und sprechen Sie mit meinem Freund!« Mir fällt fast der gezückte Reisepass aus der Hand, so sehr überrascht mich dieser Empfang.

Der »Freund« im nächsten Raum macht da weiter, wo der andere aufgehört hat.

»Wie geht es Ihnen?«

»Danke, gut.«

»Was kann ich für Sie tun?«

»Ich möchte mein Visum verlängern.«

»Alles klar, füllen Sie diesen Bogen aus. Wie lange gilt Ihr Visum noch?«

»Fünf Tage.«

»Okay.«

»Wie lange dauern die Formalitäten?«

»Auch etwa fünf Tage.«

»Oh, ich reise morgen ab, eine schnellere Möglichkeit gibt es nicht?«

»Vielleicht. Vielleicht auch nicht.«

Die Herzlichkeit der Angestellten steht in einem krassen Kontrast zum schmucklosen Wartesaalambiente des Amtes. »Bitte verzichten Sie auf unnötige Fragen, um nicht anderen Kunden und dem Personal die Zeit zu stehlen«, steht auf einem Poster. Ein anderes zeigt ein Bildnis von Chamenei mit dem Spruch »If the leader order, we attack. If want our head, we grant our head.« Ein drittes ist voller Informationen über Hochzeiten von Ausländern mit iranischen Frauen. »Bitte beachten Sie die gültigen Gesetze, ansonsten werden Gefängnisstrafen von einem bis zu drei Jahren verhängt.«

Ich fülle die Formulare aus. Deutsche Adresse, Name des Vaters, Reisegrund (Tourismus), Beruf (Website Editor), Hotel (Al-Naby). Das stand an erster Stelle im »Lonely Planet«). Ich gebe den Wisch an einen dritten Beamten im Raum nebenan, wo Glasscheiben mit winzigen Durchreichen die Angestellten von den Bittstellern trennen. Über ihnen leuchten dreistellige LED-Anzeigen mit den Aufrufnummern. 167. 199. 267. Ein lautes »Ping« begleitet jede neue Zahl, die aufleuchtet.

»Ist es möglich, das heute zu bearbeiten?«, möchte ich wissen.

»Ich frage mal nach.« Zwei Minuten später: »Es könnte möglich sein, speziell, weil Sie Deutscher sind. Wir mögen Deutsche.« Er blickt auf meinen Antrag, ein schlanker junger Kerl in Militäruniform. »So ein Zufall, ich bin auch Webseitengestalter. Welche Programmiersprache benutzen Sie?«

»Ich schreibe die Inhalte, ich programmiere nicht.« Jetzt wird's brenzlig.

»Für wen arbeiten Sie?«

»Ich bin Freiberufler und mache Werbung. Für Museen und Kultureinrichtungen.« Das scheint ihm zu genügen.

»Sind Sie Single?«, will er als Nächstes wissen.

»Ja«, antworte ich, zu nervös wegen meiner Münchhausen-Jobbeschreibung, um das angemessen befremdlich zu finden.

»Entschuldigung, das ist jetzt keine offizielle Frage. Wie groß sind Sie?«

»Eins neunzig.«

»Genau wie ich! Wir haben viel gemeinsam! Was verdienen Sie im Monat?« So viel zum Thema »Bitte verzichten Sie auf unnötige Fragen«.

Ein vierter Beamter kommt hinzu, offensichtlich bin ich der Höhepunkt eines ansonsten ereignislosen Arbeitstages. »Hamburg! Mahdavikia!«, sagt er.

»Ali Daei! Ali Karimi!«, rufe ich. Party auf der Visabehörde. Fehlt nur noch, dass wir alle Facebook-Freunde werden und uns für später auf ein Bier verabreden.

Aber zurück zum Geschäftlichen: Ein Mitarbeiter kommt zurück mit meinem Antrag.»Wir müssen den ins Persische übersetzen. Können Sie noch einmal genau Ihre Hoteladresse eintragen?« Ich schreibe die Adresse in Druckbuchstaben aus dem Reiseführer ab. Molla Hashem Lane, nicht weit vom Schrein. Imam Reza, bitte verlängere mein Visum.»Setzen Sie sich, Sie werden aufgerufen.«

Beim Warten in einer iranischen Behörde, der man soeben ein paar Halbwahrheiten erzählt hat, gehen einem verschiedene Dinge durch den Kopf. Hoffentlich rufen die nicht mein angebliches Hotel an. Warum habe ich nicht »Student« gesagt statt »Website Editor«, so wie Yasmin damals auf der Wache in Kurdistan? Warum muss ich diese netten Menschen anlügen? Was sage ich, wenn die mich googeln und sehen, dass ich für eine große Nachrichtenseite arbeite und nicht für kleine Museen? So viele Fragen. Am wenigsten jedenfalls passt zu meinem Innenleben ein weiteres Wandposter, auf dem steht:»Geduld ist der Schlüssel zum Erfolg, und Wohlstand kommt zu denen, die warten können.«

Immer wieder höre ich das Klacken von Stempeln, aber keiner davon schlägt in meinem Pass auf.

»Mr. Stephan«, heißt es dann plötzlich. Ich gehe zum Schalter, den Beamten kenne ich noch nicht. Der Schalensitz vor der Scheibe ist um 90 Grad zum Fenster gedreht, damit es nicht zu bequem wird.

Der Mann blickt mich ernst an und sagt:»Hmm.« Pause. In der Hand hält er meinen Pass.»Wir haben ein Problem«, fährt er fort. Locker bleiben, atmen nicht vergessen, unverdächtig wirken.

»Was für ein Problem?«, bringe ich gerade noch heraus.

»Sie waren in Kerman, dort haben Sie Ihr Visum verlängert. Das müssen wir genauer untersuchen. Sie können am Mittwoch wiederkommen.« Das ist in drei Tagen.

»Aber ich habe ein Busticket für morgen.«

»Hmm. Setzen Sie sich.«

Geduld ist der Schlüssel zum Erfolg. Geduld ist der Schlüssel zum Erfolg. Geduld. Im »Lonely Planet« lese ich:»Mashhad ist nicht der beste Ort, um ein Visum zu verlängern.« Eine Stunde sitze ich da, eineinhalb Stunden. Stempelklackern, blinkende dreistellige Nummern, Matsche im Hirn. Ping, 188. If the leader order, we attack. Ping, 211. Mahdavikia. Ping, 286. Sind Sie Single? Ping, 189. Wir mögen Deutsche. Ping, 212. In Kerman rauchen sie Opium, dass die Flugzeugpassagiere am Himmel high werden. Ping, 190. Geduld ist der Schlüssel zum Erfolg. »Mr. Stephan!« Fast hätte ich meinen Namen überhört. Ich gehe vor zum Schalter. Der 1,90-Meter-Webdesigner drückt mir meinen Pass in die Hand. Mit Stempel, verlängert bis zum 28. Mai 2014. »Bitte unterschreiben Sie hier. Auf Wiedersehen!«

# GRÜN, WEISS, ROT

Der Fernbus schiebt sich durch einen Verkehrsstau am Stadtrand, wo Hunderte Iranflaggen und grün-weiß-rote Lampen die Schnellstraße einrahmen. Drei Farben: Grün für den Glauben, Rot für das Blut der Märtyrer, dazwischen eingezwängt Weiß für Frieden und Freundschaft. Das Schwertemblem mit den vier Mondsicheln, eine stilisierte Darstellung des Namens Gottes, prangt auf dem weißen Drittel. Wie um zu zeigen, dass im Zweifelsfall Waffen und Allah doch wichtiger sind als der Frieden. Doch was ist das wirklich für ein Land, über dem diese Fahne weht?

Für mich ist es ein Land, das zugleich verzaubert und wütend macht. Es verzaubert, weil es magische Orte gibt wie Yazd, Shiraz oder Isfahan und wunderbare Natur und weil die Herzlichkeit der Menschen weltweit einzigartig ist. Es macht wütend, weil es den Bürgern eine Staatsreligion aufzwingt, ohne ihnen eine freie Wahl zu lassen. Weil es den jungen Leuten zu wenig Chancen eröffnet, etwas aus sich zu machen. Weil es ein reiches Land ist, mit gigantischen Öl- und Gasvorkommen, aber viele Menschen nichts davon abkriegen. Sie sind wie Cassim in der Schatzhöhle in »Ali Baba und die 40 Räuber«: umgeben von Reichtümern, aber gefangen.

In Mashhad habe ich besonders stark den Kontrast zwischen den zwei Irans erlebt, den zwei Realitäten, die gleichzeitig nebeneinander existieren. Zum einen der Gottesstaat, in dem Menschen am goldenen Gitter des Imam-Mausoleums um ihren Märtyrer weinen. Und zum anderen der Versteckspielstaat, in dem die Leute Geheimpartys feiern und weltlichen Rausch statt heilige Entrückung suchen.

Ich war in einigen Ländern auf allen Kontinenten der Erde, nirgendwo habe ich einen stärkeren Unterschied zwischen öffentlichem Schein und privatem Sein erlebt.

Und nirgendwo habe ich eine so ausgeprägte Alltagskultur des Sowohl-als-auch erlebt. Man navigiert virtuos um die Gesetze, immer knapp an der Kollision vorbei wie ein iranischer Autofahrer im Berufsverkehr.

Satellitenschüsseln sind verboten, doch in manchen Vierteln hängt an jedem Haus so ein Ding. Taillierte Frauenkleidung und weit zurückgezogene Kopftücher sind gegen die Regeln, aber nachmittags in den Parks von Teheran oder Shiraz allgegenwärtig. Facebook ist verboten, doch jeder Unterdreißigjährige nutzt Facebook. Und immer mehr ältere auch, sogar Chamenei selber und Präsident Rohani, der auch auf dem ebenfalls geblockten Twitter aktiv ist.

Draußen ist es Nacht, ab und zu leuchten am Fenster Orte auf, die Qushan, Shirvan oder Gorgan heißen. Patriotische Denkmäler an Kreisverkehren, Märtyrergemälde auf Betonwänden, Porträts der bärtigen Staatsoberhäupter. Jede Stadt ist zugekleistert mit der Propaganda der Islamischen Republik. Wie viele Menschen leben hinter den Fenstern, die sich insgeheim ein anderes Regime wünschen? Wie viele sind glücklich, im einzigen schiitischen Staat der Welt zu leben? Und wie viele leben in Angst vor ihrer eigenen Regierung?

Der Busbegleiter, ein Schnurrbartträger um die fünfzig in Schlabberjeans und Schlabberhemd, fragt nach meinem Ticket. Ich zeige es vor. Er deutet auf meine Adidas-Sonnenbrille. »How much?«, will er wissen. Dann erzählt er ungefragt von den Nöten als Muslim. »No whisky, no beer, no digi digi.« Was er mit Letzterem meint, zeigt er, indem er den rechten Zeigefinger in einen Ring aus linkem Zeigefinger und Daumen vor- und zurückgleiten lässt. »Go Thailand, China – digi digi no problem for muslim.« Wieder die Geste. Dann geht er zum nächsten Fahrgast.

Wer denkt, der Iran sei ein durch und durch prüdes Land, liegt weit daneben. Sehr detailliert wird in religiösen Fernsehsendungen etwa über die Qualen männlicher Enthaltsamkeit gesprochen. Der Mann wird dabei als wildes Tier gesehen, dessen sexuelle Energie sich kaum kontrollieren lässt. Eine für Y-Chromosomenträger äußerst komfortable Sichtweise, denn wenn so die Natur ist, liegt es an der Frau, ihn nicht zu reizen. Tut sie es dennoch, ist sie selbst schuld an den Konsequenzen. Die naheliegende Frage, warum solche leicht korrumpierbaren Bestien überall das Sagen haben sollen, wird in der Islamischen Republik nicht gestellt.

Aktuell ist ein Videoclip aus einer TV-Talkshow sehr populär (auch bei jungen Menschen, die ihn als Kuriosum per Handy weiterverschicken), in der sich Ali Chamenei dafür ausspricht, dass Iraner mehr Nachwuchs zeugen sollten. »Jedes Paar sollte fünf Kinder haben, noch besser acht oder vierzehn«, sagt der Oberste Führer, vor einem Moscheenbild sitzend. »Fangen Sie heute damit an! Sagen Sie ›Ya Ali‹ und ›Ya Zahra‹, und legen Sie los!« »Ya Ali«, im Namen Alis, ist eine Phrase, die häufig vor schweren Prüfungen und unangenehmen Pflichten zum Einsatz kommt. Eine vergleichbare Sexguru-Ansprache von Gauck oder Merkel bei »Hart aber fair« oder Maybrit Illner? Undenkbar.

Unschuldiger geht es im Bordfernsehen zu. Es läuft eine Komödie über einen reichen Kerl, der sich in eine arme Diebin verliebt. Die Familie ist gegen sie, doch mit Bauernschläue und Schauspielkunst kann sie schließlich alle von sich überzeugen und ihre wohlhabende, aber langweilige Nebenbuhlerin ausstechen. »Iranische Filme haben immer ein Happy End«, hat mir mal eine Bekannte aus Teheran gesagt. »Weil die Realität schon schlimm genug ist.«

# عباس اباد

ABBAS ABAD

Einwohner: 11 256
Provinz: Mazandaran

## SPASS

Der freieste Mensch, den ich auf meiner gesamten Iranreise treffe, ist 53, trägt Schnurrbart und Khakiweste und heißt Mohamed. Erheblich besser passt der Spitzname, mit dem er seine E-Mails unterzeichnet: Funman. Wir treffen uns vor einer Eisdiele in Abbas Abad, einer kleinen Ortschaft am Kaspischen Meer, die zum Großteil aus einer Hauptstraße mit angrenzenden Häuserreihen besteht.

»Ich liiiebe Eiscreme«, verkündet Funman, er schreit die Worte heraus, sein Stimmorgan scheint nicht auf leise Töne ausgelegt zu sein. »Warum sind so viele Menschen unglücklich oder gestresst? Ein Eis reicht doch schon, um glücklich zu sein«, ruft er, als er mit zwei vollen Bechern von der Theke kommt. »Und genau das ist das Wichtigste im Leben: Spaß haben!« Wir kennen uns gerade mal eine Minute, doch schon steht die Losung für die nächsten Tage.

»Heute Abend bin ich auf einer Hochzeit eingeladen. Mein Sohn ist nicht da, willst du dafür mitkommen?« Dann mustert er mich skeptisch von Kopf bis Fuß. Nach mehr als sechs Wochen unterwegs wäre ich ein geeigneter Darsteller für eine Waschmittelwerbung. Für die »Vorher«-Bilder. »Hast du was Passendes zum Anziehen?«

Funman fährt eine weiße Honda-125er mit Gepäckcontainern aus Blech, auf die er seine Handynummer und E-Mail-Adresse geschrieben hat. Ein kontaktfreudiger Mann. Über dem Tachometer hat er in einer abenteuerlichen Konstruktion mit Klebestreifen und Gepäckband ein JVC-Autoradio und eine Lautsprecherbox mit etwa zwanzig Zentimeter Durchmesser befestigt. »Damit bin ich viel gereist«, ruft Funman. »Vorher war ich Truckfahrer. Ich habe nie in meinem Leben mehr als neunzig Tage zu Hause verbracht. Komm, mein Shop ist nicht weit weg, einfach die Straße runter bis zu dem Sonnenschirm.« Ich gehe zu Fuß, er fährt vor.

Der Shop ist eine kleine Snackbude mit Plastiktischen und Landkarten an der Wand. Funmans Frau Mahboube kocht dort Ash-Suppe in einem großen Topf, die sie in Plastiknäpfen serviert. »Auf der Hochzeit stelle ich dir ein paar Freunde vor. Und du wirst viele schöne Mädchen kennenlernen. Um neun geht's los!«, ruft Funman.

»Nein, lieber um acht«, korrigiert Mahboube mit sanfter Stimme. Sie ist sehr konservativ gekleidet und strahlt große Gelassenheit aus, größer könnte der Gegensatz zu ihm kaum sein.

Ich gebe den beiden eine Packung Walnusskekse als Gastgeschenk, meine Marzipanvorräte sind längst aufgebraucht.

»Ich liiiebe Süßigkeiten, woher wusstest du das?? Danke! Ich gebe keinem was ab!«, ist die Reaktion des Hausherrn. Weiter im O-Ton: »Willst du ins Internet? Komm, ich füge dich als Freund bei Facebook hinzu! Ich brauche Musik!

Meine Frau findet, ich bin zu laut. Aaah, Radfahrer!« Er rennt raus, weil auf der Hauptstraße ein paar Sportler auf Mountainbikes vorbeikeuchen. Mein Gastgeber hat die Gemütsruhe eines Wespenschwarms, dem soeben jemand einen Stein ins Nest geschmissen hat.

»Ich liiiebe Radfahrer«, erklärt er, als er zurückkommt. »Ich bin bei ›Warm Showers‹ angemeldet, das ist eine Plattform nur für Radfahrer, die eine Unterkunft suchen.« Insgesamt 300 bis 400 Besucher habe er in den letzten zweieinhalb Jahren bei sich untergebracht. Funman nimmt einen etwa dreißig Zentimeter langen Spielzeugporsche in die Hand, der neben einem Computer auf seinem Schreibtisch liegt, und dreht an einem Schalter. »Brother Louie« von Modern Talking ertönt, in dem Auto ist ein MP3-Player versteckt. Ein Déjà-vu: Der schlechteste Song der Achtziger hat mich schon in Kurdistan geärgert, jetzt verfolgt er mich bis ans Kaspische Meer.

Mit dieser Beschallung kann sich Funman nun offenbar endlich in Ruhe seiner Arbeit widmen, er beginnt am Computer zu tippen. Mahboube kredenzt eine köstliche Ash-Suppe, ich grabe in den Tiefen meines Rucksacks nach meinem schwarzen Hemd. Endlich werde ich fündig, es ist noch sauber und unbenutzt. »Eine fröhlichere Farbe hast du nicht?«, fragt Funman. Er löscht das Licht im Laden, dreht die Rennauto-Stereoanlage ein bisschen lauter, jetzt läuft »Happy Nation« von Ace of Base. Dann steht er auf und tanzt in der Dunkelheit, nur für ein paar Sekunden.

Die Hochzeit im Vazik-Hotel ist ein rauschendes Fest mit ein paar Hundert Besuchern in Anzügen und Abendkleidern. Und einem Besucher in Jeans und schwarzem Hemd. Auf dem Parkplatz steht ein polierter weißer Hyundai mit Blumengesteck auf der Motorhaube, eine Art Pavillon führt zu einem Speisesaal und zu einem achteckigen Raum mit Tanzfläche. Die meisten Frauen tragen keine Schleier, sondern gewagt kurze Röcke und Absätze jenseits der Zehn-Zentimeter-Marke. Das ist natürlich gegen die Regeln, das Brautpaar wird aber vorgesorgt haben. Mit einem stattlichen Bündel Geldscheine lässt sich bei der örtlichen Polizei aushandeln, dass sich einen Abend lang keine Streife zum Vazik verirrt.

Davon profitiert auch eine Gruppe Männer, die an der anderen Seite des Parkplatzes an Holztischen sitzt. Funman dirigiert mich dorthin, stellt mich einigen Bekannten vor. Schon sitzen wir mittendrin, und ein junger Mann mit besonders ordentlicher Frisur und besonders feinem Anzug schenkt Rosinenschnaps ein, der nur mit Delster-Limonade gemischt genießbar ist.

Gruppenfotos werden gemacht, lediglich der junge Kerl mit der Flasche will nicht ins Bild. »Der ist bei der Marine«, erklärt Funman. Er hat Angst, weil ein Saufpartyfoto bei Facebook oder Instagram ihm Ärger bringen könnte. Ein anderer kommt mit glasigen Augen auf mich zu und küsst mich dreimal auf die Wange. »Ich wollte schon immer mal einen Deutschen küssen«, lallt er und hebt den Arm zum Hitlergruß, der Schwung bringt ihn fast aus dem Gleichgewicht. »Aber ich bin nicht schwul!«

Ein Freund schiebt ihn weg: »Kümmer dich nicht um ihn, der ist verrückt.«

Die Drinks sind stark wie Benzin und von zweifelhafter Qualität, ich bin ganz froh, dass wir nach drei Schnäpsen in den Tanzraum wechseln. »Lass uns sehen, wie die junge Generation auf dich reagiert«, sagt Funman.

Sie reagiert zunächst gar nicht. Aber ich bin ganz zufrieden, einfach von einem der in Seidenstoffe gehüllten Stühle das Geschehen zu beobachten. Gerade muss das Paar allein Tango und Walzer tanzen. Der Mann ist etwa drei Köpfe größer als die Braut, sie wirkt ein bisschen verkrampft und schwitzt in ihrem vielschichtigen Hochzeitskleid. Direkt hinter mir steht der DJ, ein Typ mit Bodybuilder-Oberarmen, der ständig irgendwas ins Mikro brüllt. Die Anlage ist lauter aufgedreht als in den meisten deutschen Clubs, Funman stellt sich direkt vor die Box. »Ich mag laute Musik«, brüllt er. »Los, geh auf die Tanzfläche!«

Ich gehorche, schon um etwas weiter von der Box weg zu sein. Die Perser sind hervorragende Tänzer, ausgelassen fegen sie über das Parkett, strahlende Gesichter überall, ein wunderbares Fest. Die meisten Anwesenden haben mehr Anmut im kleinen Finger als ich im ganzen Körper. Stilistisch liegt der größte Unterschied im Armeinsatz: Bei Iranern gehen die Ellenbogen selten tiefer als Schulterhöhe, während Westeuropäer tendenziell die Arme anlegen. Im direkten Vergleich wirkt das wie ein Huhn bei vergeblichen Flugversuchen. »Du tanzt nicht besonders gut«, sagt Funman, als ich mich nach fünf Songs wieder hinsetze.

Einen historischen Glücksmoment bringt der Abend dann doch noch: Ein Mädchen namens Setareh sagt, sie habe gedacht, ich sei Mohameds Sohn, und erst später erkannt, dass ich Ausländer sei. Sie hat mich für einen Einheimischen gehalten! Mission accomplished, ich habe es geschafft! Ich trete vor die versammelte Hochzeitsgesellschaft, bitte den DJ mit einem lässigen Wink um Ruhe, warte noch ein paar Sekunden, um die Spannung zu erhöhen. Und dann rufe ich kennedymäßig »Ich bin ein Iraner« ins Mikrofon. Nein, das mache ich natürlich nicht, die rosinenverschnapste Phantasie geht mit mir durch. Aber ein Spaß wäre es gewesen.

# ORWELL

Die Unterkunft ist eine Villa mit großem Garten nur für mich. Vor zwanzig Jahren muss sie wunderschön gewesen sein, jetzt hat sie einen gewissen Charme. »Hast du Angst im Dunkeln?«, fragt Funman, als er das Eisentor zu einem verwilderten Garten öffnet. Die Haustür grenzt direkt an die Küche, ein fürchterlicher Gestank nach vergammeltem Fleisch schlägt uns entgegen. Funman flucht. »Das waren die Australier, die zuletzt hier waren. Warum denken die nicht ein bisschen nach, bevor sie ihre Kebabreste hier liegen lassen? Das ist der Grund, warum meine Frau keine Couchsurfer mag.« Wohnzimmer und Schlafzimmer riechen etwas besser, das eine nach Bauschutt, das andere nach feuchten Decken. Hier wurde monatelang nicht sauber gemacht oder aufgeräumt. Ein Bett gibt es wie üblich nicht, ich mache es mir auf dem Teppich bequem. Draußen kläffen ein paar Hunde. »Hier ist die Musikanlage, du kannst dein Handy anschließen«, sagt Funman, bevor er draußen in der Dunkelheit verschwindet.

Nachts knarren ein paar Dielen, ab und zu raschelt draußen ein Tier, einmal meine ich Schritte zu hören. Den größten Schreck jagt mir allerdings am Morgen das Knattern eines Motorrads ein, das begleitet von lauter Musik durch den Garten brettert. Die Maschine verstummt, der Song ist nun als Latino-Pop-Schnulze zu erkennen – »Could I Have This Kiss Forever« von Enrique Iglesias. »Stephan! Bist du wach?«, brüllt eine heisere, aber vertraute Stimme. Überflüssige Frage, dieser Auftritt hätte einen Toten geweckt. »Ich will dir ein paar Dinge hier vor Ort zeigen. Wird dir bestimmt gefallen!«

Kurz darauf betreten ein schlaftrunkener Tourist und ein aufgedrehter Spaßmensch die Bibliothek von Abbas Abad. Links führt eine Treppe nach oben zum Leseraum für Frauen, Männer müssen rechts hochgehen. Eine Frau im schwarzen Tschador sitzt am Empfang in der Mitte des Raumes, hinter ihr stehen viele Reihen von Bücherregalen, auf Postern ist Chamenei zu sehen, wie er im Koran liest.

»Geh zu ihr, und frage sie was. Mal sehen, wie sie reagiert«, verlangt Hobbysoziologe Funman.

Also gehe ich zu ihr und frage was: »Do you have any books in English?«

Sie wirkt verunsichert, blickt Funman an, sagt zu ihm etwas auf Persisch. Er bedeutet ihr, dass sie mit mir sprechen soll. »Yes«, sagt sie dann. »Come.« Sie führt mich zu einem Regal und

rauscht zurück zur Rezeption. Neben ein paar Wörterbüchern und Softwareanleitungen steht dort ein einziger Roman: George Orwells »Farm der Tiere«. Laut Stempeln wurde der Band bislang nur zweimal ausgeliehen. Das ist schade, denn die Geschichte ist gut: Sie handelt von einer Revolution auf dem Bauernhof, in deren Folge sich die neuen Herrscher als schlimmer erweisen als ihre Vorgänger. »Oh Allah, hole mich aus dem Dunkel der Unwissenheit«, steht auf einem Poster an der Wand.

»Where are you from?«, fragt die Bibliothekarin. Auf einmal traut sie sich doch, ein bisschen zu plaudern. Ihr Englisch ist gut, nur scheint sie mehr Übung im Lesen als im Sprechen zu haben. Sie heißt Fatimeh, ihr Mann schreibt Gedichte. Sie hat einen Master in Biologie und stammt ursprünglich aus Teheran. Aber der Norden sei viel schöner: bessere Luft und mehr Grün.

In der Zwischenzeit hat sich Funman mit einem Geistlichen mit Turban und langem Kaftan angefreundet. Gerade zeigt er ihm in der Computerecke ein paar Fotos aus seinem Couchsurfing-Profil. Zum Beispiel eines, auf dem er in der Türkei ein Efes-Bier trinkt.

Der Gottesdiener zuckt kurz zusammen, hat sich aber dann sofort wieder im Griff. »Er ist ein entspannter Mann. Er weiß, dass die Menschen Alkohol trinken, macht es aber selber nicht«, erklärt Funman. »Guter Kerl. Es gibt überall gute Menschen, sogar ein paar mit Turban. Er war jahrelang Prediger in der Freitagsmoschee. Los, frag ihn was!«

Besonders entspannend ist ein Ausflug mit Funman nicht. »Äh, wie wichtig ist die Religion in deinem täglichen Leben?«, frage ich zögerlich. Was Schlaueres fällt mir nicht ein, ohne gleich politisch zu werden.

»Ich bete auch nicht mehr als die anderen Leute«, sagt der gute Geistliche – und fügt hinzu, er bedauere es, kein Englisch zu können. »Erst seit kurzer Zeit bieten die Koranschulen Sprachunterricht an.« Dann verabschiedet er sich, er müsse nun in die Moschee.

»Berim«, sagt auch Funman, lass uns gehen. Ich sage auch »Berim«, um mein Persisch zu üben, und er lacht.

»So doch nicht. Du musst das ›r‹ rollen!«

»Kann ich nicht.«

»Ist doch ganz einfach: rrrrr!«

»Ich schaff's nicht, wir haben dieses ›r‹ im Deutschen nicht, zumindest nicht da, wo ich herkomme.«

»Blödsinn, jeder kann das.«

»Sag mal ›Eichhörnchen‹.«

»Eickhern-Ken!«

»Nein, Eich-hörn-chen. Ist doch ganz einfach.«

»Ai-Kern-Shen!«

»Völlig falsch. Let's go. Berim!«

»Ei-Shern-Ken!«

Wir müssen beide lachen und gehen ein Eis essen.

»Hast du gesehen, wie schüchtern das Mädchen in der Bibliothek war?«, fragt Funman, während er eine Kugel Schokoladeneis bearbeitet. »Es ist ein Jammer: Wir erziehen die jungen Leute dazu, Angst zu haben. Wir trauen ihnen nichts zu, behüten sie, lassen sie nie ins kalte Wasser springen.«

»Eigentlich konnte sie sogar sehr gut Englisch.«

»Wenn du in einem System der Angst lebst, färbt das ab. Nicht nur die Regierung hält dieses System am Leben, sondern auch die Eltern, die ihre Kinder aus Furcht zurückhalten.«

»Warum bist du nicht schon längst abgehauen?«

»Ich liebe mein Land. Wenn uns die Regierung ein bisschen mehr Freiheit geben würde, würden nicht so viele weggehen. Heute ist es heiß, ich würde gern in Shorts rausgehen. Darf ich nicht. Wir haben wunderbare Strände am Kaspischen Meer, aber ich fahre zum Baden in die Türkei. Weil ich hier keine Menschen ansprechen kann, ohne Angst vor Konsequenzen zu haben.«

»Du wirkst nicht so wie jemand, der sich leicht einschüchtern lässt.«

»Die meisten Polizisten sind ja jünger als ich. Wenn die mich wegen meiner lauten Musik auf dem Motorrad anhalten, erkläre ich, dass sie mir gar nichts zu sagen haben. Ich habe noch nie ernsthaft Ärger gekriegt.«

Eigentlich liegt Schüchternheit überhaupt nicht in der Natur der Perser, das zeigt sich am nächsten Morgen in der 22-Bahman-Grundschule im Nachbarort Salmanshahr. Der 22. Bahman ist ein Datum und steht für den 11. Februar, den Jahrestag der Revolution. Funman hat mich gefragt, ob ich bei einer Veranstaltung zum besseren Umgang mit Müll ein bisschen über die ökologischen Aspekte meiner Reisen sprechen will. Ich habe ein paar Fotos zusammengesucht und mir ein paar kluge Sätze überlegt, in der ersten Reihe der Aula warte ich auf meinen Auftritt.

Die Nationalhymne ertönt aus einem Aiwa-Kassettenrekorder, alle stehen auf und legen die Hand aufs Herz. Der Schulleiter spricht, eine Lehrerin spricht, ein paar Kids sprechen auch und machen Musik auf drei Keyboards. Zuletzt werden Geschenke verteilt an die Sieger eines Malwettbewerbs, und es gibt Kekse und Traubensaft aus dem Tetrapak. Funman läuft durch den Raum und macht Fotos.

Für meinen Vortrag scheint dann doch keine Zeit zu sein, er wird spontan gestrichen. Ersatzweise darf ich am Unterricht in einer dritten Klasse teilnehmen. Der Weg von der Aula bis dorthin ist allerdings eine echte Prüfung, weil ständig kleine Jungs in blauschwarzer Schuluniform und Skaterschuhen Autogramme von mir wollen, als wäre ich ein Sportstar. Auf Dutzenden Notizblöcken und Papierschnipseln soll ich unterschreiben. Und Fragen über meine Herkunft, meinen Beziehungsstand und über Fußball beantworten. Ich nutze die Gelegenheit, um klarzustellen, dass Messi besser ist als Ronaldo und Borussia Dortmund besser als Bayern München.

In der Klasse stellt sich dann jeder einzeln auf Englisch vor. »Hello, my name is Farshad.«»Hello, my name is Ahmad.«»Hello, my name is Alireza.«

Es ist wahnsinnig heiß in dem Raum, keine Klimaanlage bringt Kühlung. Ich fühle mich ein bisschen wie ein seltenes Tier, als ich nun vorn sitze und Funman und der Klassenlehrer gemeinsam auf Persisch über meine bisherige Reise erzählen. Ich verstehe nur die Ortsnamen. Kish, Kerman, Yazd, Shiraz, Isfahan, Mashhad. Ob ich den Kindern noch etwas mitteilen will, fragt der Lehrer schließlich.

»Lernt Englisch«, sage ich und denke an das »Farm der Tiere«-Buch in der Bibliothek. »Und lernt euer Land kennen, reist herum. Es ist ein wunderbares Land.«

In einer drängelnden Kindertraube gehe ich kurz darauf mit Funman über den Schulhof zur Straße. Vorbei an zwei Fußballtoren und einer an die Wand gemalten bunten Iran-Landkarte. Es herrscht ein Höllengeschrei, das selbst zwei herbeigeeilte Lehrer nicht zu bändigen vermögen. Nach wie vielen Zurechtweisungen verlieren Jungen diese Wildheit? Bitte bewahrt euch ein bisschen davon, werdet nie lethargisch, hätte ich ihnen gerne noch gesagt.

An: PeaceGulf Teheran

Hi Reza, how are you?
I contacted you some weeks ago on cs.
would it be possible that I stay at your place
for 2 nights from thursday? would be great!

Von: PeaceGulf Teheran

Sure Stephan you can stay with me

An: PeaceGulf Teheran

Wow, that was a quick reply:)
thanks so much, see you soon!

Von: PeaceGulf Teheran

:)

# DES LEBENS KARAWANE

Die Iraner lieben den Norden ihres Landes. Weil es hier grüner ist als anderswo, weil es Badestrände gibt und Regen und Berge. Wer am Kaspischen Meer in Richtung Westen fährt, hat über Hunderte Kilometer ein ähnliches Bild: rechts das Wasser, links grüne Wälder, aus denen mal mehr und mal weniger imposante Gipfel nach oben ragen. Kiwiplantagen und Reisfelder, die an Hochebenen in Vietnam erinnern. Und das graue Binnenmeer, das als Landesgrenze die Phantasie anregt: Wäre die Erde nicht gekrümmt, könnte man von jedem Strand mit einem Rundblick nach Aserbaidschan, Russland, Kasachstan und Turkmenistan rübergucken. Ansonsten erschließt sich die Faszination westlichen Besuchern nicht so leicht: Für uns sind Wüstenlandschaften und architektonische Meisterleistungen interessanter.

Ich fahre mit einem Reisebus die Küste entlang bis nach Astara an der aserbaidschanischen Grenze, und dann in Richtung Inland nach Ardabil, von wo mich ein MD-80-Propellerflugzeug, Baujahr 1989, zurück nach Teheran bringt. Die Elburs-Berge nähern sich und die grauen Pappkartonhäuser von Teheran, die Autos im täglichen Stau, der Fernsehturm. Im Osten kann ich den Damavand ausmachen, den höchsten Berg des Landes, eine fast sechs Kilometer hohe Pyramide mit Schneehäubchen, die sich präzise gegen den Himmel abhebt.

Ein Abbild von ihr hängt zwischen Dutzenden weiteren Tourismusplakaten und Landkarten und handgeschriebenen Gedichten im Keller von Reza, 40, Online-Name PeaceGulf, dem vielleicht erfahrensten Couchsurfing-Mitglied des Iran. In fünf Jahren sammelte er 1058 Freunde und 798 Referenzen ein. Sein Ruf eilt ihm voraus, einige meiner Gastgeber haben von ihm erzählt: Er sei schon zwanzigmal festgenommen worden. Er habe mit Regierungsleuten über Couchsurfing gestritten. Er sei der Erste im Land gewesen, der eine Unterkunft anbot. Er habe Platz für fünfzig Gäste gleichzeitig, sei klug und interessant. Trotzdem sei eine Übernachtung in seinen Räumlichkeiten nicht zu empfehlen.

Reza begrüßt mich kurz an der Tür, ein kräftiger Mann mit großer Brille, wenigen Haaren und weißen Gummisandalen. »Ich habe gerade Unterricht. Geh einfach runter, und lern schon mal die anderen kennen!« Eine schmale Treppe führt ins Untergeschoss, jemand spielt Akkordeon und singt auf Französisch dazu. Sechs Gäste sind da, einer aus Malaysia, fünf aus Frankreich. Letztere fahren mit einem alten Wohnmobil um die Welt, um Kurzfilme zu zeigen, Leinwand und Projektor haben sie dabei. »Nomadic Cinema« nennen sie das. Sie waren in Polen, Serbien und der Türkei, wollen weiter nach Turkmenistan und Kasachstan. Im Iran wissen sie allerdings noch nicht, ob sie eine Aufführung machen können. »Da müssen wir genauer hingucken, ob ein Thema beispielsweise zu erotisch ist«, sagt Cineastin Sophie.

Die Räumlichkeiten sind zugestellt mit Krimskrams, das größte Zimmer wird von einer Tischtennisplatte beherrscht. Auf ihr liegt eine laminierte handgezeichnete Karte, auf der Internetcafés, Minimärkte und Metrostationen in der Nähe eingezeichnet sind. Die Atmosphäre erinnert eher an ein Backpacker-Hostel als an eine Privatwohnung. Ich kann in einem Abstellraum ein Klappbett entdecken, sonst gibt es nur ein paar Kissen. Ohne eigene Matratze muss man auf dem nackten Steinboden schlafen (ein Umstand, auf den Reza in seinem Profil aber sehr deutlich hinweist).

Bald kommt der Hausherr, wir sitzen auf Gartenstühlen neben der Tischtennisplatte und reden über Couchsurfing im Iran. »Bis vor sechs Monaten habe ich Gäste noch im Haus meiner Eltern untergebracht«, berichtet Reza, der in Teheran Elektrotechnik und in Toronto Philosophie studiert hat. »Meine Mutter hat bald klare Regeln vorgegeben: Sie mussten um neun Uhr morgens aus dem Haus sein und durften erst um neun Uhr abends zurückkommen – zum Schlafen. Jetzt habe ich hier ein ganzes Geschoss nur für Besucher, meine Eltern wohnen im oberen Stockwerk.«

Ich frage nach seinem Job.

»Ich gebe Privatstunden in Englisch, aber sonst arbeite ich nicht sehr viel.« So hat er Zeit, um Treffen zu organisieren. Verdammt viele Treffen. Samstags Hafiz-Abend und Poesie-Soirée, sonntags Firdausi-Treffen, montags geht es um Saadi-Gedichte, dienstags kocht Reza einen Gemüselunch nach eigenem Rezept und gibt Gratis-Unterricht in englischer Konversation (»Wir reden da über Themen, die sonst nicht so viel besprochen werden – über Frauenrechte oder den Tag der Arbeit zum Beispiel«). Mittwochs Arabisch, donnerstags Wandern und Müll einsammeln im Norden von Teheran, freitags Omar-Khayyam-Poesie. Und manchmal bringt Reza Ausländer an eine Schule, an der afghanische Flüchtlingskinder unterrichtet werden. Oder lädt ein paar Leute zum Tischtennis ein.

Ich frage, ob er Probleme mit dem Gesetz hatte wegen der vielen Treffen und Gäste. »Einmal hat mich ein Couchsurfer aus Israel kontaktiert. Wir haben ein bisschen hin und her geschrieben, und ich habe ihm eine Referenz hinterlassen. Das fanden Mitarbeiter vom Tourismusministerium verdächtig. Sie haben gefragt, was es damit auf sich hat. Eigentlich waren sie aber nicht gegen Couchsurfing, vielmehr suchten sie mit mir eine Lösung, wie man diese Art von Tourismus für die Polizei akzeptabel machen kann. Unsere Idee war, eine Website einzurichten, auf der Gastgeber ihre Gäste registrieren können, so wie das auch Hotels tun. Damit niemand mehr denken kann, wir würden ausländische Spione verstecken.« Bislang sei das aber nicht umgesetzt worden. Er sei schon oft bei der Polizei gewesen, sehe das aber ganz entspannt. »Ich erkläre dann immer, dass ich gerne ausländische Gäste habe, und das ist in Ordnung.« Er besitzt ein Zertifikat als Tourguide, das macht manches leichter. »In Teheran passieren viel schlimmere Sachen als Couchsurfing, es gibt private Orgien und illegale Partys. Auch an politischen Geheimveranstaltungen hat die Polizei erheblich mehr Interesse.« Ich muss an Atefeh in Kerman denken, die ihre Lizenz als Guide wegen ihrer ausländischen Gäste verlor. Es scheint erhebliche regionale Unterschiede zu geben, wie Gesetzesübertretungen geahndet werden.

Es ist Freitag, also gehe ich mit Reza am Abend in den Laleh-Park zum Omar-Khayyam-Abend. Etwa fünfzehn Leute sind gekommen, viele sind Studenten. Mit dabei ist auch die 27-jährige Grafikdesignerin Setareh, die ich vorher per Mail angeschrieben habe. Sie interessiert sich sehr für meine Reise, weil sie selbst davon träumt, mehr von ihrem Land zu sehen. Wir sitzen in einer Art Amphitheater, ringsum spielen Menschen Volleyball oder Federball. Jeder erzählt reihum ein bisschen über sich. Da ist ein Ingenieur, der nun Soziologie studiert. Eine Islamwissenschaftlerin, die inzwischen am Theater arbeitet. Ein Maler, der vor Jahren sein Wirtschaftsstudium abgebrochen hat. Ein Schriftsteller, der an einem Buch über die Befreiung aus dem Kokon religiöser Zwänge arbeitet. Ein Agrarwissenschaftler, der vor Kurzem auf das Fach westliche Philosophie umgeschwenkt ist. Und ein Programmierer, der lieber Sänger wäre. Er wird natürlich gleich um ein Ständchen gebeten, mit sanfter Stimme intoniert er ein Khayyam-Gedicht:

*Des Lebens Karawane zieht mit Macht*
*Dahin, und jeder Tag, den du verbracht*
*Ohne Genuss, ist ewiger Verlust.*
*Schenk ein, Saki! Es schwindet schon die Nacht.*

»Bravo«, sagt Reza, die anderen klatschen. Lauter Menschen, die versuchen, ihrer wahren Leidenschaft zu folgen, statt sich den Normen anzupassen. »Das kommt sehr häufig vor«, erklärt Reza. »Der gesellschaftliche Druck lässt junge Leute einen Beruf ergreifen, der eigentlich nicht ihren Interessen entspricht.«

Setareh allerdings tanzt ein bisschen aus der Reihe. Sie berichtet, dass sie einen Bachelor in Grafikdesign gemacht hat, nun aber Tourismusmanagement studiert, weil dort die Jobchancen besser sind. Nach etwa zwei Stunden Vorstellungsrunde laufen wir ein Stück zur Khayyam-Statue, um reihum Gedichte vorzulesen. Das steinerne Ebenbild des Dichters und Mathematikers stützt sich auf ein dickes Buch, zu seinen Füßen liegt ein Weinkrug. Ernst blickt er auf uns herab, aber nicht ohne Wohlwollen. Die Begeisterung der Studenten für neunhundert Jahre alte Hedonismuspoesie ist wunderbar, die Sprache klingt wie Musik, ich bin im »Club der toten Dichter« auf Persisch gelandet.

»Der große Unterschied zwischen Khayyam und den islamischen Mystikern war, dass sie immer ans Jenseits dachten, an das ›Danach‹, während der Dichter das Hier und Jetzt feierte«, erklärt Reza. Anders gesagt: Vor die Entscheidung gestellt, ob es ein guter Wein im Diesseits sein darf oder 72 Jungfrauen ein bisschen später, hätte sich Khayyam immer für den Drink entschieden.

Von: Setareh

> hi, one of my friend is planning a party
> tomorrow around 5pm. Do you want to come?

An: Setareh

> Hi setareh, sounds great,
> i d love to join you! see you tomorrow!

# ÜBERRASCHUNGSSTAAT

Am nächsten Morgen treffe ich Setareh für einen Stadtrundgang in der Nähe des Teheraner Basars. Sie bringt mich zum Postergeschäft von Herrn Rezai, für den sie oft gearbeitet hat. Die Vielfalt der angebotenen Motive ist gewaltig: Rehe im Wald, Berghütten in den Alpen, Jesus beim Abendmahl, verschnörkelte Koranverse, Khomeini beim Gebet, Khomeini und Chamenei als 3-D-Bild – man sieht nur einen der Köpfe, je nachdem, aus welchem Winkel man draufguckt.

Setareh zeigt mir ein Londonmotiv. Der Hintergrund ist schwarz-weiß, davor sind knallrote Doppeldeckerbusse zu sehen. »Das habe ich gemacht«, sagt sie. Das Bild kommt mir sehr bekannt vor. »Na ja, ich habe es im Internet gefunden. Ist ein einfacher Job, und gut bezahlt.« Im Iran gibt es in vielen Bereichen sehr strenge Gesetze, aber nicht, wenn es um das Copyright geht. Ein paar Läden weiter gibt es Softwareprogramme, die in Europa Hunderte Euro kosten, fast geschenkt. Photoshop für zwei Euro, Microsoft Office für eins fünfzig.

»Ich habe eine Überraschung für dich«, sagt Setareh beim Mittagessen in einem kleinen Restaurant. Es gibt Gheymeh, eine köstliche Fleisch- und Linsenspeise.

»Was denn?«

»Ich habe dir ein Interview organisiert. ›Donya-e-Eqtesad‹, eine der größten Zeitungen des Landes, will etwas über deine Reise bringen.«

»Wie hast du das hingekriegt?«

»Einer meiner Professoren hatte den Kontakt, war ganz einfach. Wann passt es dir?«

»Morgen Nachmittag?«

»Okay, ich rufe gleich an.«

Die Vorstellung, ein solches Medienunternehmen von innen kennenzulernen, gefällt mir. Natürlich werde ich viele Details auslassen müssen, damit die Geschichte gedruckt werden kann. Als sie telefoniert, merke ich, dass mein Persisch besser geworden ist. Ich verstehe einige Wörter und Höflichkeitsphrasen. Und das Wort »Spiegel«.

»Morgen Nachmittag geht klar. Um fünf«, sagt sie, nachdem sie aufgelegt hat.

»Hast du gesagt, dass ich beim ›Spiegel‹ arbeite?«

»Klar, fanden sie sehr interessant.«

»Hast du auch gesagt, dass ich ein Iranbuch schreibe?«

»Ja, war das falsch?«

»Ich weiß nicht. Vielleicht ist das Interview doch keine gute Idee.«

Bevor wir am Nachmittag eine After-Work-Party besuchen, passieren noch zwei seltsame Dinge. Auf der Straße ruft ein etwa fünfzigjähriger Mann plötzlich »Stephan! Salam! How are you?« Ich habe sein Gesicht schon einmal gesehen, kann es aber erst nicht zuordnen. Dann fällt es mir wieder ein: Im Grenzörtchen Hajij, am Abend nach unserer Festnahme, haben wir uns kennengelernt. Hajij liegt 470 Kilometer entfernt, Teheran hat zehn Millionen Einwohner, ein unglaublicher Zufall.

Zwei Stunden später zeigt mir Setareh einen Park, wo wir uns ein bisschen ausruhen wollen. »Hier kommen kaum Touristen hin«, behauptet sie. Wir setzen uns auf eine Bank und sehen prompt in etwa fünfzig Meter Entfernung ein Paar auf einer Decke, das selbst von hier aus eindeutig ausländisch aussieht.

»Guck mal, Touristen!«, sage ich.

Sie wirkt ernsthaft überrascht. Kurz darauf fallen ein paar Regentropfen, und die beiden stehen auf und kommen auf uns zu.

»Stephan?!?«, fragt einer von beiden.

»Clemens?!?«, antworte ich. Er ist Reiseblogger und mit seiner Freundin Annett unterwegs, wir kennen uns aus Hamburg. Hamburg liegt 3800 Kilometer entfernt, Teheran hat viele Parks, ein noch unglaublicherer Zufall. Ihr Flugzeug ist erst am Morgen gelandet, sie wollen in zwei Wochen Yazd, Shiraz und Isfahan erkunden. Auf so ein Treffen muss man eigentlich ein Bier trinken. Und genau das machen wir, weil Setareh die beiden spontan auch noch zu einer Party einlädt, die Freunde von ihr am Nachmittag geplant haben.

Wir kaufen eine Packung Süßkram als Geschenk, dann bringt sie uns zu einem Büro in einem gesichtslosen Reihenhaus, vierter Stock, eine Firma, die Überwachungskameras verkauft. Fünf heitere Menschen zwischen 23 und 30 begrüßen uns mit einem Poster in den Farben der Deutschlandflagge, auf dem »Willkommen – Liebe Stephan den Iran« steht, und einem Rammstein-Song aus dem MP3-Player.

Mir gefällt die Aufforderung in der Zeile, auch wenn es sie nicht mehr bräuchte. »Eigentlich sollte das ›Dear Stephan, welcome to Iran‹ heißen«, erklärt Setareh, als ich sie auf die Bedeutung aufmerksam mache. »So ist es viel schöner«, sage ich.

Zwei der Anwesenden arbeiten hier. Jetzt haben sie Feierabend, und das nehmen sie gerne wörtlich, sie laden ständig die ganze Clique zum Biertrinken ins Büro ein. Auf einem Tisch stehen Cheetos-Käsesnacks und Salzstangen. An der Wand hängen Vorführmodelle verschiedener Sicherheitskameras, was der Veranstaltung eine leicht paranoide Stimmung gibt. »Keine Sorge, die sind nicht an«, sagt Ashkan, Hobbybraumeister und Büroangestellter, als er meinen besorgten Blick bemerkt. »Willst du Bier oder Tee?«

Sein dunkles Bier, serviert in Delster-Limonadeflaschen, ist vorzüglich. »Süffig und würzig«, urteilt Annett, qua Geburtsort die größte Gerstensaftkennerin der Runde, sie kommt aus Franken. »Jeden Monat mache ich hundert Liter davon. Ist ein bisschen stärker als normales Bier, circa zehn Prozent Alkohol.« Morgen sei übrigens die nächste Party, diesmal zu Hause bei Jafar, einem zum Architekten umgeschulten Ingenieur mit Vollbart, der Klavier spielt und auf Dream Theater und Porcupine Tree steht. Wir sind alle eingeladen.

Plötzlich gibt es einen fürchterlichen Knall, fast wie ein Schuss, dann ein lautes Scheppern. Glassplitter fallen auf den Boden. Eine Fensterscheibe ist kaputt, mehrere Lamellen des Vorhangs zerrissen. Für ein paar Sekunden sagt keiner ein Wort. Ashkan begutachtet den Schaden. »Der Wind hat einen Dachziegel vom Nachbarhaus in die Scheibe geschleudert«, sagt er. Es bläst jetzt ganz schön herein, deshalb bringen wir Stühle und Getränke in den Nebenraum. Die Frauen gehen in die Küche und kommen bald mit einigen Tellern Pasta mit Tomatensauce zurück.

Jafar, der Ingenieur, hat fünf Jahre für das Verteidigungsministerium gearbeitet, er kennt sich mit Bespitzelung und Geheimdienstarbeit bestens aus. Ich frage ihn, was er von meinem Zeitungsinterview hält. »Das könnte gefährlich für dich sein«, antwortet er. »Und für uns, weil du danach zu uns kommst und wir eine Party feiern wollen. Jemand könnte dir folgen.«

Ach, stimmt ja: Schurkenstaat. Da ist sie wieder, die Angst, Ärger mit den Behörden zu kriegen. Lange konnte ich sie ausblenden, nur in Mashhad bei der Visumsverlängerung war sie für einen Tag zurück. Die Reiseerlebnisse, die Unbeschwertheit des Unterwegsseins, die Normalität des Alltags unter außergewöhnlich herzlichen Menschen machen es leicht, die Gefahren zu vergessen.

»Du machst dir keine Vorstellung, wie professionell der Geheimdienst hier arbeitet, besser als in fast jedem anderen Land der Welt. Die sammeln Daten der Touristen in Hotels, hören Handytelefonate ab, überprüfen SMS. Dein Interview ist mit einer großen Zeitung, da wird auf jeden Fall der Geheimdienst mithören. Vielleicht gibt es direkt im Anschluss ein zweites Interview mit denen. Und das wäre keine Erfahrung, die ich dir wünschen würde. Überlege es dir gut.«

»Ich glaube, da gibt es nicht viel zu überlegen. Ich sage ab.«

»Das ist sehr vernünftig«, meint Jafar.

# HAPPY END

Fünf Liter Rosinenschnaps für zehn Gäste mag etwas reichlich erscheinen, aber eine kleinere Menge wollte der Dealer nicht verkaufen. Außerdem stehen in einem Abstellraum neben Jafars Diele noch zwei 20-Liter-Plastikfässer mit Eigenbraubier. Verdursten wird heute keiner. Morgen geht mein Flug nach Hamburg, das ist quasi meine Abschiedsparty.

Ein klarer Geschlechterunterschied zeigt sich zwischen Haustür und Wohnzimmer: Die Männer kommen rein und bewegen sich einigermaßen direkt auf den Schnapsbehälter zu, die Frauen verschwinden erst zehn Minuten im Abstellraum, um Schleier und Manteau gegen spektakulär knappe Kleider einzutauschen.

Jafar hat eine teuer eingerichtete Penthousewohnung mit Steinboden und Traumblick auf den Milad-Fernsehturm im Abendlicht.

Dunkelgraue Wolken hängen über den Hochhäusern von Teheran, am Horizont sind die Blitze eines nahenden Gewitters zu sehen. Von einem Dach gegenüber scheint ein Mann hinüberzugucken, schnell mache ich den Vorhang wieder zu. Mehrere Jesusbilder und Kreuze schmücken Schränke und Tische. »Ich bin der Einzige in der Clique, der religiös ist«, verrät Jafar grinsend. »Aber ich bin Christ, kein Muslim.«

Er setzt sich an sein E-Piano von Korg und improvisiert virtuos über einen Rocksong. Dann drückt er mir eine E-Gitarre in die Hand, und bald singen alle zusammen Lieder von Adele und Guns N'Roses und ein paar schwelgerische persische Popsongs. Wir trinken und tanzen, Männer mit Männern (»Aber wir sind nicht schwul!«), Frauen mit Männern, Frauen mit Frauen. Eine ausgelassene Runde. Es wäre leicht zu vergessen, wo wir uns befinden, gäbe es nicht immer wieder Momente, in denen sich plötzlich Melancholie wie eine dunkle Wolke über die Partystimmung legt.

Ashkan ist mit seiner Freundin Nazanin da, seit vier Jahren sind sie ein Paar. Er sagt, er träume davon, einmal im Leben mit ihr in eine Bar zu gehen und ihr einen Cocktail zu bestellen. In der Öffentlichkeit, vor allen Leuten.»Ist das zu viel verlangt?« Ich merke, dass er den Tränen nah ist.

Kurz darauf kommt Jafar noch einmal auf das Thema Überwachung zurück. Er schlägt vor, alle meine Foto- und Textdateien auf seinem Computer zu speichern.»Nur für den Fall, dass dir am Flughafen was abgenommen wird. Am besten wäre es, wenn du sämtliche Fotos mit Motiven von Partys, Militärposten und Atomanlagen löschst.«

Während ich verbotene und harmlose Dateien in Jafars Rechner überspiele, setzt sich Setareh neben mich.»Ich will dir was zeigen.« Sie stellt eine VPN-Verbindung her, um blockierte Seiten ansteuern zu können, und gibt auf YouTube den Suchbegriff»Happy Teheran« ein. Was in dem Clip zu sehen ist, ähnelt stark dem Geschehen hinter uns im Wohnzimmer. Sechs junge Menschen, drei Männer und drei Frauen, tanzen fröhlich zu einem gefälligen Hit-Song von Pharrell Williams, Tonart f-Moll, 160 Beats per Minute. Auf einer Treppe, im Wohnzimmer und auf einem Balkon mit Blick auf den Milad-Fernsehturm. Mal jeder für sich, mal Mann und Frau gemeinsam. Unter den Kopfbedeckungen befinden sich Hüte und Stirnbänder, aber keine Schleier.»*Clap along if you feel like a room without a roof, clap along if you feel like happiness is the truth*«, heißt es in dem Liedtext. Eine Aufforderung, den Moment zu genießen, ganz ähnlich zu Omar Khayyams»Jeder Tag ohne Genuss ist ewiger Verlust«. Der Dichter hatte es schon vor 900 Jahren kapiert. Am Schluss des Videos werden die Namen der Teilnehmer eingeblendet, einige mit Nachnamen. Und eine kurze Botschaft:»Wir haben beim Filmen jede Sekunde genossen. Hoffentlich zaubert es dir ein Lächeln ins Gesicht.«

Dieser fromme Wunsch kam nicht bei allen Zuschauern an.»Die wurden alle verhaftet«, sagt Setareh. Die Polizei habe nur sechs Stunden gebraucht vom Beginn der Ermittlungen bis zur Festnahme aller Beteiligten. Ihnen wurde vorgeworfen, gegen islamische Moral und Sitte verstoßen zu haben, drei Tage verbrachten sie in Haft. Vor ein paar Tagen, als ich gerade im Nordiran unterwegs war, kamen sie gegen Zahlung einer Kaution frei. Später wurden sie zu sechs Monaten Gefängnis und 91 Peitschenhieben verurteilt, allerdings auf Bewährung. Teherans Polizeichef Hossein Sajedinia nutzte die Publicity für eine Warnung an junge Iraner: Die Polizei sei wachsam und immer bereit, gegen diejenigen vorzugehen, die soziale Normen nicht einhalten. Das Video war plötzlich auf YouTube nicht mehr auffindbar. »Iran ist ein Land, in dem Freude ein Verbrechen ist«, twitterte die bekannte Journalistin Golnaz Esfandiari.

Die jungen Menschen sind in der Überzahl. 44 Millionen Iraner, 60 Prozent der Gesamtbevölkerung, sind unter dreißig. Ich habe nur ein paar Dutzend von ihnen getroffen. Meine Reise war keine repräsentative Erhebung, sondern die Begegnung mit einer ausgesuchten Gruppe. Einer Gruppe, die Englisch spricht, sich für Reisen und für das Leben im Westen interessiert und nach mehr Freiheiten strebt. Einer Gruppe, die eine bemerkenswerte Routine darin entwickelt hat, Gesetze zu brechen, obwohl drakonische Strafen drohen. Noch nie in den fünfunddreißig Jahren Islamische Republik gab es so viele von ihnen.

Ihre soziale Revolution spielt sich hinter verschlossenen Türen ab. Und im Digitalen. Flirten auf Viber, den Schleier ablegen auf Facebook, Skandalvideos auf YouTube. Das Internet erlaubt mehr Freiheiten als die Realität. Noch ist es eine Flucht aus dem öffentlichen Raum. Doch irgendwann wird ihnen das Ausloten von Grenzen online so gut gefallen, dass sie es nicht mehr akzeptieren, offline gefangen zu sein. »Der Wandel im Iran muss auf friedliche Art und von innen kommen«, schrieb Friedensnobelpreisträgerin Shirin Ebadi einmal.

Ich hatte den Eindruck, die jungen Menschen haben selbst noch nicht erkannt, welches Machtpotenzial ihre schiere Zahl mit sich bringt. Und dass sie tatsächlich eine Chance haben, ihr Land zu verändern.

Ich gehe zum Fenster. Hinter mir ist Party, doch ich klinke mich kurz aus und betrachte für ein paar Minuten einfach nur die nächtliche Pappkarton-Skyline der Stadt. Zehntausende Wohnhäuser mit blinden Fenstern und verschlossenen Eingangstoren. Sichtbarrieren, hinter denen jeden Tag die verrücktesten und normalsten Dinge der Welt passieren. Irgendwo spielt vielleicht ein Flugdispatcher gerade Flugsimulator. Eine Domina fesselt ihren Sklaven. Ein Grafikdesignlehrer besucht Freunde zum Abendessen. Ein Fischerbootbesitzer mit Elvisfrisur singt ein sehnsüchtiges Lied. Ein Ingenieur hüpft durch seine Küche, um einen Vogel zu fangen. Ein Kriegsveteran spielt Backgammon. Ein Prinz gönnt sich ein Glas Rotwein. Ein Naturbursche sortiert Safranblüten. Eine hübsche Studentin hat ein Date im Wohnzimmer. Ein Berufskraftfahrer hört Modern Talking. Ein Englischlehrer tippt die Einladung für den nächsten »Club der toten Dichter«-Abend in seinen Computer.

Morgen Mittag steige ich in ein Flugzeug, TK875 nach Istanbul, zurück in die Zukunft, 621 Jahre vorwärts. Ich werde meinen deutschen Pass zeigen, einen Rucksack einchecken, die letzte Delster-Limonade trinken. Und dann bin ich draußen, zurück in einer Welt, wo niemand täglich Angst haben muss, wegen einer Kleinigkeit festgenommen zu werden. Wo niemand zu einer Religion gezwungen wird, die nicht seine ist. Wo Normalität kein Versteckspiel ist.

Im Flieger werde ich einen Kater haben vom Schnaps und einen Ohrwurm von »Happy«: *Clap along if you feel like happiness is the truth*. Das Teheraner Video war nur kurz offline, nun ist es wieder zugänglich. Eine Million Menschen auf der ganzen Welt haben es sich angesehen, jeden Tag werden es mehr. Ein zweites Mal kann niemand die Tänzer dafür verurteilen.

Sie haben gewonnen.

(»Happy«-Video)

# DANK

Folgenden Menschen möchte ich herzlich danken, ohne sie wäre dieses Buch nicht möglich gewesen:

Yasmin in Teheran, Masoud auf Kish, Hussein in Kerman, Saeed in Shiraz, Ahmad in Bushehr, Marjan in Bushehr, Farshad in Ahvaz, Hamed & Ashkan in Khorramabad, Azim & Susan in Kermanshah, Ehsan in Marivan, Shahin & Mona in Hamedan, Ahmad in Isfahan, Sofia in Isfahan, Mellid in Isfahan, Massi in Isfahan, Elaheh in Mashhad, Azadeh in Babol, Saeed in Chalus, Funman Mohamed in Abbas Abad, Azim & Nilo in Choubar, Hussein in Ardabil, Reza in Teheran, Shahab in Teheran, Venus in Teheran, Kian auf Qeshm, Setareh in Teheran, Fardad, Hamed, Babak, Sahar, Mina, Arash, Negar, Anita, Maryam, Ali, Mohsen, Abbas, Marzieh, Helaleh, Narjes, Pedram, Sahar & Nazanin, Laila.

Anastasiya Izhak, Rüdiger Ditz, Mina Esfandiari (minaesfandiari. de), Martina Klüver, Bettina Feldweg, Jule Fischer, Samuel Zuder (samuelzuder.com), Marina & Yiannis von Marili Apartments auf Paros (marili-studios.gr), Nora Reinhardt, Katrin Schmiedekampf, Stefan Schultz, Azadeh F. Parsi, Verena Töpper, Anja Tiedge, Nasser Manouchehri, Marouso Triantafyllou, Aysegül Eraslan, Ben Wadewitz, Annette Schneider, Clemens Sehi (anekdotique.de), Johannes Klaus (reisedepeschen.de), Antje Blinda, Lena Hinz, Kitty Liu, Tom Hillenbrand, Philip Laubach-Kiani, Astrid Därr, Anja Lange, Tonia Sorrentino, Bianca Bontempo, Mareike Engelken, Melanie Maier, Anouk Joester, Janine Borse, Hallie Gu, Christian Byfield, meinen Eltern.

Couchsurfing im Iran auf Facebook:
www.facebook.com/couchsurfingimiran